广州老年教育发展报告

GUANGZHOU LAONIAN JIAOYU FAZHAN BAOGAO

广州广播电视大学 / 国家开放大学（广州）老年开放大学
组织编写

中山大学出版社
·广州·

版权所有　翻印必究

图书在版编目（CIP）数据

广州老年教育发展报告/广州广播电视大学,国家开放大学（广州）老年开放大学组织编写. —广州：中山大学出版社，2021.11
ISBN 978-7-306-07262-7

Ⅰ. ①广…　Ⅱ. ①广…　②国…　Ⅲ. ①老年教育—研究报告—广州　Ⅳ. ①G777

中国版本图书馆 CIP 数据核字（2021）第 147732 号

出 版 人：	王天琪
策划编辑：	杨文泉
责任编辑：	杨文泉
封面设计：	曾　斌
责任校对：	邱紫妍
责任技编：	靳晓虹
出版发行：	中山大学出版社
电　　话：	编辑部 020-84110283，84113349，84111997，84110779
	发行部 020-84111998，84111981，84111160
地　　址：	广州市新港西路 135 号
邮　　编：	510275　　传　真：020-84036565
网　　址：	http://www.zsup.com.cn　E-mail:zdcbs@mail.sysu.edu.cn
印 刷 者：	广州市友盛彩印有限公司
规　　格：	787mm×1092mm　1/16　22.25 印张　411 千字
版次印次：	2021 年 11 月第 1 版　2021 年 11 月第 1 次印刷
定　　价：	48.00 元

如发现本书因印装质量影响阅读，请与出版社发行部联系调换

本书编委会

总主编

熊 军

主 编

马 林　孙朝霞　张国杰　郑 淮

编 委

陈雪曼　欧阳翔　孙 彬　王友农　吴松海
李耀喜　张信和　王洪兵　邓 毅　郑 亚
崔珍珍　谢 宇　吴杰锋　余大生　马福胜
邱 辉　黎潮钦　郭翠镟　曾东辉　邹福良
马耀宗　李宝华　谭耀邦　钟石林　黄镇潮
陈翼翀　谢文婷　王 歌　黎健平　雷 丹
刘 敏　李 婧　滕 一　曾 慧　莫克瞿

序　一

林元和

《广州老年教育发展报告》是首次全面展示和分析广州老年教育发展情况的著作。

广州老年教育发端于1984年。从最初的广州岭海老人大学兴办开始，至今已有37年的历史。大力发展老年教育是广州市委、市政府积极应对人口老龄化的重要举措。该举措为广大老年群众提供了教育公共服务，促进了广州学习型社会建设，提升了老年人的重新社会化水平。广州老年教育是广州市构建终身教育服务体系的一个重要组成部分，也是老年人追求幸福美好生活的一个重要途径。

各级各类老年大学是广州实施老年教育的主体。其中，有两个重要的老年大学办学系统：一是广州老年干部大学办学系统，二是广州老年开放大学办学系统。广州的各级各类老年大学协同发展，普及与提高相结合，推动了广州老年教育的发展走在全国同类城市的前列。

广州市各级党委、政府和相关行政职能部门都在不断提高对老年教育事业的支持力度，特别是教育行政职能部门加大了对老年教育的指导和统筹，在2020年进行了广州市老年教育专项督导工作，有力地推动了老年教育的发展。

当前，广州老年教育正处于转型发展的重要阶段。第一，办学理念转型。各级各类老年大学都已经非常清晰地意识到，办老年教育不应单纯满足老年人娱乐需求，而要以教育为手段，围绕教育的本质规律开展教学活动，使老年人享受学习、提高素质，促进老年人身心全面发展。第二，教育要素转型。教育对象范围迅速扩大：老年大学招生转向面向社会所有老年人，体现了教育公平；办学者的素质逐渐提升：大量懂教育的专业人才介入老年教育工作；管理手段不断更新：教务、招生、课程教学等基本实现了信息化管理。第三，课程内容转型。从以娱乐型为主的松散化课程设置转型为多学科、多专业、多类型的系统化课程体系。第四，理论研究转型。从在老年教育的办学实践中摸索经验，转为以老年教育理论研究引领老年教育实践发展，广州市老年干部大学提出了"老年教育现代化""老年教育国际化""老年教育发展的中国模式"等理论观点，广州老年开放大学提出了"构建数量、质量、特色三维并举的老年教育服务供给体系"的理论观点，在全国乃至世界老年教育领域都产生了重要影响。

目前，广州市老干部大学办学系统与广州老年开放大学办学系统以及其他各级各类老年教育办学系统之间要进一步加强融合，在办学信息、资源、人才、科研和活动等各个方面都要进一步加强沟通、交流、合作和对接，协同推进广州市老年教育高质量发展。

我们期待广州的老年教育事业明天会更好！

（林元和：广州市政协原主席，现任广州市老年干部大学校长、中国老年大学协会副会长、广州地区老年大学协会会长。）

序 二

叶忠海

在广州市教育行政部门的支持下,广州市广播电视大学组织编写的《广州老年教育发展报告》(以下简称《发展报告》)即将问世了,这是广州市老年教育工作者多年来探索创新的总结,用专门的著作总结全市老年教育发展的情况在广州市尚属首次,在全国省会城市范围内也属于前列。

《发展报告》全面系统地反映了广州市老年教育发展的概况:既有政府文件,又有实施方案和工作总结;既有实践经验,又有理论成果;既有全市总体情况报告,又有各区情况报告;既有社区老年教育,又有学校老年教育和远程老年教育,尤为可喜的是还有特色项目的典型案例。《发展报告》是广州市老年教育发展的珍贵文献,在广州市老年教育发展历程中具有重要的意义。

从《发展报告》所反映的广州市老年教育发展成就来看,结合本人多年来关注广州市老年教育发展所得出的体会,我认为广州市老年教育工作者具有强烈的探索和创新精神,在工作实践和理论研究两个方面均走在了全国前列,并富有创新的特色。在工作实践方面,广州在 20 世纪 80 年代初就开办了老年大学,是全国较早开办老年大学的城市之一。目前,基本形成了以广州老年开放大学系统和广州老年干部大学系统协同发展的办学格局,达到了广州市政府按照国家中心城市发展要求所设定的高于国家统一指标的各项老年教育发展指标,构建了"数量、质量、特色"三维并举的老年教育公共服务供给体系,建设了基于乡村振兴的游学养基地。在理论研究方面,广州市老年教育工作者不仅较早地提出了"中国老年教育发展现代化""老年大学要开展无压力教学""老年学员应享受学习"等理论观点,而且注重老年教育实践的探索和总结。更值得全国老年教育界学习的是,广州市老年干部大学牵头承担了多项前沿性的具有深远意义的全国性课题,带动了全国老年教育的理论研究,引领了全国老年教育的发展,例如,"中国老年大学教育现代化指标体系设计""老年教育中国模式研究""一带一路与老年教育研究"等。此外，该校还创建了中国老年教育理论研究与国际对接的"1+1"模式，打开了我国老年教育国际交流和合作的新局面。在这里，我向广州市老年教育工作者致以深深的敬意！

当前，我国进入了新时代的新发展阶段，开启了全面建设社会主义现代化国家的新征程。全党和全国人民正在贯彻新发展理念，构建新发展格局。我国老年教育发展要以全面建设社会主义现代化国家为总背景、总动力和总条件，在发展老龄事业和终身教育事业的大局中，通过高标准的教育供给、高融合的教育机制、高均衡的资源配置和高保障的支持系统，实现老年教育的高质量发展。在此，我作为老年教育学界一位老兵，衷心地希望广州市老年教育同人们，在新的发展阶段，制定新的努力目标，为老年教育发展做出更多更高水平的新贡献！

（叶忠海：华东师范大学教授、中国成人教育协会学术委员会主任、中国老年大学协会国际老年教育研究中心高级咨询顾问。）

目 录

第一编 老年教育政策文件 ……………………………………………… 1

国务院办公厅关于印发老年教育发展规划（2016—2020年）的通知 …… 3

广东省人民政府办公厅关于大力推动老年教育发展的实施意见 ………… 12

广州市教育局关于印发《广州市推进老年教育发展实施方案
（2018—2020年）》的通知 ……………………………………………… 15

南沙区教育局关于印发《广州市南沙区推进老年教育发展实施方案
（2018—2020年）》的通知 ……………………………………………… 21

关于印发《广州市番禺区推进老年教育发展实施办法》的通知 ………… 26

广州市天河区教育局关于印发《广州市天河区推进老年教育发展实施方案
（2018—2020年）》的通知 ……………………………………………… 32

广州市花都区教育局关于印发《花都区推动老年教育发展实施方案
（2018—2020年）》的通知 ……………………………………………… 38

关于报送《黄埔区推进老年教育实施方案（2018—2020年）》的函 …… 44

关于印发《广州市白云区推进老年教育发展实施方案（2018—2020年）》
的通知 ……………………………………………………………………… 49

广州市增城区教育局关于印发《广州市增城区发展老年教育工作方案》
的通知 ……………………………………………………………………… 54

海珠区教育局关于报送《海珠区加快推进老年教育发展实施方案》
　　的函 ……………………………………………………………… 60
关于印发《荔湾区推进老年教育发展实施方案》的通知 ………… 63
越秀区老年教育发展工作方案 …………………………………… 68
从化区教育局关于印发《从化区推进老年教育发展实施方案（2018—2020 年）》
　　的通知 ……………………………………………………… 71

第二编　广州老年教育工作报告 …………………………… 77
广州市老年教育工作总体情况报告 ……………………………… 79
南沙区老年教育工作情况报告 …………………………………… 83
番禺区老年教育工作情况报告 …………………………………… 90
花都区老年教育工作情况报告 …………………………………… 97
越秀区老年教育工作情况报告 …………………………………… 104
天河区老年教育工作情况报告 …………………………………… 112
黄埔区老年教育工作情况报告 …………………………………… 117
增城区老年教育工作情况报告 …………………………………… 121
白云区老年教育工作情况报告 …………………………………… 130
从化区老年教育工作情况报告 …………………………………… 134
海珠区老年教育工作情况报告 …………………………………… 143
荔湾区老年教育工作情况报告 …………………………………… 148
广州市老年干部大学工作情况报告 ……………………………… 156

第三编　广州老年教育实施方案 …………………………… 167
广州市人民政府教育督导室关于开展老年教育工作
　　专项督导的通知 …………………………………………… 169

关于印发《广州终身教育供给体系建设方案（试行）》的通知 ………… 178
广州数字化学习系统管理办法（试行） ……………………………… 183
关于印发《广州电大推进老年教育实施方案》的通知 ……………… 192
国家开放大学（广州）老年开放大学办学系统管理办法（试行） …… 196
国家开放大学（广州）老年开放大学专业模块课程建设规划………… 202
国家开放大学（广州）老年开放大学建设特色系列课程项目实施方案 … 234
国家开放大学（广州）老年开放大学特色基地建设管理办法（试行） … 239

第四编　广州老年教育特色项目案例 …………………………………… 241

基于乡村振兴的区域特色老年游学基地建设
　　——以广州市从化区为例………………………………………… 243
老年教育游学项目开发设计与实施研究
　　——以广州市花都区炭步镇为例………………………………… 247
岭南水乡疍家文化特色老年教育体验学习基地建设研究
　　——以广州市南沙区东涌镇为例………………………………… 250
培育基层老年学习团体的实践研究
　　——以广州市花都区为例………………………………………… 254
基于地域民俗文化的老年教育课程协同开发与应用
　　——以广州市天河区为例………………………………………… 258
推动老年人维权和参与社区治理的法律课程建设研究
　　——以广州市番禺区为例………………………………………… 262
养教结合理念下高龄老年教育特色课程的实践研究
　　——以广州市南沙区为例………………………………………… 265
基于幸福感提升的老年教育教学模式探索
　　——以广州市番禺区为例………………………………………… 268

融合社会组织共建老年教育特色基地的实践与探索
　　——以广州市海珠区为例 …………………………………… 270
"中西融合，时尚饮食"老年教育特色课程的探索与研究
　　——以广州市增城区为例 …………………………………… 272

第五编　老年教育理论研究 …………………………………… 275

携手共创广州老年教育的新辉煌 ………………………………… 277
从刻苦学习到享受学习 …………………………………………… 281
论无压力教学 ……………………………………………………… 285
构建"数量、质量、特色"三维并举的广州老年教育公共服务供给体系
　　实践研究 ……………………………………………………… 292
基于"五同促五感"教学理念的来穗老年人融入教育的探索与实践 …… 304
多主体参与推动老年教育的探索与实践
　　——以广州市番禺区为例 …………………………………… 314
老年教育游学需求的调研报告
　　——以广州花都区古村落老年教育游学项目为例 ………… 321
疫情防控背景下老年大学开展在线教学的实践探索
　　——以国家开放大学（广州）老年开放大学为例 ………… 329
构建老年大学模块化课程体系的实践探索
　　——以国家开放大学（广州）老年开放大学为例 ………… 337

第一编

老年教育政策文件

国务院办公厅关于印发老年教育发展规划（2016—2020年）的通知

国办发〔2016〕74号

各省、自治区、直辖市人民政府，国务院各部委、各直属机构：

《老年教育发展规划（2016—2020年）》已经国务院同意，现印发给你们，请结合实际认真贯彻执行。

国务院办公厅
2016年10月5日

老年教育发展规划（2016—2020年）

老年人是国家和社会的宝贵财富。老年教育是我国教育事业和老龄事业的重要组成部分。发展老年教育，是积极应对人口老龄化、实现教育现代化、建设学习型社会的重要举措，是满足老年人多样化学习需求、提升老年人生活品质、促进社会和谐的必然要求。为贯彻落实《中华人民共和国老年人权益保障法》《国家中长期教育改革和发展规划纲要（2010—2020年）》，促进老年教育事业科学发展，制定本规划。

一、规划背景

当前我国已进入老龄化社会，截至 2015 年年底，我国 60 岁以上的老年人口已达到 2.22 亿，占总人口的 16.1%，预计 2020 年老年人口将达到 2.43 亿。未来 20 年我国人口老龄化形势将更加严峻，"未富先老"的特征日益凸显，对我国社会主义现代化进程将产生全面而深远的影响，特别是老年人的精神文化和学习需求增长较快，发展老年教育的形势和任务更加紧迫。

世界上较早进入老龄化社会的国家和地区普遍出台了终身教育和老年教育领域的法律法规，并将老年教育政策作为重要的社会政策。许多国家通过第三年龄大学、社区老年人互助学习、老年人利用网络自主学习等多种形式发展老年教育。

党和国家高度重视老龄工作，积极推动老年教育事业发展。目前，有 700 多万老年人在老年大学等老年教育机构学习，还有上千万老年人通过社区教育、远程教育等各种形式参与学习，初步形成了多部门推动、多形式办学的老年教育发展格局。同时必须清醒地认识到，我国老年教育还存在资源供给不足、城乡和区域间发展不平衡、保障机制不够健全、部门协调亟待加强、社会力量参与的深度和广度需进一步拓展等问题。解决这些问题，推动老年教育持续健康发展，是当前和今后一个时期积极应对人口老龄化、大力发展老龄服务事业和产业的迫切任务。

二、总体要求

（一）指导思想

全面贯彻党的十八大及十八届三中、四中、五中全会精神和习近平总书记系列重要讲话精神，落实党中央、国务院决策部署，按照"五位一体"总体布局和"四个全面"战略布局，牢固树立和贯彻落实创新、协调、绿色、开放、共享的新发展理念，坚持"党委领导、政府主导、社会参与、全民行动"的老龄工作方针，以扩大老年教育供给为重点，以创新老年教育体制机制为关键，以提高老年人的生命和生活质量为目的，整合社会资源、激发社会活力，提升老年教育现代化水平，让老年人共享改革发展成果，进一步实现老有所教、老有所学、老有所为、老有所乐，努力形成具有中国特色的老年教育发展新格局。

（二）基本原则

保障权益、机会均等。保障老年人受教育权利，努力让不同年龄层次、文化程度、收入水平、健康状况的老年人均有接受教育的机会。充分利用各种资源，统筹加强组织管理，实现资源共享和协调发展，提高老年教育的可及性，最大限度地满足各类老年群体的学习需求。

政府主导、市场调节。发挥政府在制定规划、营造环境、加大投入等方面的主导作用，统筹协调各部门开展老年教育工作。激发社会活力，继续探索和完善政府购买服务机制，引导社会力量积极参与，带动相关产业发展。

优化布局、面向基层。在办好现有老年教育的基础上，将老年教育的增量重点放在基层和农村，形成以基层需求为导向的老年教育供给结构，优化城乡老年教育布局，促进老年教育与经济社会协调发展。

开放便利、灵活多样。促进各类教育机构向老年人开放，并运用互联网等科技手段开展老年教育，为全体老年人创造学习条件、提供学习机会、做好学习服务。畅通学习渠道，方便就近学习，办好家门口的老年教育。

因地制宜、特色发展。从区域发展不平衡的实际和多样化的学习需求出发，因地制宜开展老年教育。鼓励结合当地历史、人文资源和民俗民风等特点，推动老年教育特色发展。

（三）主要目标

到 2020 年，基本形成覆盖广泛、灵活多样、特色鲜明、规范有序的老年教育新格局。老年教育法规制度逐步健全，职责明确、主体多元、平等参与、管办分离的管理体制和运行机制得到完善。老年教育基础能力有较大幅度提升，教育内容不断丰富，形式更加多样。各类老年教育机构服务能力进一步提升，全社会关注支持老年教育、参与举办老年教育的积极性显著提高。以各种形式经常性参与教育活动的老年人占老年人口总数的比例为 20% 以上。

三、主要任务

（一）扩大老年教育资源供给

优先发展城乡社区老年教育。完善基层社区老年教育服务体系，整合利用现有的社区教育机构、县级职教中心、乡镇成人文化技术学校等教育资源，以及群众艺术馆、文化馆、体育场、社区文化活动中心（文化活动室）、社区科普学校等，开展老年教育活动。建立健全"县（市、区）—乡镇（街道）—村（居委会）"三级社区老年教育网络，方便老年人就近学习。发展农村社区老年教育，有效整合乡村教育文化资源，以村民喜爱的形式开展适应农村老年人需求的教育活动。加强对农村散居、独居老人的教育服务。推进城乡老年教育对口支援，鼓励发达地区以建立分校或办学点、选送教师、配送学习资源、提供人员培训等方式，为边远地区和农村社区老年教育提供支援。

促进各级各类学校开展老年教育。推动各级各类学校向区域内老年人开放场地、图书馆、设施设备等资源，为老年人便利化学习提供支持，积极接收有学习需求的老年人入校学习。探索院校利用自身教育资源举办老年教育（学校）的模式。推动普通高校和职业院校面向老年人提供课程资源，特别是艺术类、医药卫生类、师范类的院校和开设养生保健、文化艺术、信息技术、家政服务、社会工作、医疗护理、园艺花卉、传统工艺等专业的职业院校，应结合学校特色开发老年教育课程，为社区老年教育机构及养老服务机构等积极提供支持服务，共享课程与教学资源。推动开放大学和广播电视大学举办"老年开放大学"或"网上老年大学"，并延伸至乡镇（街道）、城乡社区，建立老年学习网点。

推动老年大学面向社会办学。部门、行业企业、高校等举办的老年大学要树立新的办学理念，积极创造条件，采取多种形式，提高办学开放度，逐步从服务本单位、本系统离退休职工向服务社会老年人转变。省、市两级老年大学在开展教育教学工作的同时，要在办学模式示范、教学业务指导、课程资源开发等方面对区域内老年教育发挥带动和引领作用，将老年大学集聚的教育资源向基层和社区辐射。加强老年大学与社会教育机构的合作，组建老年教育联盟（集团）。

（二）拓展老年教育发展路径

丰富老年教育内容和形式。积极开展老年人思想道德、科学文化、养生保健、心理健康、职业技能、法律法规、家庭理财、闲暇生活、代际沟通、生命尊严等方面的教育，帮助老年人提高生活品质，实现人生价值。创新教学方法，将课堂学习和各类文化活动相结合，积极探索体验式学习、远程学习、在线学习等模式，开展读书、讲座、参观、展演、游学、志愿服务等多种形式的老年教育活动。鼓励老年人自主学习，支持建立不同类型的学习团队。

探索养教结合新模式。整合利用社区居家养老资源，在社区老年人日间照料中心、托老所等各类社区居家养老场所，开展形式多样的老年教育活动。积极探索在老年养护院、城市社会福利院、农村敬老院等养老服务机构中设立固定的学习场所，配备教学设施设备，通过开设课程、举办讲座、展示学习成果等形式，推进养教一体化，推动老年教育融入养老服务体系，丰富住养老人的精神文化生活。关注失能、失智及盲聋等特殊老人群体，提供康复教育一体化服务。

积极开发老年人力资源。用好老年人这一宝贵财富，充分发挥老年人的智力优势、经验优势、技能优势，为其参与经济社会活动搭建平台、提供教育支持。发挥老年人在传承中华优秀传统文化、引导全社会特别是青少年培育和践行社会主义核心价值观等方面的积极作用，彰显长者风范。鼓励老年人利用所学所长，在科学普及、环境保护、社区服务、治安维稳等方面积极服务社会、奉献社会。

（三）加强老年教育支持服务

运用信息技术服务老年教育。加强数字化学习资源跨区域、跨部门共建共享，开展对现有老年教育课程的数字化改造，开发适合老年人远程学习的数字化资源。通过互联网、数字电视等渠道，加强优质老年学习资源对农村、边远、贫困、少数民族地区的辐射。推动信息技术融入老年教育教学全过程，推进线上线下一体化教学，支持老年人网上学习。运用信息化手段，为老年人提供导学服务、个性化学习推荐等学习支持。

整合文化体育科技资源服务老年教育。推动美术馆、图书馆、文化馆（站、中心）、科技馆、博物馆、纪念馆、公共体育设施、爱国主义示范基地、科普教育基地等向老年人免费开放。鼓励有条件的地区发挥文化、教育、体育、科技等资源优势，结合区域实际，建设不同主题、富有特色的老年教育学习体验基地。

充分发挥广播电视、报纸杂志、门户网站等媒体作用，开设贴近老年人生活的专栏专题。

（四）创新老年教育发展机制

鼓励社会力量参与老年教育。充分激发市场活力，推进举办主体、资金筹措渠道的多元化，通过政府购买服务、项目合作等多种方式，支持和鼓励各类社会力量通过独资、合资、合作等形式举办或参与老年教育。运用市场机制调节供需关系，进一步优化老年教育的市场结构、内容和布局。加强规划指导和外部监管，营造平等参与、公平竞争的市场环境。充分发挥社会组织在老年教育中的作用，鼓励其通过提供师资、开发课程等方式支持开展老年教育。支持老年教育领域的社会组织和老年志愿服务团队发展。

促进老年教育与相关产业联动。扩大老年教育消费，发掘与老年教育密切相关的养老服务、旅游、服装服饰、文化等产业价值，促进生活性服务业提档升级，拉动内需，推动投资增长和相关产业发展。

（五）促进老年教育可持续发展

加强学科建设与人才培养培训。鼓励综合类高校、师范类院校、职业院校开设老年教育相关专业，其他高校也要加强老年教育相关专业的建设。支持有条件的高校开展老年教育方向的研究生教育，加快培养老年教育教学、科研和管理人才。鼓励老年教育机构的专任教师和管理人员在职进修老年教育专业课程，攻读相关专业学位。

加强理论与政策研究。依托有关高校、科研院所、老年教育机构等建立若干个老年教育研究基地，开展老年教育基础理论研究、政策研究和应用研究，探讨和解决老年教育发展中的重大理论和实践问题。加强老年教育学术期刊建设，搭建优秀成果的共享和推广平台。鼓励社会组织开展老年教育优秀研究成果交流活动。

加强国际交流合作。积极参与有关国际教育组织的活动，加强与国外老年教育机构的交流与合作，借鉴国外老年教育先进理念和做法，宣传推广我国发展老年教育的经验与成果，扩大我国老年教育的国际影响力。

四、重点推进计划

（一）社会主义核心价值观培育计划

将培育和践行社会主义核心价值观作为老年教育的重要内容，编写相关读本，设计形式多样的老年教育活动项目，将社会主义核心价值观融入老年人学习活动之中。积极推进校园文化建设，培育优良校风、教风和学风，打造一批在培育和践行社会主义核心价值观方面具有示范作用的老年学校和老年学习团队。

（二）老年教育机构基础能力提升计划

整合资源，改善基层社区老年教育机构设施设备，建设一批在本区域发挥示范作用的乡镇（街道）社区老年人学习场所，建设好村（居委会）老年社区学习点。改善现有老年大学办学条件，提升其教学场所和设施的现代化、规范化水平，进一步增强其社会服务能力。到2020年，全国县级以上城市原则上至少应有一所老年大学，50%的乡镇（街道）建有老年学校，30%的行政村（居委会）建有老年学习点。探索"养、医、体、文"等场所与老年人学习场所的结合，推出一批创新老年教育办学模式的典型。各省（区、市）选取若干个养老服务机构，开展养教结合试点。

（三）学习资源建设整合计划

研究制定老年人学习发展指南，为不同年龄层次的老年人提供包括学习规划在内的咨询服务。探索建立老年教育通用课程教学大纲，促进资源建设规范化、多样化。遴选、开发一批通用型老年学习资源，整合一批优秀传统文化、非物质文化遗产、地方特色老年教育资源，推介一批科普知识和健康知识学习资源，引进一批国外优质学习资源，形成系列优质课程推荐目录。定期举办老年学习资源建设交流活动。到2020年，各省（区、市）都应初步建立起支撑区域内老年教育发展的老年学习资源库。

（四）远程老年教育推进计划

探索以开放大学和广播电视大学为主体建设老年开放大学的路径，开发整合远程老年教育多媒体课程资源。支持国家开放大学率先建设在全国发挥示范作用的老年健康艺术教育体验基地。推动有条件的省（区、市）老年大学、开放大学和广播电视大学建设具有地方特色的示范性老年教育体验基地。到2020年，力争全国50%的县（市、区）可通过远程教育开展老年教育工作。

（五）老有所为行动计划

组织引导离退休老干部、老同志讲好中国故事、弘扬中国精神、传播中国好声音。积极搭建服务平台，建立由离退休干部、专业技术人员及其他有所专长的老同志组成的老年教育兼职教师队伍。推动各类老年社会团体与大中小学校合作，发挥老年人在教育引导青少年继承优良传统、培育科学精神等方面的积极作用。广泛开展老年志愿服务活动，到2020年，力争每个老年大学培育1～2支老年志愿者队伍，老年学校普遍建有志愿者服务组织。

五、保障措施

（一）加强组织实施

建立健全党委领导、政府统筹，教育、组织、民政、文化、老龄部门密切配合，其他相关部门共同参与的老年教育管理体制。各相关部门要按照职责分工，加强沟通协调，通过规划编制、政策制定、指导监督，共同研究解决老年教育发展中的重大问题。老年教育工作要纳入对各级政府相关部门绩效考评内容。各省（区、市）要把老年教育纳入本地区经济社会发展规划和教育事业发展规划，结合实际，提出落实本规划、加快发展老年教育的具体实施方案和举措，分阶段、分步骤组织实施。对各地区在实施本规划中好的做法和经验，要及时总结推广。

（二）推动法规制度建设

研究完善涉及老年教育的相关制度。支持鼓励有条件的地区通过制定相关地方法规促进老年教育事业规范健康发展。在老龄事业相关政策措施中，重视支持发展老年教育。探索开展老年教育发展情况调查统计工作，支持社会组织等第三方开展老年教育发展状况的评估和研究。

（三）加强队伍建设

鼓励普通高校、职业院校相关专业毕业生及相关行业优秀人才到老年教育机构工作。各级各类学校要鼓励教师参与老年教育相关工作,并纳入本校工作考核,支持教师到校外老年教育机构兼职任教或从事志愿服务。建立老年教育教师岗位培训制度,支持老年教育机构教师、技术和管理人员的专业发展。专职人员在薪酬福利、业务进修、职务(职称)评聘、绩效考核等方面享有同类学校工作人员的同等权利和待遇。鼓励专业社工等参与从事老年教育工作。建立老年教育师资库。加快培养一支结构合理、数量充足、素质优良,以专职人员为骨干、与兼职人员和志愿者相结合的教学和管理队伍。

(四)完善经费投入机制

各地区要采取多种方式努力增加对老年教育的投入,切实拓宽老年教育经费投入渠道,形成政府、市场、社会组织和学习者等多主体分担和筹措老年教育经费的机制。老年教育经费应主要用于老年教育公共服务。鼓励和支持行业企业、社会组织和个人设立老年教育发展基金,企业和个人对老年教育的公益性捐赠支出按照税收法律法规规定享受所得税税前扣除政策。

(五)营造良好氛围

各地区、各部门要广泛宣传党和国家关于发展老年教育的方针政策,广泛宣传老年教育发展中的典型经验、案例、做法和成效,努力使全社会关心、支持和参与老年教育的氛围更加浓厚。要充分调动老年人参与学习的积极性和主动性,积极培育老年学习文化,使学习风尚融入老年人生活,使老年教育成为增进老年人福祉的重要内容。

广东省人民政府办公厅关于大力推动老年教育发展的实施意见

粤府办〔2017〕41号

各地级以上市人民政府，各县（市、区）人民政府，省政府各部门、各直属机构：

为贯彻落实《国务院办公厅关于印发老年教育发展规划（2016—2020年）的通知》（国办发〔2016〕74号），积极应对人口老龄化趋势，大力推动我省老年教育发展，经省人民政府同意，现提出如下实施意见。

一、工作目标

到2020年，基本形成布局合理、机会均等、内涵丰富、灵活多样、服务完善，覆盖省、市、县、乡、村五级的现代老年教育体系。全省建成10所省级示范性老年大学、19所市级示范性老年大学、19所以上县级示范性老年大学，培育500所老年示范校和示范站（点）。全省以各种形式经常性参与老年教育活动的老年人占老年人口总数的比例为25%以上，其中珠三角地区为30%以上。

二、构建覆盖城乡的老年教育网络体系

新建、改建、扩建一批老年教育学习场所。重点扶持原中央苏区县、少数民族县、经济欠发达县老年大学基础设施建设，鼓励和支持珠三角地区为粤东西北地区发展老年教育提供支援。支持各级广播电视大学和开放大学举办"老年开放大学"或"网上老年大学"。大力建设村（居委会）老年学习站（点）。到2020年，全省县级以上城市原则上至少应有1所老年大学，50%的乡镇（街道）建有老年学校，30%的村（居委会）建有老年学习站（点）。积极扶持社会力量发展养教结合产业，鼓励和支持城镇住宅小区配套建设老年养教结合基础设施，力争

到 2020 年建成 100 个养教结合试点。各市、县（市、区）老年大学负责课程开发、示范带动、业务指导、理论研究等任务。乡镇（街道）老年学校负责组织实施社区老年教育活动，指导村（居委会）老年学习站（点）的工作。村（居委会）老年学习站（点）负责就近提供老年教育服务。凡是有 3 名以上正式党员的老年教育机构，都要成立党支部或临时党支部，以加强思想政治引领，积极推进校园文化建设，培育优良的校风、教风、学风，打造在培育和践行社会主义核心价值观方面具有示范作用的老年学校、老年学习团队，进一步实现老有所学、老有所教、老有所为、老有所乐。

三、扩大老年教育资源供给

将培育和践行社会主义核心价值观作为老年教育的重要内容，研究制定老年人学习发展指南。探索建立老年教育通用课程教学大纲，编写相关读本，设计形式多样的教育活动项目。各级广播电视大学、开放大学与各地老年大学要共同承担、牵头开展本区域内老年教育学习资源建设工作，并促进各级各类教育资源共享。鼓励和支持各类高等院校提供和开发老年教育学习资源。推动非教育机构参与老年教育教学资源开发。到 2020 年，初步建立起支撑全省老年教育发展并符合老年人学习特点的老年学习资源库。部门、行业企业、高校等举办的老年大学要采取多种形式，逐步从服务本单位、本系统离退休职工向服务社会老年人转变。整合利用现有的社区教育机构、乡镇成人文化技术学校等教育资源，以及群众艺术馆、文化馆、体育场、社区文化活动中心（文化室）、社区科普学校等开展老年教育活动。依托广东开放大学、广东老干部大学等机构建立若干个老年教育研究基地。支持各市、县（市、区）定期开展老年教育优秀研究成果交流活动，加强与先进国家、地区在老年教育研究领域的交流与合作。

四、丰富老年教育内容和形式

积极开展老年人政治理论、思想道德、科学文化、养生保健等方面的学习教育。鼓励各类高等院校开办老年学历教育。推广才艺展示、参观游学、志愿服务等生动活泼的老年教育活动。积极探索为失能、失智及盲聋等特殊老人群体提供康复教育一体化服务。积极开展适合农村老年人需求的教育活动。鼓励和支持各地培育老年教育特色品牌项目。推动老年社会团体与大中小学校合作，发挥老年人在教育引导青少年继承优良传统、培育科学精神等方面的作用。大力推进现代远程老年教育，积极开发整合远程老年教育多媒体课程资源，重点建设一批老年教育数字化精品学习资源。到2020年，珠三角地区60%的县（市、区）和粤东西北地区50%的县（市、区）可通过远程教育开展老年教育工作。支持广东开放大学率先建设具有全省示范作用的老年健康艺术教育学习体验基地，推动有条件的地市老年大学、广播电视大学和开放大学建设具有地方特色的示范性老年教育学习体验基地。到2020年，至少建成3个省级、10个地市级的示范性老年教育学习体验基地。

五、加强队伍建设

各级老年大学要努力建设一支结构合理，数量充足，素质优良，以专职人员为骨干、与兼职人员和志愿者相结合的教学管理队伍；老年学校要配备好专（兼）职教师；老年学习站（点）要配备足够的专（兼）职管理人员。各级老年教育机构要广泛吸纳有所专长的老同志加入兼职教师行列。支持有条件的高等院校开展从专科到研究生层次的老年教育人才培养。鼓励老年教育机构的专任教师和管理人员在职进修和学历提升。鼓励专业对口毕业生从事老年教育。各级各类学校要鼓励和支持教师到老年教育机构兼职任教或从事志愿服务。建立老年教育教师岗位培训制度，专职人员在薪酬福利、业务进修、职务（职称）评聘、绩效考核等方面享有同类学校工作人员的同等权利和待遇。成立省、市、县（市、区）老年教育专家库和老年教育专家咨询委员会。

六、加强组织保障

各地要认真协调统筹教育、组织、民政、文化、老龄等部门，全力开展老年教育工作，确保按时实现目标。支持有条件的地区通过制定相关地方性法规促进老年教育事业规范健康发展。要采取多种方式努力增加对老年教育的投入，进一步完善政府、市场、社会组织和学习者等多主体分担和筹措的老年教育经费投入机制，鼓励自然人、法人或其他组织捐助老年教育事业、举办老年教育机构，共同推动老年教育发展。

广东省人民政府办公厅
2017年6月9日

广州市教育局关于印发《广州市推进老年教育发展实施方案（2018—2020年）》的通知

穗教发〔2018〕25号

各区人民政府，市委老干部局、市发展改革委、市民政局、市财政局、市人社局、市文广新局、市外办、市体育局、市老龄委、市残联、市关工委，市广播电视大学，有关高校、有关单位：

经市人民政府同意，现将《广州市推进老年教育发展实施方案（2018—2020年）》印发给你们，请遵照执行。

广州市教育局
2018年3月6日

广州市推进老年教育发展实施方案
（2018—2020年）

为全面贯彻党的十九大对老年工作和终身学习体系建设的精神，落实《国务院办公厅关于印发老年教育发展规划（2016—2020年）的通知》（国办发〔2016〕74号）、《广东省人民政府办公厅关于大力推动老年教育发展的实施意见》（粤府办〔2017〕41号），积极应对人口老龄化，进一步推进全民终身学习，推动我市老年教育全面、可持续发展，促进形成全市文化养老良好氛围，结合我市老年教育实际，制定本实施方案。

一、指导思想

全面贯彻党的十九大精神，以习近平新时代中国特色社会主义思想为指导，深入贯彻习近平总书记对广东的重要指示批示精神。落实"加快建设学习型社会，大力提升国民素质"的目标，落实国家、省、市关于大力发展老年教育的决策部署，从我市老年教育工作的实际出发，立足老年人继续接受教育的意愿与需求，研究老年教育发展的趋势和需求，整合教育资源，拓展教育内涵，创新教育模式，提升教育质量，努力为满足老年群体对美好生活的需要提供更平衡、更充分的教育资源，让老年人享受到更加丰富、便利、优质的老年教育。

二、主要目标

到2020年，基本形成政策制度健全、管理职责明确、规划布局合理、参与主体多元、教学形式灵活、教育资源丰富、受益群众较多的老年教育新格局，市—区—街（镇）—居（村）四级老年教育体系进一步完善，各类老年教育机构服务能力进一步加强，全社会参与、关注和支持老年教育的意识进一步提升。

到2020年，各区至少建立一所老年大学，50%以上的街（镇）建有老年学校，30%以上的居（村）建有老年站（点），力争建成11个养教结合试点。促进示范性老年大学建设，建成省级示范性老年大学、市级示范性老年大学各1所，创建2所以上区级示范性老年大学、1个市级的示范性老年教育学习体验基地，培育22所老年示范学校和示范站（点）。不断完善老年教育课程体系，初步建立起支撑全市老年教育发展并符合老年人学习特点的老年学习资源库。进一步提高老年教育参与率，以各种形式经常性参与教育活动的老年人占全市老年人口总数的比例为30%以上。

三、重点任务及分工

(一) 制定我市老年教育工作规范化标准

1. 编制我市老年教育网点规划布局，制定老年学校和老年教育站点规范化建设标准。(牵头单位：市教育局。配合单位：市发展改革委、市老龄办、市委老干部局、市民政局、各区政府)

2. 建立我市老年教育通用课程教学大纲、课程资源开发和师资准入基本标准，编写相关读本，建立线上线下老年教育资源库，设计形式多样的教育活动项目。(牵头单位：市教育局。配合单位：市委老干部局、市老龄办、市民政局、市文化广电新闻出版局、市体育局)

3. 编制我市"网上老年大学"的建设方案和服务布局。(牵头单位：市教育局)

(二) 扩大老年教育资源供给

1. 支持市广播电视大学举办"老年开放大学"(或"网上老年大学")，依托其分校网络和数字化学习办学系统，建设延伸至区、街(镇)、城乡社区的老年教育办学体系。(牵头单位：市教育局。配合单位：市广播电视大学)

2. 大力建设居(村)老年学习站(点)，30%的居(村)建有老年学习站(点)，就近提供老年教育服务。(牵头单位：各区政府。配合单位：市民政局、市教育局)

3. 加强示范性老年大学和基层老年学校及教学站点建设，创建 1 所省级示范性老年大学、1 所市级示范性老年大学和 2 所以上区级示范性老年大学，培育 22 所老年示范学校和示范站(点)，在办学模式示范、教学业务指导、课程资源开发等方面对区域内老年教育发挥带动和引领作用，50%的街(镇)建有老年学校。(牵头单位：市教育局、各区政府。配合单位：市委老干部局、市民政局)

4. 各类老年大学逐步面向社会办学，将服务对象扩大到社会老年人。(牵头单位：市教育局、市委老干部局。配合单位：各区政府、市民政局、市文化广电新闻出版局)

5. 依托市广播电视大学、市老年干部大学等机构建立若干个老年教育研究基地，积极开发整合远程老年教育多媒体课程资源，重点建设一批老年教育数字化精品学习资源。加强老年教育学术期刊建设。（牵头单位：市教育局、市委老干部局。配合单位：市广播电视大学）

6. 推动市、区老年大学和广播电视大学、区社区教育学院统筹建设具有地方特色的示范性老年教育学习体验基地，建成1个市级示范性老年教育学习体验基地。（牵头单位：市教育局、各区政府。配合单位：市民政局、市委老干部局）

7. 发挥高校优势，积极支持高校办好老年大学，高校教师在老年大学任教可计算教学工作量。积极扶持企业、社会团体等社会力量办好老年大学、老年学校及老年教育点。（牵头单位：市教育局。配合单位：各高校、市民政局、市老龄办、各区政府）

8. 充分发挥社会组织作用，依托老年文艺团队、老年体育团队、老年体协、基层老年协会等社会组织开展寓教于乐的老年教育活动。（牵头单位：市民政局。配合单位：市文化广电新闻出版局、市体育局）

9. 整合利用现有的社区教育机构、成人文化技术学校等教育资源，加挂相关街（镇）、居（村）老年学校、学习站（点）牌子并开展老年教育活动。（牵头单位：市教育局。配合单位：市民政局）

10. 充分利用文化馆（站）、图书馆、体育场馆、社区文化活动中心（文化室）等场地资源，就近开展老年教育活动。（牵头单位：市文化广电新闻出版局、市体育局）

11. 优化功能设施，加强家庭综合服务中心、星光老年之家、居家养老服务机构、养老机构等的老年教育功能，强化养教结合试点建设。扶持社会力量利用各类养老服务资源，发展养教结合产业，力争建成11个养教结合试点。（牵头单位：市民政局、各区政府）

12. 鼓励、支持为街（镇）和社区综合服务设施、为养老服务机构和组织因地制宜配备适合老年人的文体器材，引导有条件的公共图书馆开设老年阅览区域，提供适合老年人阅读的设备。（牵头单位：各区政府、市体育局、市文化广电新闻出版局。配合单位：市民政局）

（三）丰富老年教育内容和形式

1. 积极开展老年人政治理论、思想道德、科学文化、养生保健等方面的学习教育，推广才艺展示、参观游学、志愿服务等老年教育活动。（牵头单位：各

区政府。配合单位：市委老干部局、市教育局、市民政局、市文化广电新闻出版局、市体育局）

2. 探索为失能、失智及盲聋等特殊老人群体提供康复教育一体化服务。（牵头单位：市民政局。配合单位：市老龄办、市残联）

3. 推动老年社会团体与大中小学合作，发挥老年人在教育引导青少年继承优良传统、培育科学精神等方面的作用。（牵头单位：市民政局、市教育局。配合单位：市委老干部局、市文化广电新闻出版局、市体育局、市关工委）

4. 开展老年教育国内、国际交流工作，借鉴并引入先进经验和做法，丰富我市老年教育资源。（牵头单位：市教育局。配合单位：市委老干部局、市外办）

（四）加强队伍建设

1. 积极搭建服务平台，建立由离退休干部、专业技术人员及其他有专长的老同志组成的老年教育兼职教师队伍。（牵头单位：市教育局、各区政府、市委老干部局。配合单位：市文化广电新闻出版局、市体育局、市残联）

2. 建立老年教育教师岗位培训制度。（牵头单位：各区政府。配合单位：市教育局、市委老干部局）

3. 成立市老年教育专家库和老年教育专家咨询委员会。（牵头单位：市教育局。配合单位：市委老干部局、市民政局、市文化广电新闻出版局、市体育局、市残联）

4. 老年教育专职人员按常住老年人口每1万人配备1名，随着队伍建设的完善，不断探索符合我市实际的老年教育专职人员薪酬待遇指导办法。（牵头单位：市教育局、各区政府。配合单位：市人社局、市委老干部局）

四、工作要求

（一）健全管理机制，加强组织保障

市直部门按工作分工，各司其职，落实各项任务指标，市教育局不定期牵头召集相关部门研究督促相关任务进度。各区要建立由党委领导、政府统筹，教育部门牵头，组织（老干）、民政、文化、体育等主要部门密切配合，其他相关部门共同参与的老年教育管理体制，并制定区级专项工作方案。

各区政府要按照全国、省、市关于发展老年教育的政策文件要求，将任务分解到本区相关部门并积极推进工作，确保责任主体落实到位、任务指标执行到位。各有关部门要按照职责分工、认真履职，共同研究解决老年教育发展中的重大问题，加强调查论证工作，研究完善涉及老年教育的相关制度。

（二）拓宽投入渠道，加强经费保障

各级财政在保持现有经费投入渠道不变的基础上，逐步加大老年教育投入，按照办学场地、规模、质量等要素条件对老年教育机构给予适当的教育经费补助，让老年教育事业获得教育经费的支持保障。

（三）加大宣传发动，鼓励多元参与

各区政府、各有关部门要广泛宣传涉及老年教育发展的方针政策，大力推广全市老年教育工作中的典型经验、重点案例、工作成效等，在全社会形成多方关心、支持老年教育的良好氛围。鼓励社会各界通过捐助老年教育事业、参与举办老年教育机构等形式共同推动老年教育发展。

（四）注重统筹协调，加强督促检查

各区政府、各有关部门要加大资源整合力度，主动挖掘本区、本系统资源潜力，提高本区、本系统所辖服务场地的综合利用率，丰富老年教学形式，增加老年教育资源，促进老年人积极参与老年教育活动。各区政府、各有关部门要注重收集、汇总本区、本系统有关拓展老年教育内涵、加强文化养老的典型做法及数据资料，并及时报送市教育局，由市教育局汇总后报送市政府。

广州市教育局办公室
2018 年 3 月 6 日印发

南沙区教育局关于印发《广州市南沙区推进老年教育发展实施方案（2018—2020年）》的通知

穗南教〔2019〕95号

区委编办、区委老干部局、区发改局、区财政局、区人社局、区民政局、区文化广电旅游体育局、区卫生健康局、区外办、区老龄委、区残联、区关工委、广州电大南沙分校（南沙社区学院）、各镇（街）：

经区政府同意，现将《广州市南沙区推进老年教育发展实施方案（2018—2020年）》印发给你们，请遵照执行。

广州市南沙区教育局党政办

2019年5月10日印发

广州市南沙区推进老年教育发展实施方案
（2018—2020年）

为全面贯彻党的十九大对老年工作和终身学习体系建设的精神，落实《国务院办公厅关于印发老年教育发展规划（2016—2020年）的通知》（国办发〔2016〕74号）、《广东省人民政府办公厅关于大力推动老年教育发展的实施意见》（粤府办〔2017〕41号）和《广州市教育局关于印发〈广州市推进老年教育发展实施方案（2018—2020年）〉的通知》（穗教发〔2018〕25号），积极应对人口老龄化，进一步推进全民终身学习，推动我区老年教育全面、可持续发展，促进形成全区文化养老的良好氛围，结合我区老年教育实际，制定本实施方案。

一、指导思想

全面贯彻党的十九大精神，以习近平新时代中国特色社会主义思想为指导，深入贯彻习近平总书记对广东的重要指示批示精神，落实"加快建设学习型社会，大力提升国民素质"的目标，落实国家、省、市关于大力发展老年教育的决策部署，以"适合的教育"为引领，从我区老年教育工作实际出发，立足老年人继续接受教育的意愿与需求，研究老年教育发展的趋势和需求，整合教育资源，拓展教育内涵，创新教育模式，提升教育质量，努力为满足老年群体对美好生活的需要提供更均衡、更充分的教育资源，让老年人享受到更加丰富、便利、优质的老年教育。

二、主要目标

到2020年，基本形成政策制度健全、管理职责明确、规划布局合理、参与主体多元、教学形式灵活、教育资源丰富、受益群众普遍、充满活力的老年教育新格局，各类老年教育机构服务能力进一步加强，全社会参与举办、关注和支持老年教育的意识进一步提升。

到2020年，我区建立一所老年大学，50%以上的镇（街）建有老年学校，30%以上的村（居）建有老年站（点），探索建立养教结合试点。争创老年示范性学校和示范站（点）；进一步扩大老年教育参与率，以各种形式经常性参与老年教育活动的老年人占全区老年人口总数的比例为30%以上。

三、重点任务及分工

（一）配合市做好我区老年教育网点规划布局

根据市的要求，充分利用市线上线下老年教育资源库，设计形式多样的教育

活动项目。（牵头单位：区教育局。配合单位：区委老干部局、区老龄办、区民政局、区文化广电旅游体育局）

（二）扩大老年教育资源供给

1. 依托市广播电视大学南沙分校（南沙社区学院）网络和数字化学习办学系统，建设延伸至镇（街）、城乡社区的老年教育办学体系。（牵头单位：区教育局。配合单位：市广播电视大学南沙分校）

2. 大力建设村（居）老年学习站（点），30%的居（村）建有老年学习站（点），就近提供老年教育服务。[牵头单位：区教育局。配合单位：区卫生健康局、各镇（街）]

3. 争创示范性老年大学、老年示范学校和示范站（点），在办学模式示范、教学业务指导、课程资源开发等方面对区域内老年教育发挥带动和引领作用，50%的镇（街）建有老年学校。[牵头单位：区教育局、各镇（街）。配合单位：区委老干部局、区卫生健康局]

4. 南沙区老年大学逐步面向社会办学，将服务对象扩大到社会老年人。[牵头单位：区教育局、区委老干部局。配合单位：各镇（街）、区卫生健康局、区文化广电旅游体育局]

5. 推动区老年大学和广播电视大学南沙分校、区社区学院统筹建设具有地方特色的示范性老年教育学习体验基地。[牵头单位：区教育局、各镇（街）。配合单位：区卫生健康局、区委老干部局]

6. 积极扶持企业、社会团体等社会力量办好老年大学、老年学校及老年教育点。[牵头单位：区教育局。配合单位：区卫生健康局、区老龄办、各镇（街）]

7. 充分发挥社会组织作用，依托老年文艺团队、老年体育团队、老年体协、基层老年协会等社会组织开展寓教于乐的老年教育活动。（牵头单位：区卫生健康局。配合单位：区文化广电旅游体育局）

8. 整合利用现有的社区教育机构、成人文化技术学校等教育资源，加挂相关镇（街）、村（居）老年学校、学习站（点）牌子，并开展老年教育活动。（牵头单位：区教育局。配合单位：区卫生健康局）

9. 充分利用文化馆（站）、图书馆、体育场馆、社区文化活动中心（文化室）等场地资源，就近开展老年教育活动。（牵头单位：区文化广电旅游体育局）

10. 优化功能设施,加强家庭综合服务中心、星光老年之家、居家养老服务机构、养老机构等场地的老年教育功能,强化养教结合试点建设。扶持社会力量利用各类养老服务资源,发展养教结合产业。[牵头单位:区卫生健康局、各镇(街)]

11. 鼓励、支持为镇(街)、社区综合服务机构和养老服务机构和组织因地制宜配备适合老年人的文体器材,引导有条件的公共图书馆开设老年阅览区域,提供适合老年人阅读的设备。[牵头单位:各镇(街)、区文化广电旅游体育局。配合单位:区卫生健康局]

(三)丰富老年教育内容和形式

1. 积极开展老年人政治理论、思想道德、科学文化、养生保健等方面的学习教育,推广才艺展示、参观游学、志愿服务等老年教育活动。[牵头单位:各镇(街)。配合单位:区委老干部局、区教育局、区卫生健康局、区文化广电旅游体育局]

2. 探索为失能、失智及盲聋等特殊老人群体提供康复教育一体化服务。(牵头单位:区卫生健康局。配合单位:区老龄办、区残联)

3. 推动老年社会团体与学校合作,发挥老年人在教育引导青少年继承优良传统、培育科学精神等方面的作用。(牵头单位:区卫生健康局、区教育局。配合单位:区委老干部局、区文化广电旅游体育局、区关工委)

4. 开展老年教育国内、国际交流工作,借鉴并引入先进经验和做法,丰富我区老年教育资源。(牵头单位:区教育局。配合单位:区委老干部局、区外办)

(四)加强队伍建设

1. 积极搭建服务平台,建立由离退休干部、专业技术人员及其他有专长的老同志组成的老年教育兼职教师队伍。[牵头单位:区教育局、各镇(街)、区委老干部局。配合单位:区文化广电旅游体育局、区残联]

2. 建立老年教育教师岗位培训制度。[牵头单位:各镇(街)。配合单位:区教育局、区委老干部局]

3. 成立区老年教育专家库。(牵头单位:区教育局。配合单位:区委老干部局、区卫生健康局、区文化广电旅游体育局、区残联)

4. 老年教育专职人员按常住老年人口每1万人配备1名,随着队伍建设的完善,不断探索符合我区实际的老年教育专职人员薪酬待遇指导办法。[牵头单位:区教育局、各镇(街)。配合单位:区人社局、区委老干部局]

四、工作要求

（一）健全管理机制，加强组织保障

区各部门按工作分工，各司其职，落实各项任务指标，区教育局不定期牵头召集相关部门研究督促相关任务进度。镇（街）要建立由党委领导、政府统筹，组织（老干）、卫健、文化、体育等主要部门密切配合，其他相关部门共同参与的老年教育管理体制，并制定专项工作方案。

镇（街）要按照全国、省、市、区关于发展老年教育的政策文件要求，将任务分解到相关部门并积极推进工作，确保责任主体落实到位、任务指标执行到位。各有关部门要按照职责分工、认真履职，共同研究解决老年教育发展中的重大问题；加强调查论证工作，研究完善涉及老年教育的相关制度。

（二）拓宽投入渠道，加强经费保障

区、镇（街）财政在保持现有经费投入渠道不变的基础上，逐步加大老年教育投入，按照办学场地、规模、质量等要素条件对老年教育机构给予适当的教育经费补助，让老年教育事业获得教育经费的支持保障。

（三）加大宣传发动，鼓励多元参与

各镇（街）、各有关部门要广泛宣传涉及老年教育发展的方针政策，大力推广老年教育工作中的典型经验、经典案例、工作成效等，在全社会形成多方关心、支持老年教育的良好氛围。鼓励社会各界通过捐助老年教育事业、参与举办老年教育机构等形式共同推动老年教育发展。

（四）注重统筹协调，加强督促检查

各镇（街）、各有关部门要加大资源整合力度，主动挖掘本辖区、本系统的资源潜力，提高所辖服务场地的综合利用率，丰富老年教学形式，增加老年教育资源，促进老年人积极参与老年教育活动。各镇（街）、各有关部门要注重收集、汇总本辖区、本系统有关拓展老年教育内涵、加强文化养老的典型做法及数据资料，并及时报送区教育局，由区教育局汇总后报送区政府。

关于印发《广州市番禺区推进老年教育发展实施办法》的通知

番社办〔2019〕13号

各镇（街），区社区教育委员会成员单位、各相关单位：

为进一步提升我区老年教育发展水平，社区教育委员会办公室组织草拟了《广州市番禺区推进老年教育发展实施办法（征询意见稿）》，经征询各单位的意见，先予印发。请结合实际，认真组织实施。

附件：广州市番禺区推进老年教育发展实施办法

广州市番禺区社区教育委员会办公室
2019年11月2日

广州市番禺区推进老年教育发展实施办法

发展老年教育是我国实施积极老龄化的重大战略任务，根据《广州市教育局关于印发〈广州市推进老年教育发展实施方案（2018—2020）〉的通知》（穗教发〔2018〕25号）的文件精神，结合我区实际，制定此办法。

一、指导思想

全面贯彻落实党的十九大精神，以习近平新时代中国特色社会主义思想为指导，牢固树立和贯彻落实创新、协调、绿色、开放、共享的发展理念，强化政府统筹保障，促进多方参与，教育主体多元，增强社会活力，扩大并逐步优化老年教育供给，创新老年教育体制机制，满足老年人多样化学习需求，提高老年人的生活质量和幸福指数，形成符合番禺区实际的老年教育格局。

二、主要目标

到2020年，基本形成政策制度健全、管理职责明确、规划布局合理、参与主体多元、教学形式灵活、教育资源丰富的老年教育新格局，进一步完善区—镇（街）—村（居）三级老年教育管理网络，进一步提升各类老年教育服务机构的服务能力以及全社区参与、关注和支持老年教育的意识。

番禺区力争50%以上的镇（街）建有老年学校，30%以上的村（居）建有老年教学点。进一步提高老年教育的知晓率和参与率，以各种形式经常性参与教育活动的老年人占全区老年人口总数的比例为30%以上。逐渐提升老年教育基础能力，加强支持服务，完善学习网络，拓展发展路径，促进番禺区老年教育多元化发展和可持续发展。

三、具体任务

（一）加强老年教育基础能力建设

1. 大力建设村（居）老年学习站（点）。30%的村（居）建有老年学习站（点），就近提供老年教育服务。
2. 加强基层老年学校及教学站点建设。创建1所区级老年大学，建设广州市老年教育体验中心，在办学模式示范、教学业务指导、课程资源开发等方面对区域内老年教育发挥带动和引领作用，50%的镇（街）建有老年学校。
3. 整合利用现有的社区教育机构、电视大学、成人文化技术学校等教育资源，加挂相关镇（街）、村（居）老年学校、学习站（点）牌子，并开展老年教育活动。力争培育1～2所示范性老年学校和村居老年教学点。

4. 全面发展城乡社区老年教育。推动老年教育重心下移，以就近、便捷、快乐为原则，积极为老年人提供更多稳定、可靠、丰富的教育服务。全区各级教育机构尤其是电视大学、成人文化学校（社区教育学校）要承担起为当地居民服务的责任，积极为周边老年人就近入学提供方便。重点面向农村弱势老年人，加强对农村留守、孤寡、独居、贫困、残疾老人的教育服务。鼓励基层老年教育机构开发开设乡土文化课程和实用技能课程。有计划地推进城乡老年教育开展对口支援。

（二）扩大老年教育资源供给

1. 整合文化体育科技资源。鼓励各类社会文化资源参与老年教育，逐步实现文化馆、文化站、科普教育基地以及博物馆、图书馆、展览馆、艺术馆等机构和设施向老年人免费开放。建设不同主题、富有特色的老年教育学习体验基地。推动文化信息资源共享、农村电影放映、农家书屋等重大文化惠民工程建设，增添面向老年人的服务内容。广泛开展群众性老年文化活动，培育老年文化活动品牌。有效整合镇（街）文化站、图书室等教育文化资源，以城乡居民喜爱的形式，开展符合当地老年人需要的老年教育活动。

2. 丰富老年教育学习资源。积极开发适合老年人远程学习的数字化资源，重点打造服务老年人的养生保健、休闲娱乐、摄影摄像等数字化精品学习资源。鼓励创作发行老年人喜闻乐见的图书、报刊以及影视剧、戏剧、广播剧等文艺作品。加强数字资源建设，拓展面向老年人的数字资源服务。

3. 积极开发老年人力资源。鼓励老年人特别是具有一定专长的各类专业人才，发挥经验优势、智力优势、技能优势，利用所学所长服务他人、奉献社会，实现老年人更高的生命价值。鼓励全区各级老年教育机构、老年群众组织成立老年志愿者服务队伍，为老年人积极参与社会服务搭建平台、提供支持。

4. 提高信息技术服务老年教育能力。加强面向老年人信息技术应用能力的培训，在老年人中推广微博、微信、手机客户端等新媒体的使用方式。开展老年教育"互联网＋"行动，促进信息技术、人工智能和互联网与老年教育的深度融合，推进"线上线下"一体化教学。拓宽老年学习资源的访问渠道，方便老年人可以通过互联网、数字电视、交互式网络电视、卫星电视、移动终端等多渠道快速访问资源。

（三）提高老年教育的质量和水平

扩大优质资源供给，打造老年教育品牌。形成有效机制，通过自建、购买、合作共建等各种形式打造"幸福老年"系列课程读本和数字化资源,把"幸福老年"系列课程打造成为番禺老年教育特色品牌,积极开展基于线上与线下融合的"互联网+幸福老年"教学活动,扩大老年教育的知晓率和参与率。促进"老有所学"的理念在全社会传播,全方位提升老年人的生活素养和质量,为实现积极老龄化打下坚实的基础。

(四)提升老年教育的民族文化传承功能

开展岭南文化进社区、进村(居)活动,鼓励更多的非物质文化遗产传承人走入社区、村(居)与老年人交流互动,积极开发老年教育在民族文化中的"传、帮、带"作用。推动番禺区老年教育在资源建设、体验基地建设等方面与岭南文化相结合,丰富番禺区老年教育的内涵。建设老年教育特色项目,树立项目品牌,打造示范点,大力促进老年教育的良性发展。

(五)加强理论政策研究

区社区教育中心、番禺电大、社区教育学校、老年教育机构要加强合作与联系,开展老年教育基础理论研究、政策研究和应用研究,探讨和解决老年教育发展中的重大理论和实践问题。策划搭建老年教育优秀成果共享和推广平台,全区各类老年教育机构要定期开展老年教育优秀研究成果交流活动。

四、重点推进计划

(一)社会主义核心价值观培育计划

将培育和践行社会主义核心价值观作为老年教育的重要内容,重点建设社会主义核心价值观和中华优秀传统文化课程,编写相关读本,设计形式多样的教育活动项目,将社会主义核心价值观融入老年人学习和活动之中。积极推进校园文化建设,培育优良校风、教风、学风,打造一批在培育和践行社会主义核心价值观方面具有示范作用的老年学校和老年学习团队。(区委老干局、区文明办、区教育局、区民政局)

(二)老年教育机构基础能力提升计划

改善老年教育机构办学条件,提升其教学场所和设施的现代化、规范化水平,进一步增强其社会服务能力。完善"区老年大学—镇(街)老年学校—村

（居）老年学习点"老年教育三级办学体系。加大区社区教育中心（工商职校）的统筹力度，建设广州市老年教育体验中心，形成有番禺特色的"老年教育模式"并向全市推广。以广州市老年开放大学番禺学院（番禺电大）为依托，建设一所面向全区全体老年人的老年开放大学，指导和引领全区老年教育发展。力争50%以上的镇（街）建有一所老年学校，30%以上的村（居）建有一个老年站（点），满足老年人就近便利的学习需求。探索"教、养、医、体、文"等场所与老年人学习场所的结合，推出一批创新老年教育办学模式的典型。选取若干个养老服务机构，开展养教结合试点。（区委老干局、区发改局、区教育局、区财政局、区民政局、区文广旅体局、区卫生健康局）

（三）学习资源建设整合计划

研究制定老年人学习发展指南，为不同年龄层次的老年人提供包括学习规划在内的咨询服务。建立老年教育通用课程教学大纲，促进资源建设规范化、多样化。遴选、开发一批通用型老年学习资源，整合一批优秀传统文化、非物质文化遗产、地方特色老年教育资源，推介一批科普知识和健康知识学习资源，推动优质学习资源共享，培育一批老年教育数字化精品课程，形成系列优质课程推荐目录。定期举办老年学习资源建设交流活动，初步建立起支撑我区老年教育发展的老年学习资源库。（区教育局、区委老干局、区科工商信局、区财政局、区文广旅体局、区卫生健康局）

（四）远程老年教育推进计划

利用数字电视、广播、终身学习平台等媒体开设老年教育课堂，每天固定时段播放。力争各镇（街）老年学校可通过远程教育开展老年教育工作。（区委老干局、区发改局、区教育局、区民政局、区财政局、区文广旅体局）

（五）老有所为行动计划

组织引导离退休老干部和老同志讲好中国故事、弘扬中国精神、传播中国好声音。积极搭建服务平台，建立由离退休干部、专业技术人员及其他有所专长的老同志组成的老年教育兼职教师队伍。推动各类老年社会团体与中小学校合作，发挥老年人在教育引导青少年继承优良传统、培育科学精神等方面的积极作用。广泛开展老年志愿服务活动，力争区老年大学、镇（街）老年学校普遍建有志愿者服务组织。（区委老干局、区文明办、区教育局、区民政局）

五、工作要求

（一）加强组织领导

建立健全全区各级党委领导、政府统筹，组织、教育、民政、财政、人社、文化、卫生健康、旅游发展、老龄等相关部门密切配合，其他部门共同参与的老年教育管理体制。各相关部门要按照职责分工，加强沟通协调，通过规划编制、政策制定、指导监督，共同研究解决老年教育发展中的重大问题，共同促进老年教育工作的开展。各镇（街）要将老年教育工作纳入经济社会发展规划和教育事业发展规划，研究完善涉及老年教育的相关制度、加快发展老年教育的具体实施方案和举措，分阶段、分步骤实施。

（二）完善经费投入机制

各级财政在保持现有经费投入渠道不变的基础上，逐步加大老年教育投入，按照办学场地、规模、质量等要素条件对老年教育机构给予适当的教育经费补助，让老年教育事业获得教育经费的支持保障。鼓励和支持行业企业、社会组织和个人设立老年教育发展基金，企业和个人对老年教育的公益性捐赠支出按照相关法律享受相关优惠政策。

（三）营造良好氛围

充分利用各级各类媒体，采用多种形式，广泛宣传国家、省、市关于发展老年教育的方针政策，加大对老年教育发展中涌现的先进典型的宣传推广力度，努力使全社会形成关心、支持和参与老年教育的浓厚氛围，充分调动老年人参与老年教育的积极性和主动性。

（四）加强监督检查

各镇（街）、有关部门要加大资源的整合力度，提高辖区内服务场地的综合利用率，丰富老年教学，增加老年教育资源，促进老年人积极参与老年教育活动。各镇（街）、有关部门要注重收集汇总辖区内有关拓展老年教育内涵、加强文化养老的典型做法及数据资料，并及时报送区教育局。

广州市天河区教育局关于印发《广州市天河区推进老年教育发展实施方案（2018—2020年）》的通知

穗天教〔2018〕47号

天河区各相关部门，各街道办事处：

根据《广州市教育局关于印发〈广州市推进老年教育发展实施方案〉（2018—2020年）》（穗教发〔2018〕25号）的要求，我局起草了《广州市天河区推进老年教育发展实施方案（2018—2020年）》，经区政府同意，现印发给你们，请认真贯彻执行。

专此通知。

广州市天河区教育局
2018年6月14日

广州市天河区推进老年教育发展实施方案
（2018—2020年）

为全面贯彻党的十九大关于推进老年教育发展工作和终身学习体系建设的精神，落实《国务院办公厅关于印发老年教育发展规划（2016—2020年）的通知》（国办发〔2016〕74号）、《广东省人民政府办公厅关于大力推动老年教育发展的实施意见》（粤府办〔2017〕41号），积极应对人口老龄化，进一步推进全民终身学习，推动我区老年教育全面、可持续发展，促进形成全区文化养老良好氛围，结合我区老年教育实际，制定本实施方案。

一、主要目标

到 2020 年，基本形成政策制度健全、管理职责明确、规划布局合理、参与主体多元、教学形式灵活、教育资源丰富、受益群众面广的老年教育新格局，区—街—居进一步加强联系，全社会参与举办、关注和支持老年教育的意识进一步提升。

到 2020 年，天河区至少建立 1 所老年大学，50% 以上的街道建有老年学校，30% 以上的居委建有老年站（点），力争建成 1 个养教结合点试点。促进示范性老年大学建设，创建 1 所区级以上示范性老年大学，培育 2 所老年示范性学校和示范站（点）。不断完善老年课程体系，初步建立支撑全区老年教育发展并符合老年人学习特点的老年学习资源库。进一步扩大老年教育参与率，以各种形式经常性参与教育活动的老年人占全区老年人口总数的比例为 30% 以上。

二、重点任务及分工

（一）重视老年教育基础性工作

1. 各部门要把老年大学（学校）建设作为养老工程、民心工程和德政工程，予以高度重视、大力推进。进一步改善现有区老年大学（在区老干部活动中心挂牌）的办学条件，提升教学场所规范化和设施现代化水平，发挥好办学模式示范、课程资源开发等方面的带动和引领作用。支持广州市广播电视大学天河分校（以下简称"区电大"）发挥远程教育和系统办学的优势，举办老年开放大学，参与老年教育，逐步面向社会办学，将服务对象范围扩大到社会老年人。（牵头单位：区教育局。配合单位：区委老干部局、区电大）

2. 各街道要将老年学校建设纳入公益类文化事业发展总体规划，整合利用现有的社区教育机构、校外培训机构等教育资源，加挂老年学校、老年学习站（点）牌子并开展老年教育活动。积极扶持企业、社会团体等社会力量办好老年大学、老年学校及老年学习站（点）。（牵头单位：区教育局、各街道办事处。配合单位：区民政局）

(二) 扩大老年教育资源供给

1. 加强教育网络学习交流平台建设。依托区电大网络和数字化学习办学系统，建立起优质、开放、兼容、共享的全区远程老年教育网络体系，打造老年学习数字化公共服务平台，开发整合远程老年教育多媒体课程资源。（牵头单位：区教育局。配合单位：区委老干部局、区电大）

2. 大力推进老年示范校（点）的建设。积极组织区老年大学开展省、市示范校创建工作。引导各街道老年学校努力实现教学管理制度化、课程设置科学化、教学方法灵活化、教师管理正规化、教材选用多元化、教学活动多样化，建设一批环境优美、设施良好、制度完善、教学水平高、社会效益好的老年学校示范校，发挥示范校的引领、示范和带动作用。（牵头单位：区教育局、各街道办事处。配合单位：区委老干部局、区民政局）

3. 积极争取社会组织支持老年教育。充分发挥社会组织在老年教育中的作用，鼓励其通过提供师资、开发课程等方式支持开展老年教育。区老年大学、区电大、区退管办等机构统筹协调，联合有关高校、科研院所、老年教育机构等建立若干个老年教育研究基地。通过开发整合远程老年教育多媒体课程，重点建设一批老年教育数字化精品学习资源，为更好地指导和推动全区老年教育事业科学发展发挥积极作用。（牵头单位：区教育局、区委老干部局、区人力资源和社会保障局。配合单位：区老年大学、区电大、区退管办）

4. 推动各级各类学校共享教育资源。鼓励支持中小学校、校外培训机构等利用自身教育资源举办老年大学、老年学校、老年课堂，或开设老年教育相关专业。鼓励各类学校与老年教育机构结对开展支教活动，为其选送教师、开设讲座、共享课程资源。有条件的中小学可充分利用假期及课余时间，与区老年大学（学校）实现场地、师资等资源共享。充分利用文化馆（站）、图书馆、体育场馆、社区文化活动中心（文化室）等场地资源，就近开展老年人读书和群众广场文化等教育活动，为老年人创造终身学习的机会和展示自己的平台，让老年人继续发光发热，体现社会价值。充分发挥社会组织作用，依托老年文艺团队、老年体育团队、老年体协、基层老年协会等社会组织开展寓教于乐的老年教育活动。依托文化、教育、体育、科技等设施资源，建设一批具有区域特色的老年教育学习体验基地，定期组织老年人开展体验式教育活动。（牵头单位：区教育局、各街道办事处。配合单位：区委老干部局、区民政局、区人力资源和社会保障局）

5. 不断优化老年教育设施服务功能。加强家庭综合服务中心、星光老年之家、居家养老服务机构等场地的老年教育功能,强化养教结合试点建设。深入推进美术馆、图书馆、文化馆、科技馆、博物馆、纪念馆、公共体育设施、爱国主义示范基地、科普教育基地等向老年人免费开放。推动工人文化宫、妇女儿童活动中心、青少年校外活动场所等免费提供文化服务项目,为老年教育提供便利。扶持社会力量利用各类养老服务资源,发展养教结合产业,力争建成多个养教结合试点。(牵头单位:区民政局、各街道办事处。配合单位:区文广新局)

6. 鼓励各类社会力量参与老年教育。支持和鼓励各类社会力量为街、社区综合服务中心,为老年服务机构和组织因地制宜配备适合老年人的文体器材,引导有条件的公共图书馆开设老年阅览区域,进一步完善老年人服务基本设施设备,提高使用功能,不断满足老年人的教育需求。(牵头单位:区文广新局、各街道办事处。配合单位:区委老干部局、区民政局、区退管办)

(三) 丰富老年教育内容和形式

1. 积极开展老年人政治思想教育。将学习宣传党的十九大精神和社会主义核心价值观融入学习和文体活动中,创新老干部活动载体。充分发挥党员的先锋模范作用,调动老年学员自我管理、自我教育、自我服务的积极性。(牵头单位:各街道办事处。配合单位:区委老干部局、区民政局、区文广新局)

2. 进一步完善老年教育服务体系。积极探索为失能、失智及盲聋等特殊老人群体提供康复教育一体化服务。(牵头单位:区民政局。配合单位:区退管办、区残联)

3. 不断积累和总结老年教育经验。通过开展老年教育国内、国际交流工作,借鉴并引入先进经验和做法,丰富我区老年教育资源。(牵头单位:区教育局。配合单位:区委老干部局、区侨外办)

(四) 加强老年教育队伍建设

1. 积极搭建老年教育服务平台。组织引导老同志讲好中国故事、弘扬中国精神。广泛开展老年志愿服务活动,鼓励老年学员利用所学所长,在关心下一代、科学普及、环境保护、社区服务、治安维稳等方面积极服务社会。到2020年,力争区老年大学培育1~2支老年志愿者队伍,老年学校普遍建有志愿者服务组织,努力使老年大学(学校)成为引领老年人精神文化和传播正能量的主阵地。(牵头单位:区教育局、各街道办事处、区委老干部局。配合单位:区文广新局、区残联)

2. 建立老年教育教师岗位培训制度。（牵头单位：各街道办事处。配合单位：区教育局、区委老干部局）

3. 成立老年教育专家库（咨询委员会）。（牵头单位：区教育局。配合单位：区委老干部局、区民政局、区文广新局、区残联、区电大）

4. 创造条件配备老年教育专职人员。在国家政策允许的情况下，老年教育专职人员按常住老年人口每1万人配备1名，随着队伍建设的完善，不断探索符合我区实际的老年教育专职人员薪酬待遇指导办法。（牵头单位：区教育局、各街道办事处。配合单位：区人力资源和社会保障局、区财政局、区委老干部局）

三、工作要求

（一）健全管理机制，加强组织保障

老年教育作为我国教育发展的重要内容被纳入本地区经济社会发展规划和教育事业发展规划，要强化政府行为，加强统筹管理，建立健全党委领导、政府统筹，教育部门牵头，组织（老干）、民政、文化等部门密切配合，其他相关部门共同参与的老年教育管理体制。区教育局要进一步发挥对老年教育的牵头及组织作用，将老年教育纳入教育治理和教育事业整体规划。各有关部门要把老年教育纳入本部门工作的重要职责范围，制定工作方案，按照职责分工、认真履职，共同研究解决老年教育发展中的重大问题；加强调查论证工作，研究完善涉及老年教育的相关制度。各街道要按照全国、省、市关于发展老年教育的政策文件要求，将任务分解到岗、到人并积极推进工作，确保责任主体落实到位、任务指标执行到位。

（二）拓宽投入渠道，加强经费保障

各街道在保持现有经费投入渠道不变的基础上，逐步加大老年教育投入，按照办学场地、规模、质量等要素条件对老年教育机构给予适当的教育经费补助，让老年教育事业获得教育经费的支持保障。

（三）加大宣传发动，鼓励多元参与

各有关部门、各街道要广泛宣传涉及老年教育发展的方针政策，大力推广全区老年教育工作中的典型经验、重点案例、工作成效等，在全社会形成多方关

心、支持老年教育的良好氛围。鼓励社会各界通过捐助老年教育事业、参与举办老年教育机构等形式共同推动老年教育发展。

（四）注重统筹协调，加强督促检查

各有关部门、各街道要加大资源整合力度，主动挖掘本辖区、本系统的资源潜力，提高本辖区、本系统所辖服务场地的综合利用率，丰富老年教学形式，增加老年教育资源，促进老年人积极参与老年教育活动。各有关部门、各街道要注重收集、汇总本辖区、本系统有关拓展老年教育内涵、加强文化养老的典型做法及数据资料，并及时报送区教育局。

广州市天河区教育局办公室
2018 年 6 月 21 日印发

广州市花都区教育局关于印发《花都区推动老年教育发展实施方案（2018—2020年）》的通知

区委区政府、区委老干部局、区发展改革局、区民政局、区财政局、区人社局、区文化广电旅游体育局、区卫计局、区委统战部、区残联、区关工委、区广播电视大学、各镇（街）：

根据《广东省人民政府办公室关于大力推动老年教育发展的实施意见》（粤府办〔2017〕41号）和《广州市教育局关于印发〈广州市推进老年教育发展实施方案（2018—2020年）〉的通知》（穗教发〔2018〕25号）等文件精神，为推进全民终身学习，推动我区老年教育全面和可持续发展，经征询相关单位意见，我局制定了《花都区推动老年教育发展实施方案（2018—2020年）》（以下简称《方案》）。

经区政府同意，现将《方案》印发给你们，请遵照执行。

广州市花都区教育局

2018年4月16日

花都区推动老年教育发展实施方案
(2018—2020年)

老年教育作为我国教育事业和老龄事业的重要组成部分，是积极应对人口老龄化、实现教育现代化、建设学习型社会的重要举措，是满足老年人多样化学习需求、提升老年人生活品质、促进社会和谐、切实改善民生的必然要求。我区要以习近平同志视察广东系列讲话精神和纪念改革开放 40 周年大会精神为指导，落实《国务院办公厅关于印发老年教育发展规划（2016—2020 年）的通知》（国办发〔2016〕74 号）、《广东省人民政府办公厅关于大力推动老年教育发展的实施意见》（粤府办〔2017〕41 号）、《广州市教育局关于印发〈广州市推进老年教育发展实施方案（2018—2020 年）〉的通知》（穗教发〔2018〕25 号）和《广州市教育局关于印发〈关于优先发展乡村公共教育的实施意见〉的通知》（穗教发〔2018〕117 号），应对我区人口老龄化进程，增加老年人受教育机会，满足老年人日益增长的精神文化和学习需求，促进我区老年教育事业科学发展，结合我区实际，提出以下实施意见。

一、指导思想

全面贯彻落实党的十九大精神，深入学习贯彻习近平新时代中国特色社会主义思想，以习近平总书记对广东的重要指示批示精神为指导，牢固树立和贯彻落实新发展理念，以扩大老年教育供给为重点，以创新老年教育体制机制为关键，以提高老年人的生命和生活质量为目的，整合社会资源，激发社会活动力，提升老年教育现代化水平，让老年人共享改革发展成果，进一步实现老有所教、老有所学、老有所为、老有所乐，不断提高老年人的获得感、幸福感，促进我区社会和谐与文明进步。

二、主要目标

到 2020 年，基本形成覆盖广泛、灵活多样、特色鲜明、规范有序、资源融通、充满活力的老年教育新格局。老年教育基础能力有较大幅度提升，建成覆盖全区城乡的老年教育网络，区—街（镇）—居（村）三级老年教育体系初步建成。到 2020 年，建成面向城乡居民开展普惠制教育的三级老年教育网络，包括 1 所区级老年大学，1 所区级社区学院，全区 4 街 6 镇成立街（镇）级老年学校、社区学校，30% 以上的居（村）建有老年教学点，从而建立起老年教育与社区教育的三级网络。各家庭综合服务中心建成养教结合试点，培育 1 所老年示范学校和示范站（点）。

到 2020 年，建立老年教育课程体系。老年教育内容不断丰富，形式更加多样，各类老年教育机构服务能力进一步提升，全社会关注支持老年教育、参与举办老年教育的积极性显著提高。老年居民可参与老年大学（学校、教学点）专业学习、社区学院（学校、学习点）课程培训以及网络教育、微课程学习，扩大老年教育参与率，以各种形式经常性参与教育活动的老年人占全区老年人口总数的比例为 30% 以上。

三、主要任务及分工

（一）制定我区老年教育工作规范化标准

1. 编制我区老年教育网点规划布局，制定老年学校和老年教育站点规范化建设标准。（牵头单位：区教育局。配合单位：区发展改革委、区老龄办、区委老干部局、区民政局）

2. 提升老年教育机构基础能力。政府把老年大学基础能力建设纳入本地区发展规划，加大投入力度，改善办学条件，提升教学场所和设施的现代化、规范化水平。到 2020 年，各级老年大学应配备与学员数量相适应的标准教室及其他专用教室，街（镇）级以上老年大学要有独立的办学场地，并配备满足教学需求的教学设施和专（兼）职教师，做到有人员、有经费、有场所、有教学。各老年站（点）要根据实际，整合资源，采取单独建设或整合资源等方式开展老年教育，做到有场所、有教学。（牵头单位：区政府。配合单位：区教育局、区委老干部局、区民政局）

3. 根据广州市老年教育通用课程教学大纲、课程资源开设和师资准入基本标准，编写适合我区老年教育需求的相关读本，整合全区各机关事业单位、企业、民办培训机构资源，建立线上线下老年教育资源库，设计形式多样的老年教育活动项目。（牵头单位：区教育局。配合单位：区委老干部局、区老龄办、区民政局、区文化广电新闻出版局、区体育局）

4. 编制我区"网上老年大学"的建设方案和服务布局。（牵头单位：区教育局）

（二）扩大老年教育资源供给

1. 支持区广播电视大学举办"老年开放大学"，依托广州市数字化学习中心

建设延伸至各街（镇）、城乡社区的老年教育办学体系。（牵头单位：区教育局。配合单位：区民政局、区广播电视大学）

2. 创建区级示范性老年大学，区老年开放大学要加强基础能力建设，进一步完善办学条件，提高办学能力和水平，要在开展教育教学工作的同时，在办学模式示范、教学业务指导、课程资源开发等方面对全区老年教育发挥带头和引领作用，提升服务指导功能，进一步提升老年大学教学质量，按照规范化、科学化、现代化的要求，规范教学管理，科学设置课程，丰富教学内容，创新教学形式，不断满足老年人多层次、多元化的学习需求，将老年大学集聚的教育资源向基层和社区辐射。4 街 6 镇建有老年学校，可整合利用现有的社区教育机构、成人文化技术学校等教育资源，加挂老年学校牌子并开展老年教育活动，大力建设居（村）老年学习站（点）；30% 的居（村）兼有老年学习站（点），建立 10 分钟学习圈，就近提供老年教育服务，促进区域内老年教育教学以及学习资源共享，开展示范教学、学习成果展示等活动。（牵头单位：区教育局。配合单位：区委老干部局、区民政局）

3. 根据乡村振兴战略要求，充分利用广播电视大学数字化教学资源和社区学院社区教育网络资源拓展涉农人才培训路径，加强新型职业农民培养基地建设，建设具有地方特色的示范性老年教育学习体验基地，推进老年教育向农村社区渗透。（牵头单位：区教育局。配合单位：区民政局、区委老干部局）

4. 鼓励各级各类社会机构与团体开展老年教育和社区教育、建立老年教育点和社区教育点，积极推动各级各类单位（含民办机构、村居委、学校）向老年人无偿提供场地、图书馆、博物馆、展览馆、运动场、设施设备等资源，为老年人便利化学习提供支持，初步建立覆盖全区的老年开放教育网络。（牵头单位：区教育局。配合单位：区民政局、区文化广电新闻出版局、区体育局）

5. 加强家庭综合服务中心、星光老年之家、居家养老服务机构、养老机构等场地的老年教育功能，强化养教结合产业。（牵头单位：区民政局）

（三）拓展老年教育发展路径

1. 丰富老年教育内容和形式。积极开展老年人思想道德、科学文化、养生保健、心理健康、职业技能、法律法规、家庭理财、闲暇生活、代际沟通、生命尊严等方面的教育。采用专业学习、课程培训、线上线下学习等形式开展丰富多彩的老年教育活动。（牵头单位：区政府。配合单位：区委老干部局、区教育局、区民政局、区文化广电新闻出版局、区体育局）

2. 结合我区旅游业发展和美丽乡村建设，以乡村教育基地为重要依托，积极推动资源共享和区域合作，打造一批适合老年人的研学旅行精品线路，逐步形成布局合理、互联互通的研学旅行网络。根据地域特色，逐步建立跨市、跨区的、以乡土乡情为主的研学旅行活动课程体系。（牵头单位：区教育局。配合单位：区旅游局）

3. 探索养教结合新模式。整合利用现有的社区居家养老资源，在社区老年人日间照料中心、养老院等各类社区居家养老场所内，开展形式多样的老年教育。关注失能、失智及盲聋等特殊老人群体，开展健康教育、生活技能培训等服务，提供康复教育一体化服务。（牵头单位：区民政局。配合单位：区老龄办、区残联）

4. 积极开发老年人力资源。各级老年大学、老年教育机构要充分发挥老年人在传承中华优秀传统文化、引导全社会特别是青少年培育和践行社会主义核心价值观等方面的积极作用，为其参与经济社会活动搭建平台、提供教育支持。广泛开展老年志愿服务活动，到2020年，力争各级老年大学培育1～2支老年志愿者队伍。（牵头单位：区民政局、区教育局。配合单位：区委老干部局、区文化广电新闻出版局、区体育局、区关工委）

5. 运用信息技术服务老年教育。依托广州终身学习网和移动互联学习平台加强数字化学习资源跨区域、跨部门共建共享，开展对现有老年教育课程的数字化改造，开发适合老年人远程学习的数字化资源。推动信息技术融入老年教育教学全过程，推进线上线下一体化教学，支持老年人网上学习，搭建老年教育学习平台和学习成果展示平台。（牵头单位：区教育局、区委老干部局）

（四）加强队伍建设

1. 成立区老年教育管理委员会及老年教育专家库。（牵头单位：区政府。配合单位：区教育局、区委老干部局、区民政局、区文化广电新闻出版局、区体育局、区残联）

2. 按常住老年人口每1万人配备1名老年教育专职人员的标准为区广播电视大学（区老年开放大学）配备老年教育专职人员。建立各级各类单位在职、离退休人员老年教育兼职教师队伍。（牵头单位：区政府、区教育局。配合单位：区人社局、区委老干部局、区文化广电新闻出版局、区体育局、区残联）

3. 建立老年教育教师岗位培训制度。（牵头单位：区教育局）

四、工作要求

（一）注重统筹协调，强化组织领导

建立健全党委领导，政府统筹，教育、组织、老干、发展改革、民政、财政、文化、老龄等部门密切配合，其他相关部门共同参与的老年教育管理体制。要按照职责分工，加强沟通协调，通过政策制定、指导监督，共同研究解决老年教育发展中的重大问题，推进老年教育科学化、规范化发展。

（二）拓宽经费渠道，完善经费投入机制

政府要将老年大学办学经费纳入财政预算，老年教育经费应主要用于老年教育公共服务。积极统筹各类资金支持老年事业发展，采取多种方式努力增加对老年教育的投入，切实拓宽老年教育经费投入渠道，形成政府、市场、社会组织和学习者等多主体分担和筹措老年教育经费的机制。

（三）增强宣传力度，营造良好氛围

广泛宣传党和国家关于发展老年教育的方针政策，广泛宣传老年教育发展中的先进典型、先进经验和先进事迹，充分调动老年人参与学习的积极性和主动性，培养老年人的学习习惯，帮助老年人树立终身学习的理念，不断推进我区老年教育健康发展。

关于报送《黄埔区推进老年教育实施方案（2018—2020年）》的函

穗埔教函〔2019〕59号

市教育局：

根据《广州市教育局关于加快推进我市老年教育工作的通知》要求，经认真研究，现制定《黄埔区推进老年教育实施方案（2018—2020年）》，现予报送。

此函。

附件：黄埔区推进老年教育实施方案（2018—2020年）

黄埔区推进老年教育实施方案
（2018—2020年）

为全面贯彻党的十九大对老年工作和终身学习体系建设的精神，落实《国务院办公厅关于印发老年教育发展规划（2016—2020年）的通知》（国办发〔2016〕74号）、《广东省人民政府办公厅关于大力推动老年教育发展的实施意见》（粤府办〔2017〕41号）和《广州市教育局关于印发〈广州市推进老年教育发展实施方案（2018—2020年）〉的通知》（穗教发〔2018〕25号）要求，积极应对人口老龄化，进一步推进全民终身学习，推动我区老年教育全面、可持续发展，促进形成全区养老良好氛围。结合我区实际，制定本实施方案。

一、指导思想

全面贯彻党的十九大精神,以习近平新时代中国特色社会主义思想为指导,深入贯彻习近平总书记对广东的重要指示批示精神,落实"加快建设学习型社会,大力提升国民素质"的目标,落实国家、省、市关于大力发展老年教育的决策部署,从我区老年教育工作的实际出发,立足老年人继续接受教育的意愿与需求,研究老年教育发展的趋势和需求,整合教育资源,拓展教育内涵,创新教育模式,提升教育质量,努力为满足老年群体对美好生活的需要提供更平衡、更充分的教育资源,让老年人享受到更加丰富、便利、优质的老年教育。

二、主要目标

到2020年,基本形成政策制度健全、管理职责明确、规划布局合理、参与主体多元、教学形式灵活、教育资源丰富、受益群众面广的老年教育新格局,区—街(镇)—居(村)三级老年教育体系进一步完善,各类老年教育机构服务能力进一步加强,全社会参与举办、关注支持老年教育的意识进一步提升。

到2020年,各区至少建立一所老年大学,50%以上的街(镇)建有老年学校,30%以上的居(村)建有老年学习站(点)。不断完善老年教育课程体系,初步建立起支撑全区老年教育发展并符合老年人学习特点的老年学习资源库。进一步扩大老年教育参与率,以各种形式经常性参与教育活动的老年人占全区老年人口总数的比例为30%以上。

三、重点任务及分工

(一)扩大老年教育资源供给

1. 大力建设居(村)老年学习站(点),30%的居(村)建有老年学习站(点),就近提供老年教育服务。[牵头单位:各街(镇)。配合单位:区民政局、区教育局]

2. 加强示范性老年大学和基层老年学校及教学站点建设,在办学模式示范、教学业务指导、课程资源开发等方面对区域内老年教育发挥带动和引领作用,

50%的街（镇）建有老年学校。[牵头单位：区教育局、各街（镇）。配合单位：区委老干部局、区民政局]

3. 各类老年大学逐步面向社会办学，将服务对象扩大到社会老年人。[牵头单位：区教育局、区委老干部局。配合单位：各街（镇）、区民政局、区文化广电新闻出版局]

4. 依托区老年干部大学等机构建立若干个老年教育研究基地，积极开发整合远程老年教育多媒体课程资源，重点建设一批老年教育数字化精品学习资源。加强老年教育学术期刊建设。（牵头单位：区教育局、区委老干部局。配合单位：区社区学院）

5. 推动区老年大学、区社区学院统筹建设具有地方特色的示范性老年教育学习体验基地。[牵头单位：区教育局、各街（镇）。配合单位：区委老干部局、区民政局]

6. 发挥高校优势，积极支持高校办好老年大学，高校教师在老年大学任教可计算教学工作量。积极扶持企业、社会团体等社会力量办好老年大学、老年学校及老年教育点。[牵头单位：区教育局。配合单位：区民政局，各街（镇）]

7. 充分发挥社会组织作用，依托老年文艺团队、老年体育团队、老年体协、基层老年协会等社会组织开展寓教于乐的老年教育活动。（牵头单位：区民政局。配合单位：区文化广电新闻出版局、区体育局）

8. 整合利用现有的社区教育机构等教育资源，加挂相关街（镇）、居（村）老年学校、学习站（点）牌子并开展老年教育活动。（牵头单位：区教育局。配合单位：区民政局、区社区学院）

9. 充分利用文化馆（站）、图书馆、体育场馆、社区文化活动中心（文化室）等场地资源，就近开展老年教育活动。（牵头单位：区文化广电新闻出版局、区体育局）

10. 优化功能设施，加强家庭综合服务中心、星光老年之家、居家养老服务机构、养老机构等场地的老年教育功能，强化养教结合试点建设。扶持社会力量利用各类养老服务资源，发展养教结合产业，力争建立养教结合试点。[牵头单位：区民政局、各街（镇）]

11. 鼓励、支持为街（镇）、社区综合服务设施、为老年人服务机构和组织因地制宜配备适合老年人的文体器材，引导有条件的公共图书馆开设老年阅览区域，提供适合老年人阅读的设备。[牵头单位：各街（镇）、区体育局、区文化广电新闻出版局。配合单位：区民政局]

(二) 丰富老年教育内容和形式

1. 积极开展老年人政治理论、思想道德、科学文化、养生保健等方面的学习教育，推广才艺展示、参观游学、志愿服务等老年教育活动。[牵头单位：各街（镇）。配合单位：区委老干部局、区教育局、区民政局、区文化广电新闻出版局、区体育局]

2. 为失能、失智及盲聋等特殊老人群体提供康复教育一体化服务。（牵头单位：区民政局。配合单位：区残联）

3. 推动老年社会团体与大中小学合作，发挥老年人在教育引导青少年继承优良传统、培育科学精神等方面的积极作用。（牵头单位：区民政局、区教育局。配合单位：区委老干部局、区文化广电新闻出版局、区体育局、区关工委）

4. 开展老年教育国内、国际交流工作，借鉴并引入先进经验和做法，丰富我区老年教育资源。（牵头单位：区教育局。配合单位：区委老干部局、区外办）

(三) 加强队伍建设

1. 积极搭建服务平台，建立由离退休干部、专业技术人员及其他有专长的老同志组成的老年教育兼职教师队伍。[牵头单位：区教育局、各街（镇）、区委老干部局。配合单位：区文化广电新闻出版局、区体育局、区残联]

2. 建立老年教育教师岗位培训制度。（牵头单位：区教育局、区委老干部局）

3. 成立区老年教育专家库和老年教育专家咨询委员会。（牵头单位：区教育局。配合单位：区委老干部局、区民政局、区文化广电新闻出版局、区体育局、区残联）

4. 老年教育专职人员按常住老年人口每1万人配备1名，不断探索符合我区实际的老年教育专职人员薪酬待遇指导办法。（牵头单位：区教育局、各街（镇）。配合单位：区人社局、区委老干部局）

四、工作要求

(一) 健全管理机制，加强组织保障

区建立由党委领导、政府统筹、教育部门牵头，组织（老干）、民政、文化、

体育等主要部门密切配合，其他相关部门共同参与的老年教育管理体制，并制定区级专项工作方案。区直部门按工作分工，各司其职，落实各项任务指标，区教育局不定期牵头召集相关部门研究督促相关任务进度。

各有关部门要按照全国、省、市关于发展老年教育的政策文件要求及职责分工，认真履职，共同研究解决老年教育发展中的重大问题；加强调查论证工作，研究完善老年教育的相关制度；确保责任主体落实到位、任务指标执行到位。

（二）拓宽投入渠道，加强经费保障

各有关部门在保持现有经费投入渠道不变的基础上，要逐步加大老年教育投入，按照办学场地、规模、质量等要素条件对老年教育机构给予适当的经费补助，让老年教育事业获得支持保障。

（三）加大宣传发动，鼓励多元参与

各有关部门要广泛宣传涉及老年教育发展的方针政策，大力推广全区老年教育工作中的典型经验、重点案例、工作成效等，在全社会形成多方关心、支持老年教育的良好氛围。鼓励社会各界通过捐助老年教育事业、参与举办老年教育机构等形式共同推动老年教育发展。

（四）注重统筹协调，加强督促检查

各有关部门要加大资源整合力度，主动挖掘本单位、本系统资源潜力，提高本单位、本系统所辖服务场地的综合利用率，丰富老年教学形式，增加老年教育资源，促进老年人积极参与老年教育活动。各有关部门要注重收集、汇总本单位、本系统有关拓展老年教育内涵、加强文化养老的典型做法及数据资料，并及时报送区教育局，由区教育局汇总后报送区政府及市教育局。

关于印发《广州市白云区推进老年教育发展实施方案（2018—2020年）》的通知

各镇街，区委组织部、区委老干局、区委党校、区社工委、区发改局、区科技工业商务和信息化局、区教育局、区民政局、区司法局、区财政局、区人社局、区农林局、区文广新局、区卫生和计划生育局、区食品药品监督管理局、区档案局、区总工会、团区委、区妇联、区文明办，广州市社区学院白云分院二院：

经区政府同意，现将《广州市白云区推进老年教育发展实施方案（2018—2020年）》印发给你们，请遵照执行。

广州市白云区社区教育工作领导小组办公室
广州市白云区教育局
2019年1月22日

广州市白云区推进老年教育发展实施方案
（2018—2020年）

为全面贯彻党的十九大对老年教育工作和终身学习体系建设的精神，落实《国务院办公厅关于印发老年教育发展规划（2016—2020年）的通知》（国办发〔2016〕74号）、《广东省人民政府办公厅关于大力推动老年教育发展的实施意见》（粤府办〔2017〕41号）和《广州市教育局关于印发〈广州市推进老年教育发展实施方案（2018—2020 年）〉的通知》（穗教发〔2018〕25 号）等文件精神，积极应对人口老龄化趋势，大力推动我区老年教育发展，加快建设学习型社会，现结合我区实际，提出如下实施方案。

一、主要目标

到 2020 年，基本形成政策制度健全、管理职责明确、规划布局合理、参与主体多元、教学形式灵活、教育资源丰富、受益群众普遍的老年教育新格局，建设覆盖区—镇（街）—村（居）三级的现代老年教育体系，以各种形式经常性参与教育活动的老年人占全区老年人口总数的比例为 30% 以上的工作目标。

二、构建覆盖城乡的老年教育网络体系

新建、改建、扩建一批老年教育学习场所。区老年干部大学举办"网上老年大学"，各镇（街）社区学校举办"老年学校"，大力建设村（居）老年学习站（点）。到 2020 年，全区建设好一所老年大学，50% 以上的镇（街）建有老年学校，30% 以上的村（居）建有老年学习站（点），积极扶持社会力量发展养教结合产业，鼓励和支持城镇住宅小区配套建设老年养教结合基础设施，力争到 2020 年建成 5 个养教结合试点。区老干大学、区社区学院负责课程开发、示范带动、业务指导、理论研究等。镇（街）老年学校负责组织实施社区老年教育活动，指导村（居）老年学习站（点）的工作。村（居）老年学习站（点）负责就近提供老年教育服务。凡是有 3 名以上正式党员的老年教育机构，都要成立党支部或临时党支部，加强思想政治引领，积极推进校园文化建设，培育优良的校风、教风、学风，打造在培育和践行社会主义核心价值观方面具有示范作用的老年学校、老年学习团队，进一步实现老有所学、老有所教、老有所为、老有所乐。

三、扩大老年教育资源供给

将培育和践行社会主义核心价值观作为老年教育的重要内容，贯彻落实国家、省、市编制的老年人学习发展指南和老年教育通用课程教学大纲，构建具有白云区特色的老年教育课程体系，编写白云区老年教育读本，设计形式多样的教育活动项目。区老干大学和区社区学院要共同承担牵头开展全区老年教育学习资

源建设工作，并促进各级各类教育资源共享。鼓励和支持白云区各类高等院校提供和开发老年教育学习资源。推动非教育机构参与老年教育教学资源开发。到2020年，初步建立起支撑全区老年教育发展并符合老年人学习特点的老年学习资源库。行政部门、行业企业、高校等举办的老年大学（教学点）要采取多种形式，逐步从服务本单位、本系统离退休职工向服务社会老年人转变。整合利用白云区社区学院、镇（街）老年学校和村（居）老年教育点等教育资源，各级各类群众艺术馆、图书馆、展览馆、科技馆、博物馆、文化馆、体育场馆、社区文化活动中心（文化室）、社区科普学校等场馆要发挥自身设施优势开展老年教育活动。区、镇（街）定期开展老年教育优秀研究成果交流活动，加强与省、市老年教育先进区在老年教育研究领域的交流与合作。

四、丰富老年教育内容和形式

积极开展老年人政治理论、思想道德、科学文化、养生保健等方面的学习教育。推广才艺展示、参观游学、体育运动、音乐舞蹈、志愿服务等生动活泼的老年教育活动。积极探索为失能、失智及盲聋等特殊老人群体提供康复教育一体化服务。积极开展适合村（居）老年人需求的教育活动。鼓励和支持各园区、镇（街）培育老年教育特色品牌项目。

推动老年社会团体与大中小学校合作，发挥老年人在教育引导青少年继承优良传统、培育科学精神等方面的作用。大力推进现代远程老年教育，积极开发整合远程老年教育多媒体课程资源，重点建设一批老年教育数字化精品学习资源。到2020年，基于广州市老年教育资源，通过远程教育开展老年教育工作。支持区、各镇（街）建设具有白云区特色的老年健康艺术教育学习体验基地，力争到2020年，建成1所市级示范性老年教育学习体验基地。

五、加强队伍建设

区老干大学要努力建设一支结构合理、数量充足、素质优良，以专职人员为骨干、兼职人员和志愿者相结合的教学管理队伍；镇（街）老年学校要配备专（兼）职教师；老年学习站（点）要配备足够的专（兼）职管理人员。各级老年教育机构要广泛吸纳有所专长的老同志加入兼职教师行列，支持有条件的高等院校开展老年教育专业人才培养。鼓励老年教育机构的专任教师和管理人员在职进修和学历提升。鼓励专业对口毕业生从事老年教育。各级各类学校要鼓励和支持教师到老年教育机构兼职任教或从事志愿服务，医疗卫生、文化艺术、体育等相关单位要支持专业技术人员到老年教育机构兼职任教或从事志愿服务。建立老年教育教师岗位培训制度，专职人员在业务进修、职务（职称）评聘、绩效考核等方面享有同类学校工作人员的同等权利和待遇。成立市、镇（街）老年教育专家库和老年教育专家咨询委员会。

六、加强组织保障

党委政府统筹协调教育、组织、民政、文化、卫计、体育、人力资源等部门，大力开展老年教育工作，确保按时实现目标。要采取多种方式努力增加对老年教育的投入，进一步完善政府、市场、社会组织和学习者等多主体分担和筹措的老年教育经费投入机制，鼓励自然人、法人或其他组织捐助老年教育事业、举办老年教育机构，共同推动老年教育发展。广泛宣传党和国家关于发展老年教育的方针政策，及时推广发展老年教育的好做法、好经验。鼓励老年人积极参与各类教育活动，使老年教育融入老年人生活、增进老年人福祉。奖励开展老年教育成绩突出的单位和个人，营造全社会开展老年教育的良好氛围。（见表1）

表1　白云区老年教育发展实施任务分解

序号	目标任务	进度安排	实施单位	责任部门
1	继续建设好具有一定示范作用的市级老年大学	贯穿全年	区老年干部大学	区老干局
2	示范性老年教育学习体验基地	2020年前建成1个市级体验基地	区老年干部大学	区教育局、区老干局
3	各镇（街）以各种形式经常性参与教育活动的老年人占本镇（街）老年人口的总数的比例为30%	到2020年实现30%的目标	区文广新局、区民政局、镇（街）文化站、镇（街）社会事务（办）局	区教育局、各镇（街）
4	举办"网上老年大学"	2019年前完成	区老干局、区社区学院	区教育局、区老干局

续上表

序号	目标任务	进度安排	实施单位	责任部门
5	创建老年学校，培育区老年示范校，培育老年教育特色品牌项目	2019年启动各镇（街）老年学校创建，2020年实现一镇一校目标；2019年启动区示范校、特色品牌项目评选	镇（街）社区学校	区教育局、各镇（街）
6	建设老年学习站（点），培育老年示范站	到2020年，30%的村（社区）建有老年学习站（点），培育5所示范校（站）	镇（街）社区、镇（街）社会事务（办）局、村委会、居委会	区教育局、区民政局、各镇（街）
7	老年教育课程开发、示范带动、业务指导、理论研究	贯穿全年	区老干大学、区社区学院	区老干局、区教育局
8	开展社区老年教育活动	贯穿全年	镇（街）老年学校、村（居）老年学习站（点）、社区文化活动中心（文化室）、社区科普学校等	各镇（街）
9	老年教育优秀研究成果交流活动	2019年起开展（半年一期）	区老干大学、区社区学院、镇（街）社区学校	区老干局、区教育局、各镇（街）
10	成立老年教育专家咨询委员会	2019年成立老年教育咨询委员会	区老干大学、区社区学院	区教育局、区老干局
11	队伍建设（教学管理、志愿服务）	贯穿全年	区老干大学、区社区学院、区社区学校	区老干局、区教育局、区人社局、区卫计局、各镇（街）
12	成立党支部或临时党支部	贯穿全年	各镇（街）组织部门	区委组织部
13	扶持社会力量发展养教结合产业	2020年建成6个养教结合试点	区民政局、镇（街）社会事务（办）局	区民政局、各镇（街）
14	开放所属场馆并定期举办老年教育活动	贯穿全年	艺术馆、图书馆、展览馆、博物馆、文化馆、科技馆、体育场馆	区文广新局、区教育局

广州市增城区教育局关于印发《广州市增城区发展老年教育工作方案》的通知

各镇(街)人民政府(办事处),区委老干部局、区发改局、区民政局、区财政局、区人力资源和社会保障局、区文化广电旅游体育局、区卫生健康局、区外办、区老龄办、区残联、区关工委,区广播电视大学、区老年大学、区社区教育学院,有关高校、有关单位:

经区人民政府同意,现将《广州市增城区发展老年教育工作方案》印发给你们,请遵照执行。

广州市增城区教育局
2019年3月22日

广州市增城区发展老年教育工作方案

发展老年教育是积极应对人口老龄化、建设学习型社会的重要举措,是满足老年人多样化学习需求、提升老年人生活品质、促进社会和谐发展的必然要求。为全面贯彻党的十九大对老年工作和终身学习体系建设的要求,落实《国务院办公厅关于印发老年教育发展规划(2016—2020年)的通知》(国办发〔2016〕74号)、《广东省人民政府办公厅关于大力推动老年教育发展的实施意见》(粤府办

〔2017〕41号）及《广州市推进老年教育发展实施方案（2018—2020年）》（穗教发〔2018〕25号）等文件的精神，进一步推进全民终身学习，推动我区老年教育发展，结合我区老年教育实际，制定本工作方案。

一、指导思想

全面贯彻党的十九大精神，以习近平新时代中国特色社会主义思想为指导，深入贯彻习近平总书记对广东的重要指示批示精神，落实党的十九大关于"加快建设学习型社会，大力提升国民素质"的目标，落实国家、省、市关于大力发展老年教育的决策部署，从我区老年教育工作实际出发，立足老年人继续接受教育的意愿与需求，研究老年教育发展的趋势和需求，整合教育资源，拓展教育内涵，创新教育模式，提升教育质量，努力为满足老年群体对美好生活的需要提供更平衡、更充分的教育资源，让老年人享受到更加丰富、便利、优质的老年教育。

二、主要目标

到2020年，基本形成政策制度健全、管理职责明确、规划布局合理、参与主体多元、教学形式灵活、教育资源丰富、受益群众普遍的老年教育新格局，建立健全区—镇（街）—村（居）三级社区老年教育网络，各类老年教育机构服务能力进一步加强，全社会参与举办、关注支持老年教育的意识进一步提升。

到2020年，建好一所区老年大学（区老干部大学），60%以上的街（镇）建有老年学校，30%以上的村（居）建有老年站（点），力争建成1～2个养教结合试点（荔城、新塘老人中心）。促进示范性老年大学建设，创建市级示范性老年大学1所（区老年大学），创建2所以上区级示范性老年学校（镇、街老年学校）、1个市级的示范性老年教育学习体验基地（区社区教育学院），培育1～2所老年教育示范学校（成人社区学校）和老年教育示范站、点。不断完善老年教育课程体系，初步建立起支撑全区老年教育发展并符合老年人学习特点的老年学习资源库。进一步扩大老年教育参与率，以各种形式经常性参与教育活动的老年人占全区老年人口总数的比例为30%以上。

三、重点任务及分工

（一）制定我区老年教育工作规范化标准

1. 编制我区老年教育网点规划布局，根据广州市老年学校和老年学习站点规范化建设标准，推进我区老年学校和老年学习站点建设工作。（牵头单位：区教育局。配合单位：区发改局、区委老干部局、区民政局、各镇政府、街道办事处）

2. 根据广州市老年教育通用课程教学大纲、课程资源开发和师资准入基本标准，编写相关读本，建立我区线上线下老年教育资源库，设计形式多样的教育活动项目。（牵头单位：区教育局。配合单位：区委老干部局、区民政局、区文化广电旅游体育局）

3. 依托广州市"网上老年大学"的资源，编制我区"网上老年大学"的建设方案和服务规划。（牵头单位：区教育局。配合单位：区广播电视大学）

（二）扩大老年教育资源供给

1. 支持区广播电视大学举办"老年开放大学"（或"网上老年大学"），建设延伸至镇（街）、城乡社区的老年教育办学体系。（牵头单位：区教育局。配合单位：区广播电视大学、各镇政府、街道办事处）

2. 大力建设居（村）老年学习站（点），30%的居（村）建有老年学习站（点），就近提供老年教育服务。发展农村社区老年教育，有效整合乡村教育文化资源，以村民喜爱的形式开展适应农村老年人需求的教育活动。（牵头单位：各镇政府、街道办事处。配合单位：区民政局、区教育局）

3. 加强示范性老年大学和基层老年学校及教学站点建设，创建1所市级示范性老年大学、2所老年教育示范学校和示范站（点），在办学模式示范、教学业务指导、课程资源开发等方面发挥带动和引领作用，60%的镇（街）建有老年学校。（牵头单位：区教育局、各镇政府、街道办事处。配合单位：区委老干部局、区民政局）

4. 各类老年大学（含"老年开放大学"或"网上老年大学"）逐步面向社会办学，将服务对象扩大到社会老年人。（牵头单位：区教育局、区委老干部局。配合单位：各镇政府、街道办事处、区民政局、区文化广电旅游体育局）

5. 依托区老年大学、区广播电视大学、区社区教育学院等机构建立若干个老年教育研究基地，积极开发整合远程老年教育的多媒体课程资源，重点建设一批老年教育数字化精品学习资源。加强老年教育学术期刊建设。（牵头单位：区教育局、区委老干部局。配合单位：区老年大学、区广播电视大学、区社区教育学院）

6. 推动区广播电视大学（线上）、区社区教育学院（线下）统筹建设具有地方特色的示范性老年教育学习体验基地，建成1个市级示范性老年教育学习体验基地。（牵头单位：区教育局、各镇政府、街道办事处。配合单位：区民政局、区委老干部局、区广播电视大学、区社区教育学院）

7. 发挥辖区高校优势，积极支持高校办好老年学校，高校教师在老年学校任教可计算教学工作量。积极扶持企业、社会团体等社会力量办好老年学校及老年教育点。（牵头单位：区教育局。配合单位：辖区高校、区民政局、辖区高校的各镇政府、街道办事处）

8. 充分发挥社会组织作用，依托老年文艺团队、老年体育团队、老年体协、基层老年协会等社会组织开展寓教于乐的老年教育活动。（牵头单位：区民政局。配合单位：区文化广电旅游体育局）

9. 整合利用现有的社区教育机构、成人文化技术学校等教育资源，成熟的镇（街）、村（居）加挂相关老年学校、老年学习站（点）牌子并开展老年教育活动。（牵头单位：区教育局。配合单位：区委老干部局、区民政局、各镇政府、街道办事处）

10. 充分利用文化馆（站）、图书馆、体育场馆、社区文化活动中心（文化室）等场地资源，就近开展老年教育活动。（牵头单位：区文化广电旅游体育局。配合单位：各镇政府、街道办事处）

11. 优化功能设施，加强家庭综合服务中心、星光老年之家、居家养老服务机构、养老机构等场地的老年教育功能，强化养教结合的试点建设。扶持社会力量利用各类养老服务资源，发展养教结合产业，力争建成1～2个养教结合试点。（牵头单位：区民政局、各镇政府、街道办事处）

12. 鼓励、支持为镇（街）、社区综合服务机构、养老服务机构和组织因地制宜配备适合老年人的文体器材，引导有条件的公共图书馆开设老年阅览区域，提供适合老年人阅读的设备。（牵头单位：各镇政府、街道办事处、区文化广电旅游体育局。配合单位：区民政局）

（三）丰富老年教育内容和形式

1. 积极开展老年人政治理论、思想道德、科学文化、养生保健等方面的学习教育，推广才艺展示、参观游学、志愿服务等老年教育活动。（牵头单位：区委老干部局、区教育局。配合单位：区民政局、区文化广电旅游体育局、区人力资源和社会保障局、区卫生健康局、各镇政府、街道办事处）

2. 探索为失能、失智及盲聋等特殊老人群体提供康复教育一体化服务。（牵头单位：区民政局。配合单位：区残联）

3. 推动老年社会团体与大中小学合作，发挥老年人在教育引导青少年继承优良传统、培育科学精神等方面的作用。（牵头单位：区民政局、区教育局。配合单位：区委老干部局、区文化广电旅游体育局、区关工委）

4. 开展老年教育国内、国际交流工作，借鉴并引入先进的经验和做法，丰富我区老年教育资源。（牵头单位：区教育局。配合单位：区委老干部局、区外办）

（四）加强队伍建设

1. 积极搭建服务平台，建立由离退休干部、专业技术人员及其他有专长的老同志组成的老年教育兼职教师队伍。（牵头单位：区教育局、区委老干部局、区人力资源和社会保障局。配合单位：区文化广电旅游体育局、区残联、各镇政府、街道办事处）

2. 建立老年教育教师岗位培训制度。（牵头单位：区教育局、区委老干部局、区人力资源和社会保障局）

3. 成立区老年教育专家库和老年教育专家咨询委员会。（牵头单位：区教育局。配合单位：区委老干部局、区民政局、区文化广电旅游体育局、区残联、区人力资源和社会保障局）

4. 老年教育专职人员原则上按常住老年人口每1万人配备1名，随队伍的建设完善，不断探索符合我区实际的老年教育专职人员薪酬待遇指导办法。（牵头单位：区教育局、区人力资源和社会保障局。配合单位：区委老干部局、各镇政府、街道办事处）

四、工作要求

（一）健全管理机制，加强组织保障

区直部门按工作分工，各司其职，落实各项任务指标，区教育局不定期牵头召集相关部门研究督促相关任务进度。各镇（街）要建立由党（工）委领导、政府统筹，教育部门牵头，组织（老干）、民政、文体等主要部门密切配合，其他相关部门共同参与的老年教育管理体制，各镇（街）要制定专项工作方案。

各镇政府、街道办事处要按照全国、省、市、区关于发展老年教育的政策文件要求，将任务分解到属地相关部门并积极推进工作，确保责任主体落实到位、任务指标执行到位。各有关部门要按照职责分工并认真履职，共同研究解决老年教育发展中的重大问题，加强调查论证工作，研究完善老年教育的相关制度。

（二）拓宽投入渠道，加强经费保障

各级财政在保持现有经费投入渠道不变的基础上，逐步加大老年教育投入，按照办学场地、规模、质量等要素条件对老年教育机构给予适当的教育经费补助，让老年教育事业获得教育经费的支持保障。

（三）加大宣传发动，鼓励多元参与

各镇政府、街道办事处、各有关部门要广泛宣传涉及老年教育发展的方针政策，大力推广全区老年教育工作中的典型经验、重点案例、工作成效等，在全社会形成多方关心、支持老年教育的良好氛围。鼓励社会各界通过捐助老年教育事业、参与举办老年教育学校等形式共同推动老年教育发展。

（四）注重统筹协调，加强督促检查

各镇政府、街道办事处和各有关部门要加大资源整合力度，主动挖掘本辖区、本系统资源潜力，提高本辖区、本系统所辖服务场地的综合利用率，丰富老年教学形式，增加老年教育资源，促进老年人积极参与老年教育活动。各镇政府、街道办事处、各有关部门要注重收集、汇总本辖区、本系统有关拓展老年教育内涵、加强文化养老的典型做法及数据资料，并及时报送区教育局，由区教育局汇总后报送区政府。

海珠区教育局关于报送《海珠区加快推进老年教育发展实施方案》的函

海教函〔2019〕136号

市教育局职业与成人教育处：

《广州市教育局关于加快我市老年教育工作的通知》（穗教职成〔2018〕47号）收悉。为进一步推动我区老年教育工作的开展，确保我区老年教育工作目标顺利实现，按照市老年教育的总体部署，结合我区实际情况，特制定本实施方案。

专此函达。

广州市海珠区教育局

2019年6月30日

海珠区加快推进老年教育发展实施方案
（2019—2020年）

根据《广州市教育局关于印发〈广州市推进老年教育发展实施方案（2018—2020年）〉的通知》（穗教发〔2018〕25号）和《广州市教育局关于印发〈关于优先发展乡村公共教育的实施意见〉的通知》（穗教发〔2018〕117号）的要求，结合我区实际情况制定了《海珠区加快推进老年教育发展实施方案（2019—2020年）》，旨在积极应对人口老龄化、实现教育现代化、建设学习型社会，同时，满足老年人多样化学习需求、提升老年人生活品质、促进社会和谐、切实改善民生。

一、指导思想

全面贯彻落实党的十九大精神，深入学习贯彻习近平新时代中国特色社会主义思想，以习近平总书记对广东的重要指示批示精神为指导，牢固树立和贯彻落实新发展理念，以扩大老年教育供给为重点，以创新老年教育体制机制为关键，以提高老年人的生命和生活质量为目的，整合社会资源，激发社会活力，提升老年教育现代化水平，让老年人共享改革发展成果，进一步实现老有所教、老有所学、老有所为、老有所乐，不断提高老年人的获得感和幸福感，促进我区社会和谐与文明进步。

二、主要目标

（一）建立老年教育三级教育网络

到 2020 年，基本形成覆盖广泛、灵活多样、特色鲜明、规范有序、资源融通、充满活力的老年教育新格局。老年教育基础能力有较大幅度提升，建成覆盖全区城乡的老年教育网络，区—街（镇）—居（村）三级老年教育体系初步建成。到 2020 年，建成面向城乡居民普惠性的三级教育网络，包括 1 所区级老年大学，1 所区级社区学院，全区 9 条街道以上成立街（镇）级老年学校、社区学校，30% 以上的居委（村）建有老年教学点，各家庭综合服务中心建成养教结合试点，培育 1 所老年示范学习学校和示范站（点）。

（二）建立老年教育课程体系

到 2020 年，建立老年教育课程体系。教育内容不断丰富，形式更加多样，各类老年教育机构服务能力进一步提升，全社会关注支持老年教育、参与举办老年教育的积极性显著提高。老年居民可参与老年大学（学校、教学点）专业学习、社区学院（学校、学习点）课程培训以及网络教育、微课程学习，提高老年教育参与率，以各种形式经常性参与教育活动的老年人占全区老年人口总数的比例为 30% 以上。

三、工作架构及实施计划

（一）工作架构

由教育局牵头，海珠区老年大学、海珠区电大、海珠区社区学院负责引领，海珠区老干部管理局、全区 18 条街道以及街道属下的各居委会协同工作。

（二）实施计划

1. 2018 年 12 月组建微信工作群，对工作细则以及相关工作进程进行明确。
2. 2019 年 1 月中旬组织全体工作人员召开工作会议。

四、加快推进的重点工作

（一）规范化管理，形成全区统一步调

1. 统一设置，保障活动基地。争取街道和下辖居委会的支持，在街道文化站加挂老年学校的牌子，在居委会星光老人之家加挂老年教学点牌子。
2. 形成工作制度，制作使用登记册，聘用志愿老年人担任通信员，积累老年教育活动照片。
3. 扩大宣传，推进老年教育在老年群体中的影响力和工作效能。利用各街道的微信公众平台和社区学院的数字化平台进行宣传推广。

（二）搭建平台，引入资源，丰富教育层面

1. 引入第三方机构，参与到各街道和居委会的老年教育工作，解决街道和居委会师资力量不足的情况。
2. 完善社区学院数字化平台的搭建，通过各街的微信公众号进行推广，让老年教育落到实处。
3. 充分利用我区属下的图书馆、体育场馆、星光老人之家、各社区的康体设施区域，引进各大中专院校的志愿服务团体，改善师资资源不足的情况。

关于印发《荔湾区推进老年教育发展实施方案》的通知

区直机关工委、区委老干部局、区发改局、区民政局、区财政局、区人社局、区文广旅体局、区卫生健康局、区残联、各街道、区广播电视大学：

经区人民政府同意，现将《荔湾区推进老年教育发展实施方案》印发给你们，请遵照执行。

广州市荔湾区教育局
2020 年 8 月 3 日

荔湾区推进老年教育发展实施方案

为全面贯彻党的十九大对老年工作和终身学习体系建设的精神，落实《国务院办公厅关于印发老年教育发展规划（2016—2020 年）的通知》（国办发〔2016〕74 号）和《广东省人民政府办公厅关于大力推动老年教育发展的实施意见》（粤府办〔2017〕41 号），积极应对人口老龄化，进一步推进全民终身学习，推动我区老年教育全面、可持续发展，促进形成全区文化养老良好氛围，结合我区老年教育实际，制定本实施方案。

一、指导思想

全面贯彻党的十九大精神,以习近平新时代中国特色社会主义思想为指导,深入贯彻习近平总书记对广东的重要指示批示精神,落实"加快建设学习型社会,大力提升国民素质"的目标,落实国家、省、市关于大力发展老年教育的决策部署,从我区老年教育工作实际出发,立足老年人继续接受教育的意愿与需求,研究老年教育发展的趋势和需求,整合教育资源,拓展教育内涵,创新教育模式,提升教育质量,努力为老年群体提供更平衡、更充分的教育资源,让老年人享受到更加丰富、便利、优质的老年教育。

二、主要目标

到2020年,基本形成政策制度健全、管理职责明确、规划布局合理、参与主体多元、教学形式灵活、教育资源丰富、受益群众面广的老年教育新格局,区—街—社区三级老年教育体系进一步完善,各类老年教育机构服务能力进一步加强,全社会参与举办、关注支持老年教育的意识进一步提升。

到2020年,建成区级示范性老年大学1所,50%以上的街道建有老年学校,30%以上的社区建有老年学习站(点),力争建成1个养教结合试点,培育多个老年学习示范站(点)。不断完善老年教育课程体系,初步建立起支撑全区老年教育发展并符合老年人学习特点的老年学习资源库。进一步扩大老年教育参与率,以各种形式经常性参与教育活动的老年人占全区老年人口总数的比例为30%以上。

三、重点任务及分工

(一)制定我区老年教育工作规范化标准

1. 编制我区老年教育网点规划布局,制定老年学校和老年教育站点规范化建设标准。(牵头单位:区教育局。配合单位:区委老干部局、区发改局、区卫生健康局)

2. 建立我区老年教育通用课程教学大纲、课程资源开发和师资准入基本标准,编写相关读本,建立线上线下老年教育资源库,设计形式多样的教育活动项

目。(牵头单位：区教育局。配合单位：区委老干部局、区文广旅体局、区卫生健康局)

3. 编制我区"网上老年大学"的建设方案和服务布局计划。(牵头单位：区教育局)

(二) 扩大老年教育资源供给

1. 支持区广播电视大学举办"老年开放大学"（或"网上老年大学"），依托其分校网络和数字化学习办学系统，建设延伸至区、街、社区的老年教育办学体系。(牵头单位：区广播电视大学。配合单位：区教育局)

2. 大力建设社区老年学习站（点），30%的社区建有老年学习站（点），就近提供老年教育服务。(牵头单位：区教育局。配合单位：区民政局、各街道)

3. 加强示范性老年大学和社区老年学校及教学站点建设，创建1所区级示范性老年大学，培育老年教育示范学校和示范站（点），在办学模式示范、教学业务指导、课程资源开发等方面发挥带动和引领作用，50%以上的街道建有老年学校。(牵头单位：区教育局。配合单位：区委老干部局、区民政局、各街道)

4. 各类老年大学逐步面向社会办学，将服务对象扩大到社会老年人群。(牵头单位：区教育局。配合单位：区委老干部局、区卫生健康局、区文广旅体局)

5. 依托区老年干部大学，区广播电视大学等机构建立老年教育研究基地，积极开发整合远程老年教育多媒体课程资源，初步建设一批老年教育数字化精品学习资源，加强老年教育学术期刊建设。(牵头单位：区广播电视大学。配合单位：区委老干部局、区教育局)

6. 推动区老年大学、广播电视大学和区社区教育学院统筹建设具有地方特色的示范性老年教育学习体验基地。(牵头单位：区教育局。配合单位：区委老干部局、区民政局)

7. 积极扶持企业、社会团体等社会力量办好老年大学、老年学校及老年学习站（点）。(牵头单位：区教育局。配合单位：区民政局)

8. 充分发挥社会组织作用，依托老年文艺团队、老年体育团队、老年体协、基层老年协会等社会组织开展寓教于乐的老年教育活动。(牵头单位：区民政局。配合单位：区文广旅体局)

9. 整合利用现有的社区教育机构、成人文化技术学校等教育资源，加挂相关街（社区）老年学校、老年学习站（点）牌子并开展老年教育活动。(牵头单位：区教育局。配合单位：区民政局、各街道)

10. 充分利用文化馆（站）、图书馆、体育场馆、社区文化活动中心（文化

室）等场地资源，就近开展老年教育活动。（牵头单位：区文广旅体局）

11. 优化功能设施，加强社工服务站（家庭综合服务中心）、星光老年之家、居家养老服务机构、养老机构等场地的老年教育功能，强化养教结合试点建设。扶持社会力量利用各类养老服务资源，发展养教结合产业，力争建成1个养教结合试点。（牵头单位：区民政局。配合单位：各街道）

12. 鼓励、支持为街道和社区综合服务机构，为养老服务机构和组织因地制宜配备适合老年人的文体器材，引导有条件的公共图书馆开设老年阅览区域，提供适合老年人阅读的设备。（牵头单位：区文广旅体局。配合单位：区民政局）

（三）丰富老年教育内容和形式

1. 积极开展老年人政治理论、思想道德、科学文化、养生保健等方面的学习教育，推广才艺展示、参观游学、志愿服务等老年教育活动。（牵头单位：区教育局。配合单位：区委老干部局、区民政局、区文广旅体局）

2. 为失能、失智及盲聋等特殊老人群体提供康复教育一体化服务。（牵头单位：区民政局。配合单位：区卫生健康局、区残联）

3. 推动老年社会团体与大中小学合作，发挥老年人在教育引导青少年继承优良传统、培育科学精神等方面的作用。（牵头单位：区教育局。配合单位：区直机关工委、区委老干部局、区文广旅体局）

4. 开展老年教育国内、国际交流工作，借鉴并引入先进经验和做法，丰富我区老年教育资源。（牵头单位：区教育局。配合单位：区委老干部局）

（四）加强队伍建设

1. 积极搭建服务平台，建立由离退休干部、专业技术人员及其他有专长的老同志组成的老年教育兼职教师队伍。（牵头单位：区委老干部局、区教育局。配合单位：区文广旅体局、区卫生健康局）

2. 建立老年教育教师岗位培训制度。（牵头单位：区教育局。配合单位：区委老干部局）

3. 成立区老年教育专家库和老年教育专家咨询委员会。（牵头单位：区教育局。配合单位：区委老干部局、区文广旅体局、区卫生健康局）

4. 老年教育专职人员按常住老年人口每1万人配备1名，随着队伍的建设完善，不断探索符合我区实际的老年教育专职人员薪酬待遇指导办法。（牵头单位：区教育局。配合单位：区委老干部局、区财政局）

四、工作要求

（一）健全管理机制，加强组织保障

区直部门按工作分工，各司其职，落实各项任务指标，区教育局不定期牵头召集相关部门研究督促相关任务进度。我区要建立由党委领导，政府统筹，教育部门牵头，组织（老干）、民政、文化、体育等主要部门密切配合，其他相关部门共同参与的老年教育管理体制，并制定我区专项工作方案。

按照全国、省、市关于发展老年教育的政策文件要求，将任务分解到我区相关部门并积极推进工作，确保责任主体落实到位、任务指标执行到位。各有关部门要按照职责分工、认真履职，共同研究解决老年教育发展中的重大问题，加强调查论证工作，研究完善涉及老年教育的相关制度。

（二）拓宽投入渠道，加强经费保障

区财政在保持现有经费投入渠道不变的基础上，逐步加大老年教育投入，按照办学场地、规模、质量等要素条件对老年教育机构给予适当的教育经费补助，让老年教育事业获得教育经费的支持保障。

（三）加大宣传发动，鼓励多元参与

各有关部门要广泛宣传涉及老年教育发展的方针政策，大力推广全区老年教育工作中的典型经验、重点案例、工作成效等，在全社会形成多方关心、支持老年教育的良好氛围。鼓励社会各界通过捐助老年教育事业、参与举办老年教育机构等形式共同推动老年教育发展。

（四）注重统筹协调，加强督促检查

各有关部门要加大资源整合力度，主动挖掘我区、本系统资源潜力，提高我区、本系统所辖服务场地的综合利用率，丰富老年教学形式，增加老年教育资源，促进老年人积极参与老年教育活动。相关部门要注重收集、汇总我区和本系统有关拓展老年教育内涵、加强文化养老的典型做法及数据资料，并及时报送区教育局，由区教育局汇总后报送区政府。

越秀区老年教育发展工作方案

老年教育是教育事业和老龄事业的重要组成部分。发展老年教育是建设学习型社会的重要举措。根据《广州市推进老年教育发展实施方案（2018—2020年）》的工作精神，为推动我区老年教育事业科学发展，结合实际，制定本方案。

一、工作目标

发展老年教育要坚持"党委领导、政府主导、社会参与、全民行动"的老龄工作方针，以扩大老年教育供给为重点，以提高老年人生命和生活质量为目的，创新体制机制，加快完善体系，整合社会资源，激发社会活力，提升老年教育现代化水平，让老年人共享改革发展成果。以我区社区教育学院一院（老年教育培训部）为统领，18个街道分院为活动平台，加强区老年大学与社区教育学院协同发展为基础，提升老年教育发展水平。到2020年，建成一所老年大学，50%以上的街道建有老年学校，30%以上的居委会建有老年学习站。参与社区教育活动的老年人占全区老年人口总数的比例为30%以上。基本形成覆盖广泛、灵活多样、供给丰富、特色鲜明、规范有序的具有越秀区特色的老年教育新格局。

二、重点工作

（一）抓好教研工作，提升教学质量

强化教学效果，提高教学质量，让社区老年学员老有所学、学以致用。一是抓好教师教学计划，不断提升教学质量。根据区老干部大学教学课程及老年学员的特点，由班主任和学校对各个科目的教学计划把好关，不断改进和提升教学质量。二是开展教学互动实践，提升学员学习质量。由各个科目的任课老师依据老年学员的生理和心理特点，不断改进教学方式和方法。

（二）加强老年教育人才队伍建设

建立区、街道两级老年教育人才库，培养一支结构合理、数量充足、素质优良，以专职人员为骨干、兼职人员为主体、志愿者为补充的人才队伍。聘请越秀区高校、职校相关专业毕业生及相关行业优秀人才到老年教育机构工作，鼓励学有专长、身体健康的离退休人员担任老年教育机构兼职教师，发挥老专家、老教授、老中医等社会资源的作用。

（三）加强老年教育学习资源开发建设。

多方协作积极开发面向老年人的具有实用性、鉴赏性、艺术性、文化性、娱乐性课程资源。通过遴选、开发、整合、购买等方式，建设具有越秀区文化特色的学习资源库，鼓励老年教育机构开设乡土文化课程。

1. 利用街坊学堂现有的课程、师资、教材及学习平台，设计形式多样的老年教育活动项目。
2. 各街道社区教育分院充分利用文化站、社区图书馆、体育运动场所、社区广场等资源，就近开展老年教育活动。
3. 把社区教育体验式学习基地——"广府本草健康学堂"建设成为具有越秀特色的老年教育学习体验基地。
4. 扶持社会力量利用各类养老服务资源，发展养教结合产业，力争把设在北京街社区服务站的"康龄学苑"建成养教结合试点。
5. 编印关爱老年人健康生活的社区教育教材。到2020年，初步建立全市老年教育学习资源库，满足老年人多样化教育需求。

（四）积极建设老年人学习体验基地

依托文化、教育、体育、科技等公共设施和社会教育资源，建设一个老年教育学习共同体基地，组织老年人开展体验式学习。力争2019年在18个街道分院挂牌成立社区长者学堂。到2020年，在区老年人培训部加挂越秀区老年大学牌子，并面向社会办学，将服务对象扩大到社会老人群。

三、保障措施

（一）加强组织领导

按程序申请成立相应议事协调机构，定期召开工作会议，研究全市老年教育发展规划、重大政策和重点工作。区建立相应老年教育管理工作机构，制定加快发展老年教育的具体工作方案并组织实施。

（二）加大扶持力度

加大对老年教育的经费投入力度，对办学经费予以适当补助。在社区教育经费中统筹资金投入，支持老年教育事业发展，形成政府、社会组织和学习者共同分担老年教育经费的机制。

（三）营造良好氛围

广泛宣传党和国家关于发展老年教育的方针政策，及时推广发展老年教育的好做法和好经验。鼓励老年人积极参与各类教育活动，使老年教育融入老年人生活、增进老年人福祉。奖励开展老年教育成绩突出的单位和个人，营造全社会关心、支持和参与老年教育的良好氛围。

（四）强化安全保障

老年教育机构校舍面积、建设标准、设施设备配置要满足老年人学习需要，确保安全便利。坚持以人为本，加强老年教育安全制度建设，根据老年人特点强化安全管理和服务，满足老年人学习需求和安全保障。

广州市越秀区教育局
2019 年 1 月 8 日

从化区教育局关于印发《从化区推进老年教育发展实施方案（2018—2020年)》的通知

区委编办、区委老干部局、区发改局、区财政局、区人社局、区民政局、区文广新局、区体育局、区卫计局、区老龄办、区残联、各镇（街）：

经区人民政府同意，现将《从化区推进老年教育发展实施方案（2018—2020年)》印发给你们，请遵照执行。

广州市从化区教育局
2018年9月3日

从化区推进老年教育发展实施方案
(2018—2020年)

老年教育作为我国教育事业和老龄事业的重要组成部分，是积极应对人口老龄化、实现教育现代化、建设学习型社会的重要举措，是满足老年人多样化学习需求、提升老年人生活品质、促进社会和谐发展和切实改善民生的必然要求。我区要以习近平同志视察广东系列讲话精神和纪念改革开放40周年大会精神为指导，落实《国务院办公厅关于印发老年教育发展规划（2016—2020年）的通知》（国办发〔2016〕74号）、《广东省人民政府办公厅关于大力推动老年教育发展的实施意见》（粤府办〔2017〕41号）、《广州市教育局关于印发〈广州市推进老年教育发展实施方案（2018—2020年)〉的通知》（穗教发〔2018〕25号）和

《广州市教育局关于印发〈关于优先发展乡村公共教育的实施意见〉的通知》（穗教发〔2018〕117号），为加强我区老年教育的全面建设，提升老年教育工作的整体水平，建立健全我区老年教育体系，推进老年教育事业的健康发展，不断满足老年群体日益增长的精神文化要求，使之成为打造创新型城市的重要力量和部分，结合我区实际，制定以下实施方案。

一、指导思想

全面贯彻落实党的十九大精神，深入学习贯彻习近平新时代中国特色社会主义思想，以习近平总书记对广东的重要指示批示精神为指导，牢固树立和贯彻落实新发展理念，以扩大老年教育供给为重点，以创新老年教育体制机制为关键，以提高老年人的生命和生活质量为目的，整合社会资源，激发社会活动力，提升老年教育现代化水平，让老年人共享改革发展成果，进一步实现老有所教、老有所学、老有所为、老有所乐，不断提高老年人的获得感、幸福感，促进我区社会和谐与文明进步。

二、主要目标

到2020年，基本形成覆盖广泛、灵活多样、特色鲜明、规范有序、资源融通、充满活力的老年教育新格局。老年教育基础能力有较大幅度的提升，建成覆盖全区城乡的老年教育网络，区—镇（街）—村（居）三级老年教育体系初步建成。到2020年，建成面向城乡居民开展普惠制教育的三级教育网络，包括1所区级老年大学，1所区级社区学院，全区5镇3街成立镇（街、园区）级老年学校、社区学校，30%以上的居（村）建有老年教学点，从而建立起老年教育与社区教育的三级网络。各家庭综合服务中心建成养教结合试点，培育1所老年示范学习和示范站（点）。

到2020年，建立老年教育课程体系。教育内容不断丰富，形式更加多样，各类老年教育机构服务能力进一步提升，全社会关注支持老年教育、参与举办老年教育的积极性显著提高。老年居民可参与老年大学（学校、教学点）专业学习、社区学院（学校、学习点）课程培训以及网络教育、微课程学习，扩大老年教育参与率，以各种形式经常性参与教育活动的老年人占全区老年人口总数的比例为30%以上。

三、主要任务及分工

（一）制定我区老年教育工作规范化标准

1. 编制我区老年教育网点规划布局，制定老年学校和老年教育站点规范化建设标准。〔牵头单位：区教育局。配合单位：区发改局，区老干局，区民政局，各镇（街）、园区〕

2. 提升老年教育机构基础能力。把老年大学基础能力建设纳入本地区发展规划，加大投入力度，改善办学条件，提升教学场所和设施的现代化、规范化水平。到2020年，区级老年大学应配备与学员数量相适应的标准教室及其他专用教室，镇（街）级老年大学要有独立的办学场地，并配备满足教学需求的教学设施和专（兼）职教师，做到有人员、有经费、有场所、有教学。各老年站（点）要根据实际，整合资源，采取单独建设或整合资源等方式开展老年教育，做到有场所、有教学。〔牵头单位：区政府办。配合单位：区教育局，区老干局，区民政局，各镇（街）、园区〕

3. 根据广州市老年教育通用课程教学大纲、课程资源开发和师资准入基本标准，编写适合我区老年教育需求的相关读本，整合全区各机关事业单位、企业、民办培训机构资源，建立线上线下老年教育资源库，设计形式多样的教育活动项目。〔牵头单位：区教育局。配合单位：区老干局，区民政局，区文广新局，区体育局，各镇（街）、园区〕

4. 编制我区"网上老年大学"的建设方案和服务布局。〔牵头单位：区教育局。配合单位：区科信局，各镇（街）、园区〕

（二）老年教育资源供给架构

1. 支持广播电视大学从化分校举办"老年开放大学"，依托广州市数字化学习中心建设延伸至各镇（街、园区）、城乡社区的老年教育办学体系。〔牵头单位：区教育局。配合单位：区民政局，广播电视大学从化分校，各镇（街）、园区〕

2. 创建区级示范性老年大学，区老年开放大学要加强基础能力建设，进一步完善办学条件，提高办学能力和水平，要在开展教育教学工作的同时，在办学模式示范、教学业务指导、课程资源开发等方面对全区老年教育发挥带头和引领作用，提升服务指导功能，进一步提升老年大学教学质量，按照规范化、科学化、现代化的要求，规范教学管理，科学设置课程，丰富教学内容，创新教学形式，不断满足老年人多层次、多元化的学习需求，将老年大学集聚的教育资源向基层和社区辐射。5镇3街建有老年学校，可整合利用现有的社区教育机构、成人文化技术学校等教育资源，加挂老年学校牌子并开展老年教育活动，大力建设居（村）老年学习站（点），30%的村（居）建有老年学习站（点），建立10分钟学习圈，就近提供老年教育服务，承担区域内老年教育教学以及学习资源共享配送、示范教学、举办学习成果展示等活动。[牵头单位：区教育局。配合单位：区委老干部局，区民政局，各镇（街）、园区]

3. 根据乡村振兴战略要求，充分利用广播电视大学数字化教学和社区学院社区教育网络资源拓展涉农人才培养培训路径，加强新型职业农民培养基地建设，培育具有地方特色的示范性老年教育学习体验基地，推进老年教育向农村社区渗透。[牵头单位：区教育局。配合单位：区民政局，区老干局，各镇（街）、园区]

4. 鼓励各级各类社会机构与团体开展老年教育和社区教育、建立老年教育点和社区教育点，积极推动各级各类单位（含民办机构、村委会、居委会、学校）向老年人无偿提供场地、图书馆、博物馆、展览馆、运动场、设施设备等资源，为老年人便利化学习提供支持，初步建立覆盖全区的老年开放教育网络。[牵头单位：区教育局。配合单位：区民政局，区文化广电新闻出版局，区体育局，各镇（街）、园区]

5. 加强家庭综合服务中心、老年之家、居家养老服务机构、养老机构等场地的老年教育功能，强化养教结合产业。[牵头单位：区民政局。配合单位：各镇（街）、园区]

（三）拓展老年教育发展路径

1. 丰富老年教育内容和形式。积极开展老年人思想道德、科学文化、养生保健、心理健康、职业技能、法律法规、家庭理财、闲暇生活、代际沟通、生命尊严等方面的教育。采用专业学习、课程培训、线上线下学习等形式开展丰富多彩的老年教育活动。[牵头单位：区政府办。配合单位：区老干局，区教育局，区民政局，区文化广电新闻出版局，区体育局，各镇（街）、园区]

2. 结合我区旅游业发展和美丽乡村建设，以乡村教育基地为重要依托，积极推动资源共享和区域合作，打造一批适合老年人的研学旅行精品线路，逐步形成布局合理、互联互通的研学旅行网络。根据地域特色，逐步建立跨市、跨区的、以乡土乡情为主的研学旅行活动课程体系。[牵头单位：区旅游局。配合单

位：区住建局，各镇（街）、园区〕

3. 探索养教结合新模式。整合利用现有的社区居家养老资源，在社区老年人日间照料中心、养老院等各类社区居家养老场所内，开展形式多样的老年教育。关注失能、失智及盲聋等特殊老人群体，开展健康教育、生活技能培训等活动，提供康复教育一体化服务。〔牵头单位：区民政局。配合单位：区老龄办，区残联，各镇（街）、园区〕

4. 积极开发老年人力资源。老年大学、老年教育机构要充分发挥老年人在传承中华优秀传统文化、引导全社会特别是青少年培育和践行社会主义核心价值观等方面的积极作用，为老年人参与经济社会活动搭建平台、提供教育支持。广泛开展老年志愿服务活动，到2020年，力争培育1～2支老年志愿者队伍。〔牵头单位：区民政局，区教育局。配合单位：区老干局，区文广新局，区体育局，区关工委，各镇（街）、园区〕

5. 运用信息技术服务老年教育。依托广州终身学习网和移动互联网学习平台加强数字化学习资源跨区域、跨部门共建共享，开展对现有老年教育课程的数字化改造，开发适合老年人远程学习的数字化资源。推动信息技术融入老年教育教学全过程，推进线上线下一体化教学，支持老年人网上学习，搭建老年教育学习平台和学习成果展示平台。〔牵头单位：区教育局。配合单位：区科信局，区老干局，各镇（街）、园区〕

（四）加强队伍建设

1. 成立区老年教育管理委员会及老年教育专家库。（牵头单位：区政府。配合单位：区教育局、区委老干部局、区民政局、区文化广电新闻出版局、区体育局、区残联）

2. 按常住老年人口每1万人配备1名老年教育专职人员的标准为广播电视大学从化分校（区老年开放大学）配备老年教育专职人员。建立各级各类单位在职、离退休人员老年教育兼职教师队伍。〔牵头单位：区编办。配合单位：区人社局，区教育局，区老干局，区文广新局，区体育局，区残联，各镇（街）、园区〕

3. 建立老年教育教师岗位培训制度。（牵头单位：区教育局）

四、工作要求

（一）注重统筹协调，强化组织领导

建立健全党委领导，政府统筹，教育、组织、老干、发展改革、民政、财政、文化、老龄等部门密切配合，其他相关部门共同参与的老年教育管理体制。要按照职责分工，加强沟通协调，通过政策制定、指导监督，共同研究解决老年教育发展中的重大问题，推进老年教育科学化、规范化发展。

（二）拓宽经费渠道，完善经费投入机制

政府要将老年大学办学经费纳入财政预算，老年教育经费应主要用于老年教育公共服务。积极统筹各类资金支持老年事业发展，采取多种方式努力增加对老年教育的投入，切实拓宽老年教育经费投入渠道，形成政府、市场、社会组织和学习者等多主体分担和筹措老年教育经费的机制。

（三）增强宣传力度，营造良好氛围

广泛宣传党和国家关于发展老年教育的方针政策，广泛宣传老年教育发展中的先进典型、先进经验、先进事迹，充分调动老年人参与学习的积极性和主动性，培养老年人的学习习惯，帮助老年人树立终身学习理念，不断推进我区老年教育健康发展。

第二编

广州老年教育工作报告

广州市老年教育工作总体情况报告

为进一步推动落实老年教育发展各项工作，根据广州市 2020 年度专项教育督导工作安排，广州市人民政府教育督导室会同广州市委老干部局组织专项督导组，于 2020 年 8 月 4—7 日，对全市 11 个区开展老年教育工作的情况进行了专项督导。

一、基本情况

老年教育工作专项督导组通过听取汇报、组织座谈、查阅资料、现场督查等方式，对广州市 11 个区的老年大学、老年学校及老年教学点进行了督导检查。从整体来看，各区普遍重视发展老年教育，采取多措并举的方式促进老年教育健康发展，形成了文化养老的良好氛围。

二、主要措施与成效

（一）领导体制初步建立

贯彻落实"党委领导、政府主导、社会参与、全民行动"的老龄工作方针，各区均建立了由区领导牵头，教育、老干、民政等部门参与的老年教育（社区教育）领导小组、老龄工作委员会、老年工作联席会议制度等领导机制。海珠区、白云区、黄埔区、番禺区、南沙区等区分别制订了老年教育发展实施方案或年度工作计划，建立起了党委统一领导、党政齐抓共管、部门负责的老年教育管理体制。

（二）办学体系与课程建设初显成效

1. 办学体系基本成型。各区能较好地依托广州老年开放大学及其办学系统，建设延伸至街（镇）、居（村）的老年教育三级办学体系，均实现了《广州市推进老年教育发展实施方案（2018—2020 年）》中"到 2020 年，各区至少建立一所老年大学，50% 以上的街（镇）建有老年学校"的目标，除海珠区、荔湾区、从化区外，其余各区均实现了"30% 以上的村（居）建有老年教学点"的目标。越秀区"以社区养老为主体、机构养老为支持、政府购买居家养老为补充"的智慧健康养老服务体系成为国家级试点；南沙区成立了广东省首家区级老年教育协会。

2. 课程设置丰富且具有本土特色。各区在用好市级老年教育平台和资源的同时，充分利用地域文化资源，探索建设本区特色的老年教育课程。其中，番禺区老年教育知识型、技能型、休闲型、保健型和综合型课程齐备；荔湾区开设了中医、粤曲、广彩等具有鲜明岭南文化特色的课程；南沙区系统挖掘、展示和传承咸水歌等岭南疍家水乡文化，开发了"咸水歌欣赏"等课程。

3. "互联网＋老年教育"深化拓展。各区积极推进"互联网＋老年教育"的探索与实践，拓宽老年人的学习教育平台。海珠区老年大学开设云课堂，在微信公众号推出医疗健康、健康运动和网络学习等 69 门课程视频供老年人线上学习；花都区老年开放大学在疫情期间开设 17 门线上课程，参与人数达 9000 人次，做到了"停课不停学"；番禺区通过微信群图文和视频直播的方式，实现线上和线下同步教学，大幅扩大办学规模，单场视频讲座参与人数达 3 万人次；南沙区开展春季班线上直播课，参与人数达 6000 人次。

（三）专（兼）职管理和教师队伍初具规模

各区均配备了老年教育专（兼）职管理干部，基本实现了按常住老年人口每 1 万人配备 1 名老年教育专职人员的目标，初步建立起了专（兼）职教师队伍，并积极建立师资队伍专业成长培养机制。南沙区组织从事老年教育工作的街（镇）骨干教师赴上海等地参加老年教育专题研修班；花都区、白云区等区开展了老年教育志愿者队伍建设和学习团队建设，积极提升师资队伍工作水平。

（四）场地和设施设备不断改善

各区整合各类场地资源面向老年人开展教育活动，例如，番禺区整合利用社区居家养老综合服务平台、星光老年之家等，为开展老年教育提供场所；增城区鼓励和支持街（镇）利用文化站、综合性文化服务中心设施，为老年人提供活动场所；黄埔区在每个社区建有星光老人之家，为社区老年人提供阅读与娱乐场所。

(五) 养教结合、游学养基地建设成果丰硕

各区加强示范性老年大学和基层老年学校及教学站点建设，积极推动区老年大学和广播电视大学、区社区教育学院统筹建设具有地方特色的示范性老年教育学习体验基地，开展养教结合、游学养基地等试点工作，取得诸多成果。越秀区成为全省首批"智慧健康养老示范基地"；白云区依托社区学院建设老年教育学习体验基地，启动开展养教结合、游学养基地试点工作；花都区结合乡村振兴开展游学养基地建设，梯面镇红山村和炭步镇塱头村被评为"全国首批游学养十大目的地"之一；从化区依托特色小镇优势资源，开发了一批老年游学养项目。

三、主要存在问题

(一) 工作机制有待进一步健全

各区成立的老年教育（社区教育）领导小组、老龄工作委员会、联席会议制度等机构，分别由教育部门、卫健部门或者老干部局主管，各行政职能部门之间的协调和运行机制有待改善和健全。

(二) 经费投入机制有待进一步完善

大部分区的老年教育经费未纳入区级财政预算，没有建立老年教育投入标准，多以社区教育经费支持，制约了老年教育的可持续发展。

(三) 监测评价和督导问责机制有待进一步建立

除天河区外，其他区均存在未建立和完善本区老年教育发展监测评价和督导问责机制，没有将老年教育工作纳入政府工作绩效考核的内容。

(四) 专（兼）职管理和教师队伍水平亟须提高

一是专职老年教育管理工作人员数量不足，教育服务能力有待提高；二是需要建立教师队伍培训体系和培训制度；三是老年教育师资和志愿者服务团队数量不足，需要加强老年教育师资队伍和志愿者服务队伍的建设。

四、今后的发展思路

（一）健全领导机制，严格督导考核

健全党委领导、政府主抓、各相关职能部门协同配合的"市—区—街（镇）"三级老年教育行政领导小组或终身教育促进委员会，下设办公室，挂靠区教育局，进一步加强对老年教育工作的统筹协调。建立老年教育量化考核指标体系、老年教育发展监测评价和督导问责机制，纳入年度目标绩效考核的内容，以保障老年教育管理体制机制高效运作。

（二）强化资源保障，扩大教育覆盖面

将老年教育经费列入区级财政预算，建立终身教育经费分级保障体系，拓宽经费投入渠道，形成政府、市场、社会组织和学习者等多主体分担和筹措老年教育经费机制。积极改善办学条件，融合各方资源，均衡布局老年大学、老年学校和老年教学点，推动各类老年教育机构面向社会，扩大老年教育覆盖面。

（三）加强教师队伍建设，提升教学质量

多方式、多渠道充实老年教育教师队伍；建立分级培训制度，完善教师培训体系；鼓励普通高校、职业院校相关专业毕业生及优秀人才到老年教育机构工作，实现专职人员在薪酬福利、业务进修、职务（职称）评聘、绩效考核等方面与同类学校工作人员享有同等权利和待遇。市级通过第三方服务，启动老年教育教师师资库和志愿者服务团队建设，广泛吸纳各行业人士投身老年教育工作。

（四）坚持融合发展，深化教育内涵

紧扣老年教育"提高生活质量和提升生命品质"的目标，成立市、区老年教育专家库和专家咨询委员会，与文化、社会治理等方面融合衔接，继续丰富老年教育现有项目内容，推进广州市老年教育高质量发展。

[本文依据广州市人民政府教育督导室文件（穗教督〔2020〕7号）《广州市人民政府教育督导室关于全市老年教育工作专项督导有关情况的报告》，由本书编委会整理。]

南沙区老年教育工作情况报告

为全面贯彻党的十九大关于老年工作和终身学习体系建设的精神,落实《国务院办公厅关于印发老年教育发展规划(2016—2020年)的通知》和《广东省人民政府办公厅关于大力推动老年教育发展的实施意见》,南沙区按照《粤港澳大湾区发展规划纲要》中国家关于南沙区的定位和《广州市推进老年教育发展实施方案(2018—2020年)》的要求,以打造老年人优质生活圈为目标,以"老有所学、老有所为、老有所乐"为抓手,推动老年人积极养老,并取得一定成果,促使老年人的获得感和幸福感不断增强。

一、基本情况

南沙区位于广州市最南端,地处珠江出海口虎门水道西岸。近年来,南沙区在国家、省、市战略大局中的地位不断提升,已形成"三区一中心"(国家新区、自贸试验区、粤港澳全面合作示范区和承载门户枢纽功能的广州城市副中心)建设协同推进的发展新格局。南沙区总面积803平方千米,下辖6个镇、3个街道,128个行政村,33个社区居委会,5个农(林)场。该区常住人口79.61万人,其中户籍人口46.33万人;60岁以上户籍老年人口7.48万人,占比9.4%。全区常住人口城镇化率72.89%,户籍人口城镇化率64.6%。2019年,全区实现地区生产总值1683.23亿元,税收总额625.41亿元,完成固定资产投资754.58亿元。全年财政用于改善民生投入212.36亿元,占本级预算支出总额的85.2%。

二、主要做法与成效

（一）健全老年教育领导体制，完善人财物投入保障制度

老年教育是老龄事业的重要组成部分，是终身教育的重要一环，也是家庭幸福、社会和谐的需要。南沙区在老年教育领导体制和人财物投入保障方面履行责任，确保老年教育各项工作落到实处，取得了一定实效。

1. 建立联席会议制度。建立了老年教育联席会议制度，由区政府分管教育副区长任总召集人，区教育局局长任召集人，成员由各成员单位分管领导组成。成员单位包括区发改局、区财政局、区人社局、区民政局、区文化广电旅游体育局、区卫生健康局、区委老干局、区老龄办、区残联、区关工委、区外办、电大南沙分校（南沙社区学院）、各镇（街）。联席会议下设办公室，挂靠在区教育局，办公室主任由教育局分管负责同志担任，组织领导和统筹协调全区老年教育工作，督促老年教育各项工作目标的实现。由副区长主持召开老年教育专题会议，审议《广州市南沙区推进老年教育发展实施方案（2018—2020年）》，听取各成员单位工作汇报并就老年教育工作作出部署，要求各单位做好区老年教育网点规划布局。

2. 制定老年教育实施方案。2019年5月经南沙区政府审议同意，印发了《广州市南沙区推进老年教育发展实施方案（2018—2020年）》（穗南教〔2019〕95号），明确了老年教育的指导思想、主要目标和重点任务以及各成员单位的职责，为发展老年教育指出了方向。在老年教育网点规划布局、扩大老年教育资源供给、丰富老年教育内容和形式以及加强队伍建设4个方面明确了任务指标、牵头单位和配合单位等。

3. 办学新体制初步形成。广州老年开放大学南沙学院是全市唯一正式挂牌的民办区级老年大学，联合南沙区各镇（街）公立的老年学校以及其他老年教育机构，协同办学，优势互补。2019年和2020年，区教育局与广州老年开放大学南沙学院签订了老年教育服务采购合同，形成了公办与民办教育机构多元主体协同的老年教育办学新体制。

4. 财政投入逐年增长。将老年教育经费列入区级财政预算，以购买服务的方式充分发挥广州老年开放大学南沙学院民办教育机构的作用，2020年区教育局预算老年教育经费115万元〔不含其他行政部门和各镇（街）的经费投入〕。

5. 成立首家区级老年教育协会。2019年12月，南沙区成立了广东省首家区级老年教育协会，会长由广州老年开放大学南沙学院主要负责人担任，成员由区属老年教育工作关联部门、各镇（街）负责老年教育工作的人员、基层老年协会负责人和教师等组成，协会的成立为研究老年教育工作搭建了一个更广阔的交流平台。

（二）强化体系建设，老年教育资源不断丰富

南沙区不断完善老年教育办学体系建设和老年教育现代化、信息化建设，采取老年人集中学习和自主学习相结合的方式开展老年教育。

1. 创新资源整合路径。通过南沙区老年教育协会，联合各级各类老年教育机构、高校老年教育科研团队和基层老年协会，充分整合了各方的老年教育资源。

2. 建成三级办学体系。加强老年教育的规划和布点，已建成1所区级老年大学、9个镇（街）老年学校、161个村（居）老年教学点，完成了老年教育三级办学体系布点100%全覆盖。例如，万顷沙镇实现了16个村（居）全部成立老年教学点，组建镇（街）老年教育工作群，以老年学校为龙头，形成了文体中心、社区服务中心、医院、敬老院和村（居）等部门联动机制，老年教育由区延伸到镇（街），再延伸到村（居），真正把老年教育办到老年人的家门口，打通老年教育最后一公里，使得老年教育形成网络并覆盖全区。

3. 各级各类资源汇聚。东涌镇将东涌镇老年学校、南沙区老年教育特色项目疍家水乡文化老年教育体验基地、南沙区示范性老年学校、东涌镇社区教育学校4块牌子挂到了镇的党群服务中心；黄阁镇将老年学校和各个教学点的牌子挂到了镇和村（居）党群服务中心；南沙街将南沙居委会老年教学点和南沙区示范性老年教学点挂到了党群服务中心，在全区起到了场地资源共享、示范引领的作用。

南沙区老干部活动中心、区及镇（街）文化馆（站）、图书馆、体育场馆、社区文化活动中心（文化室）、家庭综合服务中心、星光老年之家和居家养老服务机构等场地均作为老年教育学习室，为老年人免费提供学习活动场所。

南沙区各镇（街）、村（居）均设有党群服务中心和老年人活动中心。全区72个村（居）、3个养（敬）老院都设置了长者爱心食堂。公共文化和体育场所配备专门为老年人、残障居民设置的人性化设施，如无障碍通道、老年人或残疾人专用洗手间坐厕等。文体活动场所多设在一楼，提供了适老、敬老服务。2018

年，区财政投入27万元，为区老干部活动中心老年大学租用200多平方米课室用于教学活动，并配备电子钢琴、DVD播放机、音响、电脑、投影仪和广场舞室外便携式放音设备等，按规范化、多媒体、多功能标准设置课室。

4. 建立老年教育示范点。南沙区确定广州老年开放大学南沙学院为区示范性老年大学、东涌镇老年学校为区示范性老年学校、南沙居委会老年教学点为区示范性老年教学点。南沙老年大学着重网络课程建设，东涌镇老年学校着重地方特色课程开发，南沙居委会老年教学点着重发挥各种老年协会的作用，开展了丰富的老年教育活动，具有引领示范作用。

5. 打造"互联网+老年教育"线上线下融合教育模式。南沙区有线电视、宽带网络、4G/5G信号覆盖全境，为线上教学形式提供了保障，满足了老年人不同的学习需求。一是南沙老年大学开发了40多种适合老年人学习的课程；二是开展了广州电大线上社区教育、老年教育APP学习活动，注册学习人数超过10000人；三是利用"立知课堂""一直播""人人讲"等公共平台开展了春季班线上直播课，2020年上半年参加线上学习人数为6000多人；四是举办了秋季班线下课程，报名参加学习的人数达到5150人；五是南沙老年大学送课到镇（街）和村（居）51个教学点，参加学习人数为2550人；六是举办了南沙区老年教育师资专题培训班，共开设了24堂课，学习人数为720人。2020年，南沙老年开放大学共开课313堂，南沙区三级办学体系共完成学习人数达到24420人，受众老年人群覆盖9个镇（街），超过文件要求的30%的目标（南沙区现有60岁以上老年人7.48万，30%覆盖率是22440人）。

（三）专家引领培养师资队伍，培育壮大志愿者服务组织

发展老年教育需要建设高素质的师资队伍。南沙区采取"专家引领，边学边干"和"广挖英才，鼓励参与"的措施，加强专（兼）职师资队伍建设。采取"横向联系，部门协作"的措施，培育和壮大志愿者服务队伍，推动老年教育事业健康快速发展。

1. 打造一支热爱老年教育事业的工作团队。南沙区配备专（兼）职老年教育工作人员合计88人，包括区老年大学配备专兼职老年教育工作人员7人，各镇（街）专（兼）职老年教育工作人员81人；聘请了从事老年教育工作的专家学者7人，指导老年教育工作；组建了南沙区老年教育活动志愿者服务队伍和南沙区老年教育研究工作队伍。

南沙老年开放大学到各镇（街）6所老年学校进行了专项调研，送课到村

（居）教学点，得到基层老年群众的一致好评。为了解决教师配备问题，开展了老年教育师资专题培训班，为南沙区镇（街）和村（居）打造自己的师资队伍。

2. 建立师资队伍专业成长培养机制。南沙区老年教育专职干部和教师多为中途转岗人员，因此，南沙区采取了"专家引领，边学边干"的措施，让专职干部、骨干教师参与专家咨询指导组的实地调研和座谈活动，从老年教育实践中学习和锻炼。同时，南沙区组织从事老年教育工作的镇（街）骨干教师赴上海、内蒙古、四川等地参加老年教育专题研修班。2019 年 12 月，区教育局组织区人社局、区卫生健康局、老干活动中心、南沙老年大学、东涌镇教育指导中心、区老年教育协会等单位赴成都市双流区老年大学专项考察调研双流区老年大学系统办学情况，并形成了专题调研报告。2019 年 11 月 13—15 日，区教育局、南沙老年大学和部分镇（街）老年学校负责人，参加了由广州市教育局主办、广州市广播电视大学承办的 2019 年广州市终身教育（老年教育）工作会议暨推动老年教育高质量发展专题培训会活动。

3. 建立多部门参与的志愿服务体系。南沙区 161 个村（居）均设立了社工服务站，每个服务站至少配备 1 名专职志愿者，由各镇（街）社会事务办（科）管理，属政府服务外包项目。全区 8 个镇（街）设有社区卫生服务中心、敬（养）老院和文体中心等。南沙区各老年学校横向联系各相关职能部门，协作开展老年教育工作，完善老年教育志愿服务。例如，镇（街）社区卫生服务中心依托各村（居）卫生站每年为老年人进行免费体检和开展健康教育、咨询活动；敬（养）老院每月开展健康教育专题讲座；文体中心每月组织"送戏下乡"和"送电影下乡"活动；各村（居）每年在重阳节期间举行敬老活动，并对老年人开展简短的保健养生和家居、交通安全等教育；团委和企业定期组织志愿者探访老年人，关心老年人的身心健康。

（四）挖掘资源开发特色课程，老年人晚年生活绚丽多彩

南沙区根据老年人知识文化需求和精神文化需求，结合本土丰富的人文历史资源开发课程并搭建平台，让老年人"老有所学、老有所为、老有所乐"，安享幸福晚年。

1. 挖掘资源开发特色课程。南沙区采取"常规课程＋特色课程"举措，丰富了老年教育教学内容，成立了 2 个老年教育课题小组，已申报市级课题立项 2 个，即"依托养老机构开发高龄老年教育特色课程的实践研究"和"疍家水乡文化老年教育体验学习基地建设研究"，开发了"咸水歌欣赏""咸水歌学唱"

和"老年人心理健康指导"等课程,挖掘、展示和传承咸水歌等岭南疍家水乡文化,丰富了老年教育的内涵。

2. 率先开展养教结合的老年教育基地。将南沙区养老院列为南沙区老年教育特色项目养教结合老年教育基地,采取市、区、镇（街）三级送教到养老院的方式开展老年教育。2019 年 11 月 22 日,南沙区养老院老年大学"耆菁学苑"成立,每月开展 1 次健康讲座、每季度进行 1 次生命教育及"耆菁课程"的学习。"耆菁课程"主要内容包括：兴趣爱好教育,如竖笛、舞蹈等；文化知识教育,如普通话、英语等；老年修养教育,如党课；保健与康养教育,如健康讲座、生命教育等；丰富了老年人的文化生活,陶冶了养老情趣。2018—2019 年,各镇（街）社区卫生服务中心实现户籍老年人健康建档率 100%,健康教育覆盖率 100%。南沙街、万顷沙镇和东涌镇等镇（街）开展了老年人游学活动,组织老年人到南沙天后宫、广东省古村落塘坑村、百万葵园、南沙湿地公园、东涌绿色长廊和濠涌和沙鼻梁涌水上绿道等地游学。

3. 搭建才艺展示平台助力老年文体团体。随着居民生活水平的不断提高,南沙区各种社会文体团体蓬勃发展。以老年人为主的广场舞、太极扇舞、粤曲私伙局、咸水歌队、棋牌队、书画和摄影学（协）会等方兴未艾。经统计,南沙区成立民间自发组织的老年协会、舞蹈协会和曲艺协会等共 58 个,人数达 5045 人。南沙区每年举办社区文化节、民间文艺团队比赛和书画摄影优秀作品展览等活动,为包括老年人文体团队提供展示平台。同时,积极推荐老年文体团队参加各级各类比赛并屡获佳绩,例如,南沙区舞之韵艺术团舞蹈项目《大妗姐嫁女》和《盛世欢歌》分别获 2018 年和 2019 年广州老年开放大学办学系统首届和第二届文艺比赛一等奖；南沙街俏夕阳舞蹈队获"第十八届全国中老年才艺大赛"凤凰金奖；南沙街海韵曲艺社原创作品《璀璨花城夜》在"2019 年广东省群众文艺作品"评选中获一等奖。

4. 建立老年教育参与者激励机制。南沙区利用宣传栏、微信公众号、南沙终身学习网和各种活动场合等发布有关老年教育培训信息,鼓励老年人踊跃参与老年教育活动。每举办一项大型公开活动,均撰写通讯稿件并及时发布,并向《文明南沙》《南沙新区报》和《广州南沙发布》等媒体供稿,扩大影响力。在 2019 年国家开放大学（广州）老年开放大学办学系统评优活动中,南沙老年开放大学获得优秀学院、优秀教师、优秀课程、优秀线上教师、优秀学员等奖项。2019 年,对南沙区村居老年人群进行老年教育满意度抽样问卷的调查显示,满意度达 96%。2020 年 6 月,对南沙区城区老人进行的线上直播课满意度调查显示，满意度达 90%。

三、存在问题及努力方向

一是面向老年人开发的地方特色课程不足，学习班吸引力有待提高；二是需要进一步探索老年教育管理模式和发展机制；三是老年教育科研工作有待加强。下一步，将大力推广疍家水乡文化体验基地和养教结合教育基地建设，并采取线上线下相结合的老年教育办学形式，让老年人的晚年生活更加丰富多彩，让南沙成为老年人向往的优质生活湾区。

（本文由本书编委会依据 2020 年广州市老年教育工作专项督导中南沙区提供的相关汇报材料和佐证材料整理。）

番禺区老年教育工作情况报告

发展老年教育是我国实施积极老龄化的重大战略任务。番禺区积极贯彻落实《国务院办公厅关于印发老年教育发展规划（2016—2020年）的通知》和《广东省人民政府办公厅关于大力推动老年教育发展的实施意见》，根据《广州市教育局关于印发〈广州市推进老年教育发展实施方案（2018—2020年）〉的通知》（穗教发〔2018〕25号）文件精神，区社区教育委员会办公室制定了《广州市番禺区推进老年教育发展实施方案》。加强顶层设计、强化部门配合、整合多方资源、坚持示范引领，番禺区积极开展特色鲜明的老年教育教学活动，满足老年人多样化的学习需求，提高老年人的生活质量和幸福指数，进一步实现"老有所教、老有所学、老有所为、老有所乐"的老龄事业发展目标。近年来，番禺区借助完善的社区教育管理平台，着力推进老年教育，取得了一定的成效。

一、高度重视，组织保障，协调推进老年教育工作

（一）利用完善的社区教育管理机制，助力推进老年教育

番禺区坚持"党委领导、政府主导、社会参与、全民行动"的老龄工作方针，借助完善的区、镇（街）两级社区教育管理架构，建立健全党委统一领导、党政齐抓共管、部门负责的老年教育领导体制。番禺区现有完善的区、镇（街）两级的社区教育管理运行机制——番禺区社区教育委员会和镇（街）社区教育委员会。区级委员会以分管教育的区领导为主任，各职能部门负责人为成员；镇（街）委员会由分管教育的领导担任主任并主持工作。通过社区教育委员会，统筹老年教育的整体工作开展，整合各职能部门和各镇（街）的老年教育资源，打通了各部门和各镇（街）间的隔阂，有效实现资源共享。

（二）利用社区教育学习网络，完善老年教育办学体系

番禺区构建了以区社区教育中心和区广播电视大学为龙头、各镇（街）社区教育学校为主体、村（居）社区教育辅导站为基础的三级社区教育教学网络。目前，番禺区在社区教育学习网络的基础上，对老年教育的学习网络做了相应的调整。除老年干部大学外，2018年番禺区电大挂牌成为广州市老年开放大学番禺学院，同时番禺区对镇（街）8所社区教育学校加挂"老年学校"的牌子，对下辖的85个社区村（居）辅导站加挂"老年学习点"的牌子，基本形成了政策制度健全、管理职责明确、规划布局合理、参与主体多元、教学形式灵活和教育资源丰富的老年教育新格局，完善了区—镇（街）—村（居）三级老年教育管理网络，各类老年教育服务机构的服务能力进一步提升，全社区参与老年教育工作的意识进一步提升。

番禺区常住人口中年龄在60周岁以上的老年人超过20万人。目前，番禺区通过广州市老年开放大学番禺学院的学习平台，以直播课与面授课相结合、线上线下同步推广等形式，实现了资源共建共享，提升了老年教育服务能力，以各种形式经常性参与教育活动的老年人占全区老年人口总数的30%以上，进一步提高了老年群体对老年教育的知晓率和参与率。

二、加强老年教育师资队伍建设，提升老年教育服务质量

（一）加强老年教育队伍建设

番禺区始终坚持把加强老年教育工作队伍的专业化建设作为推进老年教育深入发展的一项重点工作。区老年开放大学番禺学院、老年干部大学和各老年教育学校设有专（兼）职管理干部队伍、老年教育专（兼）职教师队伍和志愿者服务队伍。目前，全区有老年教育管理人员93人，老年教育专（兼）职教师超过300人，形成了一支素质高、意识强、精力旺、干劲足的师资队伍，有效地推进了老年教育社会化系统工程的规范运行和优质实施，确保了老年教育工作有人管事、有人做事，提升了全区老年教育工作水平。在教师选用方面，区老干部大学曾聘请粤曲著名花旦、国家二级演员李池湘担任粤曲班教师；邀请广州市著名书画家、诗人连登先生来校举办书画讲座；邀请广东省名中医、广州市正骨医院黄崇博院长举办中医骨科养生讲座等。名师名家任教受到老年群体的广泛认可，教

室座无虚席，为番禺区老年教育发展注入了新的活力。另外，番禺区还通过开展"最美教师"评选活动，充实了社区教育（老年教育）师资队伍。2019 年，石楼镇开展"石楼最美社区教育教师"评选活动，评选出杨淑莹等 22 人为"石楼镇首届最美社区教育教师"。

（二）推进老年志愿者队伍建设

鼓励全区各级老年教育机构、老年群众组织成立老年志愿者服务队伍，为老年人积极参与社会服务搭建平台、提供支持，以满足日益增长的老年教育服务的需要。目前，番禺区主要通过老年教育三级学习网络开展相关老年教育志愿服务活动，村居成立志愿者队伍为老年教育服务，现活跃于社区教育（老年教育）服务的志愿者超过 1000 人。

三、完善投入机制，优化老年教育办学环境

（一）保证老年教育经费投入

番禺区重视社区教育特别是老年教育的经费投入，把社区教育纳入区财政预算。在社区教育经费紧张的前提下，每年仍安排约 30 万元的经费用于老年教育，各镇（街）根据实际情况落实老年教育经费。老年教育经费主要用于老年教育教师的课酬、购买学员的学习用品、组织学员外出活动、充实村居教学资源点的学习资源和改善老年教育学习环境等。近年来，区老干部大学投入了 70 多万元改造学校场地设备设施。2020 年下半年，拟再投入 10 万多元打造教师休息室并增加一间小教室，以满足不断增长的离退休干部的学习需求。同时，在安全保障方面，区疗养院在区老干部大学教学楼开设了门诊部，为老干部的学习提供了医疗保障。

（二）保障老年教育资源投入

目前，番禺区落实老年教育的资源保障，除了区老年开放大学番禺学院、老年干部大学、老年学校及老年教学点设置了专门教学活动场所外，还整合利用公共养老服务设施等资源，探索养教结合新模式。例如，整合利用社区居家养老综合服务平台、星光老年之家、日间托老中心和养老机构等资源，因地制宜配备文体器材，设置阅读区域，开展形式多样的老年教育活动，推动了老年教育融入养

老服务体系。

四、抓落实,"三个有效"推进老年教育

(一)搭建平台,有效推进老年教育活动

一是多形式开展老年教育活动。番禺区依托区社区教育中心、番禺老年学院、镇(街)老年学校及村(居)教学点,定期为老年人举办老年人保健、居家安全、法律知识等相关内容的公益培训讲座。2019年开展了老年教育讲座20多场,惠及1200多名老年人。邀请退休老干部、老教师任课,利用镇(街)社区文化广场等各类教育活动阵地,组织老年人定期开展喜闻乐见的文体活动。在石楼莲花山广场、国学广场和亚运城居委的老年人粤剧社等地开展的广场舞、拉丁舞和腰鼓队等活动,已经成为社区的一道亮丽的风景。

二是以"全民终身学习活动周"为契机,为老年人搭建了优秀成果展示平台。番禺区从2006年开始,连续14年举办"全民终身学习活动周",每年直接或间接参与活动的老年人数达20万人次。同时,开展"百姓学习之星"和"终身学习品牌项目"遴选与展示活动,以吸引更多老年人参与活动。近3年,刘炽辉、王志英、陈向新等多名老同志被评为番禺区"百姓学习之星";石楼老年人粤剧私伙局"文千岁粤剧曲艺社"以及由华南碧桂园社区老年人组成的"朝霞艺术团"均被评为"番禺区终身学习活动品牌"。

三是利用老年干部大学学习平台,采用"走出去,请进来"的方式,多形式、多渠道展示学员学习成果。2019年,组织举办与参加各类展示活动共12次,参与活动的老同志学员为3500多人次,惠及基层群众4000多人次。老年学员通过积极学习,已有4位摄影班学员成为省摄影协会会员;健身气功班有3位学员考取二级社会体育指导员,21位老年学员考取三级社会体育指导员;书画班有20多位学员成功举办个人书画作品展并印发书画作品集,学员作品多次获选参加省市区比赛及展览。另外,太极拳、健身气功班师生多次参加比赛并获奖,主要有:2019年代表广州市参加广东省健身气功大赛获得二等奖;代表番禺区参加广州市健身气功站点联赛获得2个一等奖;代表番禺区参加广州市社会体育指导员技能大赛获得第一名。

（二）开发资源，有效推进老年教育课程建设

1. 建立老年教育体验中心和实践基地，提升教育品质。番禺区把培育和践行社会主义核心价值观作为老年教育的重要内容，重点建设社会主义核心价值观和中华优秀传统文化课程，实施老年教育特色项目建设工程。目前，全区建有1个广州市老年教育特色基地、1个广州市老年教育学习体验基地和3个老年教育实践基地，并配套建设了"隔代教育""手机摄影"和"护老有法"等多种特色课程，包括特色教材和微课等教学资源。在区社区教育中心设立了番禺区老年教育体验中心——"乐龄学社"，为老年人打造了学习与交流、展示与分享的高规格平台，提高了老年人生活和学习质量。目前，乐龄学社已建有书法体验中心、舞蹈体验中心、摄影体验中心等教学场所。近两年来，番禺区根据老年人的需求，在区社区教育中心、番禺老年学院和石楼老年学校3个区级实践基地分别开设了水墨画基础、摄影应用和书法基础等10多门老年教育课程。课程内容设计以趣味性、实用性为主，紧贴生活，并与老年人身心特点相结合，深受老年人的欢迎，近两年就读学员达到2500人，课程到课率为90%以上，结业率达到100%。番禺区老干部大学作为一所服务离退休干部的学校，目前，开设了7个系、17个专业、47个教学班，近年来每年招生人数为3500多人次，办学至今共招收学员48929人次。

2. 开发教材，提升课程质量。为发挥番禺区"全国数字化学习先行区"的优势，依托番禺老年学院开发了一批精品微课资源，包括"老年人学习智能手机""老年人学用银行提款机""老年人手机摄影"和"护老有法"等，采取了面授与自学相结合的教育教学模式，提高了教学效率，受到了老年人的广泛好评。值得一提的是"隔代教育"课程，推出后受到了老年学习者的热烈欢迎。课程先后在番禺老年学校、区老干部大学和镇（街）老年学校开展了线上与线下结合的"混合学习"教学实践，并同步建立了学习微信群和微信公众号，发布课程微课视频，方便学员自主学习和在线交流，学习效率和效果明显提升。目前，番禺区老年教育视频有4个系列，共40多个视频，正式出版的老年教育教材2本，其中《带好孙，教好孙——隔代教育好方法》课程教材于2017年入选国家新闻出版广电总局和全国老龄工作委员会办公室联合向全国老年人推荐的优秀读物，产生了广泛的影响力。2019年，番禺电大获评为"广州老年开放大学课程建设优秀单位"；"老年幸福课堂"课程获评为"广州市老年优秀课程"。

3. 理论探索，促老年教育内涵发展。番禺区积极开展老年教育理论研究，

2016年设立了"老年人休闲文化教育进社区"老年教育实验项目,并完成了论文《老年人休闲文化教育进社区的研究与实践》的撰写,编写了老年人健康教育手册《老年人常见十大疾病的防治》,拍摄了视频《社区教育就在家门口》(2016年)。此外,区社区教育中心、老年学院、老年学校和老年教育机构加强合作与联系,开展老年教育基础理论研究、政策研究和应用研究,并形成了具有番禺特色的理论成果。以"粤讲粤好""护老有法""岭南文化大讲堂""幸福课堂"等培训课程为切入点,提出了"五同促五感"教学理念,出台了《基于"五同促五感"教学理念的来穗老年人融入教育实施方案》。经过近三年的理论与实践研究,《粤讲粤好——粤语培训》《带好孙,教好孙——隔代教育好方法》分别获得2017年和2018年番禺区"终身学习活动品牌";《粤讲粤好——粤语培训》获得2017年广州数字化社区学习三星精品项目;《基于"五同促五感"教学理念的来穗老年人融入教育的探索与实践》获得2019年广东省教学成果二等奖。2020年,番禺电大的"'以身促心,以心育情'——区域开放大学老年教育'一体系三层次'课程设计的探索与实践"课题入选广州电大2020年优秀教学成果培育项目;"'护老有法,老有所为'——推动老年人维权和参与社区治理的法律课程建设与应用研究"和"基于幸福感提升的老年教育教学模式探索——以番禺区'幸福课堂'为例"分别入选广州电大关于2020年老年教育特色品牌培育重点项目及一般项目。

(三)创新渠道,有效推广老年教育课程资源

课程信息的发布和教学过程的组织实施是课程推广的两个关键。为此,番禺区开发出基于微信小程序的"番禺教育学习地图"平台,动态发布全区正规办学机构的课程信息,实现了"大众点评+地图导航"的功能,老年学习者可以直接在平台上报名,有效地实现了学习需求与资源供给的无缝对接。目前,平台上的教学机构为300多个,学习者5000余人,应用水平在国内处于领先地位。番禺区依托"广州数字化终身学习大讲堂"项目,积极开展公益讲座,近两年发布的主题超过30个,场次超过100场,参与面授的老年学习者超过15000人次。

在2020年疫情期间,番禺区老干部大学的"微课堂"以及番禺老年学院的视频课及网络直播课开设了医疗健康、健身运动、声乐器乐、书法绘画、网络学习等110门课程,参与学习人数达38500人次。近3年来,番禺区老年学员通过线上学习的方式(包括在线观看直播、社区教育学习地图报名和社区教育线上直播课程报名等),参与学习人数达到820000人次;通过线下学习的方式(包括送

教下乡、社区教育课程和老年教育课程等）参与学习人数达到 40000 人次。

五、扩大宣传，营造良好氛围

番禺区充分利用各级各类媒体，采用多种形式，广泛宣传国家、省、市关于发展老年教育的方针政策，加大对老年先进典型的宣传推广力度，使全社会形成关心、支持和参与老年教育的浓厚氛围，充分调动了老年人参与老年教育的积极性和主动性。主要措施包括：一是做好番禺终身学习网（网站）、番禺教育学习地图（程序）的应用与推广工作；二是积极参与全民终身学习活动周，在活动周期间，集中展示社区教育（老年教育）成果，借助各类媒体进行宣传，提高活动的参与率和影响力；三是做好需求分析、资源整合、效果评价，及时做好文字、照片和视频的记录工作，建立档案。

（本文由本书编委会依据 2020 年广州市老年教育工作专项督导中番禺区提供的相关汇报材料和佐证材料整理。）

花都区老年教育工作情况报告

一、引言

花都区全区总面积970.04平方千米，下辖4个街道和6个镇，2019年户籍人口81.13万人，常住人口110.72万人，实现地区生产总值1562.76亿元。

花都区作为广州城市北部副中心，在广州国家中心城市建设新战略中被定位为生态宜居新城区、新的经济增长极和空港门户枢纽，对珠三角经济一体化、粤港澳合作和国际交流合作起着举足轻重的作用。

二、整体概况

近年来，花都区委、区政府高度重视老年教育工作，全面贯彻党的十九大关于老年工作和终身学习体系建设的精神，明确"加快建设学习型社会，大力提升国民素质"的目标，落实国家、省、市关于大力发展老年教育的决策部署，从花都区的教育实际出发，坚持以人为本、公益普惠的原则，立足老年人继续接受教育的意愿与需求，加大投入，整合资源，拓展教育内涵，创新教育模式，提升教育质量，为满足老年群众对美好生活的需要，提供更均衡、更充分的教育服务，让老年人享受到更加优质、丰富、便利的老年教育。全区共开办了区老年开放大学、区老年干部大学和区退管办老年大学3所区级老年大学；在10个街（镇）开办了15所街（镇）级老年学校，覆盖率为150%；开办了140个居（村）示范教学点，覆盖率为55.6%；区—街（镇）—居（村）三级老年大学办学体系基本形成。近年来，3所老年大学大力加强师资队伍建设和课程建设，共开设老年教育课程149门，并免费送教到基层教学点，为老年群众提供了丰富的学习资源和学习服务，实现了老有所教、老有所学、老有所为、老有所乐，使老年教育工作持续健康发展。

三、主要做法和成效

（一）加强领导，健全机制，统筹老年教育工作

1. 成立工作领导小组。花都区委、区政府高度重视老年教育工作，成立了花都区老年教育工作领导小组，由分管副区长担任组长，区教育局主要领导和区政府办分管领导担任副组长，区委老干部局、区委编办、区老龄办、区发改局、区教育局、区人社局、区民政局、区文化广电旅游体育局、区残联、区关工委、区融媒体中心、区委党校和各街（镇）分管领导为成员。制定了《花都区推进老年教育发展实施方案（2018—2020年）》，并由区老年教育工作领导小组组织各相关成员单位实施。

2. 召开工作会议。分管副区长多次主持召开老年教育工作会议，组织各老年教育工作领导小组成员单位共同研究部署老年教育工作，各部门职责明确，分工合作，整合了各个领域的资源共同开展老年教育工作。分别于2018年11月和2020年7月召开了老年教育工作领导小组会议，部署全区老年教育工作。

3. 加大财政投入。为推动老年教育规范发展，区委、区政府着力加大老年教育的人、财、物投入，区财政每年向区成人教育培训中心（区老年开放大学）划拨社区教育经费200万元，每年向区老年干部大学划拨老干部活动中心经费173.16万元，每年向区退管办老年大学划拨退休职工管理经费60万元，有力保障了老年教育的顺利开展。

（二）建立体系，挖掘资源，逐步推进老年教育工作

1. 建立区—街（镇）—居（村）三级办学体系。

花都区以区老年开放大学、区老年干部大学和区退管办老年大学3所区级老年大学为主体，开办街（镇）级老年学校15个，覆盖10个街（镇），覆盖率为150%，开设老年开放大学居（村）级办学点合计140个。由区老年开放大学通过街（镇）级学校提供了指导服务，并配备师资、开设课程、开展活动，形成了区—街（镇）—居（村）三级办学指导服务体系。

建成了覆盖全区的家庭综合服务中心（社工服务站）、星光老年之家，并购买社工服务负责日常管理运营，活动场地向老年人免费开放；各类体育场馆、图书馆、博物馆、文化馆，各街（镇）与居（村）的文化站、乡村图书馆、党群活动中心、文明实践站等场所阵地，用于开展各项老年教育活动，为老年教育工作提供了充足的资源保障。

2. 探索老年教育示范点建设。

（1）区老年开放大学将秀全街老年学校、塱头村全民终身学习游学养基地等4个单位定为示范教学单位，带动全区各街（镇）、居（村）教学点建设，取得了较好的效果。区老年开放大学秀全街学校由党建引领，为来穗老年群众提供了教育服务，并发挥了学员的特长和积极性，开展了社会公益活动和志愿服务，"秀全大妈"已成为花都区一张亮丽的名片。梯面镇红山村、炭步镇塱头村全民终身学习游学养基地充分发挥自然环境和岭南古村落文化优势，结合乡村振兴开展游学点建设，成为广州市率先挂牌的两个"全民终身学习游学养基地"。

（2）区老年干部大学狮岭分教点开创了党建引领下统筹社会力量发展老年教育的新模式，在引入社会培训机构教学资源的同时，通过成立基层党支部牢牢把握意识形态引导，抓好思想政治教育和开展社会公益活动，取得了良好的社会影响。区老年干部大学花东分教点发挥侨乡和归国侨民优势，围绕华侨文化开展具有特色的老年教育活动，在海外华侨中产生了良好的影响。

（3）建成完整的课程体系。花都区3所老年大学以老年群众学习需求为导向，加强老年教育课程建设，围绕本土传统文化，运用现代教育技术，打造出具有花都特色的老年教育线上线下学习资源库，逐步建成了深受本地区老年群众喜爱的课程体系。近年来，区老年开放大学共开设课程97门，区老年干部大学和区退管办老年大学也分别开设课程36门和16门，开发了"客家山歌"精品课程，联合广州市非物质文化遗产传承人刘土金编写了本地客家山歌教材，组织山歌队开展了客家山歌的教学推广；开发推出了"手钩花"传统手工艺制作课程，教授学员手工织制各种生活用品和装饰品，学以致用；"盘发""快乐厨房"和"保健推拿"等实用生活技能课程，丰富了老年人的生活。为了帮助老年人掌握现代生活技能，开设了"智能手机应用""计算机入门""手机图片编辑"和"会声会影视频剪辑"等现代生活技巧课程，帮助老年群众紧跟科技发展步伐，享受现代生活。此外，还开设了太极拳、舞蹈、合唱、钢琴、古筝、书画、形体和时装模特等广受老年群众欢迎的文体艺术课程。

在常规课程外，还提供了各类专题讲座、展演和比赛等学习活动。国家老年开放大学学习平台和广州市数字化学习中心的大量线上课程，可以供区老年开放大学学员自由选学。

3. 充分利用信息化手段。

除了利用常规的教材和教学方式之外，区老年开放大学成立了教学技术支持小组，助力课程教师开发教学视频，借助微信、教学平台等多媒体和远程教学技术教学手段，积极利用广州电大远程教育资源，鼓励学员参加广州终身学习网课程学习。特别是2020年上半年针对新冠肺炎疫情防控要求，区老年开放大学、区老干部大学等组织学员参与线上课程授课，开设了舞蹈、器乐、书法和美术等课程，有18000多人次参与线上学习，做到"停课不停学"。

（三）建设队伍，科研引领，科学实施老年教育工作

1. 不断壮大管理和教师团队。区委、区政府重视老年教育队伍的建设，分管副区长亲自抓老年教育，3所老年大学分别由区老干局、教育局、人社局副局长分管，并由专职业务主管负责日常管理。目前，区老年干部大学共有专职工作人员2名，区老年开放大学共有专职工作人员11人，区退管办老年大学共有专职工作人员4人，已超过常住老年人口每万人配备1名专职人员的标准。区老年干部大学有兼职教师30人，区老年开放大学有专（兼）职教师65人，区退管办老年大学有兼职教师10人。

2. 组建老年人志愿者服务队伍。志愿队踊跃参加各类公益演出、教育成果展演活动，参与创文创卫、扫黄打非、抗击疫情和关爱老人孤儿等志愿者活动，助力公益事业，服务老年教育，教育成果充分反哺社会。秀全街道老年学校和花港社区老年教学点的"秀全大妈"志愿者队伍在服务社区、参与基层社会治理、实现共建共享共治方面成绩显著，广受社会各界的关注和赞扬。

3. 建立完善的专家咨询指导机制。花都区先后引入多名老年教育专家指导老年教育科研工作，聘请相关单位的政策法规专家、行政和业务专家组成老年教育专家队伍，建立了专家库和专家咨询机制，推动了老年教育科研立项工作。

（四）特色鲜明，成效显著，创新发展老年教育工作

花都区通过党委领导、政府牵头、各部门的通力合作，近年来取得了一系列具有花都特色的办学成果。

1. 老年教育事业特色鲜明。

（1）科研引领促发展。一是2019年，花都区老年教育特色项目和特色体验基地项目通过了广州市教育局立项，并获得了专项资金支持。结合花都区打造粤港澳大湾区休闲旅游养老基地的定位和乡村振兴战略，着力推动特色乡村游学点

建设。以党建引领新农村建设的梯面镇红山村和具有岭南古村落建筑群资源的炭步镇塱头村成为全市首批"全民终身学习游学养基地",并在2019年挂牌。二是加强老年学习团体的建设。"自主学习组织教学模式探索"获得广州市教育局老年教育特色项目立项和专项资金支持,建设了老年自主学习型组织9个,开设常规课14门,举办活动9场,获得了各类奖项12个。基于自主学习组织建设实践的教科研项目"培育基层老年学习团体的实践研究"获得广州电大老年教育教科研特色品牌立项。

(2)开发特色课程。随着老年教育三级办学体系向基层延伸,区老年开放大学和区老年干部大学从基层吸取本土文化精华,加强了岭南文化特色课程和教学内容的建设。区老年开放大学就岭南文化特色项目立项课题3个,发表论文1篇,打造特色教育项目1个,开发了"客家山歌""手钩花""岭南书画"和"粤语"等本土课程。区老年干部大学开发了岭南书画相关课程。除了课程建设,区老年开放大学还着力扶持本土粤曲曲艺、楹联诗词等的民间学习团队的建设。通过这些课程建设和团队活动,岭南传统文化在老年人群中得到传承和发扬。

2. 老年教育事业办学成效显著。

(1)老年教育的满意度较高。据区老年开放大学开展的老年学习满意度抽样调查显示,2018—2019年学员满意率为96.7%;2020年受疫情影响没有开展线下课程和活动,只对线上网课教学进行了老年学习满意度抽样调查,满意率为97.4%。

(2)老年教育覆盖面和群众参与率高。花都区老年干部大学在服务退休老干部之外,还将教学资源面向区内全体老年群众开放,开办了3所街(镇)分教点,将老年教育服务向基层下沉。区老年开放大学除了大力向街(镇)—居(村)延伸办学外,还大量运用网络资源和远程教育手段扩大老年教育供给,让更多的老年群众享受政府提供的公益教育服务。区退管办老年大学也逐步扩大社会退休人员受众范围。据统计,区老年干部大学每年开设课程40多门次,2018年以来累计23626人次参与学习。区老年开放大学每年分4期推出常规课程约80门次,2018—2020年(截至上半年)共开设老年教育常规课程197门次,累计57545人次参与学习。区退管办老年大学共开设课程51门次,累计18103人次参与。3所大学从2018年以来合计开办老年教育活动约328门次,参与人数达到102441人次。

另外,花都区老龄办、文广新体育旅游、民政、来穗、司法、区文联、妇联、残联、各街(镇)与居(村)等日常还开展了大量面向老年人的宣教、讲座和培训等活动，参与人数达到356297人次。例如，老龄办及卫健局下辖的健教所、疾控中心、慢性病所在2018—2020年共举办面向老年人的健康教育课程和各类活动1241场，合计99423人次参与。

（3）老年教育事业硕果累累。一是区老年开放大学在2019年度广州老年开放大学系统表彰活动中被评为优秀学院，9人获评广州老年开放大学系统优秀教育工作者、9人获评优秀教师、8人获评优秀学员。2门课程被评为广州老年开放大学优秀课程。1篇论文获得广州老年开放大学优秀征文三等奖。教学成果项目"学习型社会建设背景下社区老年教育进基层'送出去'模式的探索与实践"被评为2019年广州市教学成果培育项目。2018—2019年，各级教学点艺术团体获得"美在金秋"老年人风采大赛等市、区级奖项8个。二是花都区老干部大学组织学员参加全国、省、市各类比赛活动获得丰硕成果，共获国家级奖项4个、省级奖项3个、市级奖项7个、区级奖项9个。有1人和2人分别获评为广州地区老年教育优秀教育工作者和优秀教育教师。三是花都区退管老年大学共有14个项目获得市级各类奖项。

3. 加大教育宣传，展示老年教育成果。

开设了老年教育宣传栏和公众号，定期发布老年教育工作的相关宣传信息、招生计划信息以及展示教学成果。花都区各类媒体重视和关注老年教育，电视台、电台、今日花都等媒体调研和报道花都区老年教育的情况，展示了花都区老年教育的发展成果。

四、存在的问题与发展方向

一直以来，花都区高度重视老年教育工作，深入贯彻落实《广州市推进老年教育发展实施方案（2018—2020年）》，积极推动老年教育事业发展。构建了老年教育的组织架构、运行机制，人员、经费、场地设施等得到了切实保障，老年教育工作落实到位。但仍存在一些不足，如各部门之间的资源整合程度、工作协调配合机制、工作考核督导体系方面都需要进一步改进，老年教育生均经费等专项资金配套尚未完善。

在今后的老年教育工作中，需要从以下4方面进行改进：一是关注农村社区老年教育，有效整合乡村教育文化资源，以农村老年人喜爱的形式开展教育活动。二是加强对农村散居、独居老人的教育服务，开展城乡老年教育对口支援，为农村社区老年教育提供支援。三是进一步丰富老年教育的内容和形式。积极开展老年人在思想道德、科学文化、养生保健、心理健康、职业技能、法律法规、家庭理财、闲暇生活、代际沟通和生命尊严等方面的教育，帮助老年人提高生活品质，实现人生价值。四是积极开发老年人群的人力资源，利用好老年群体这一宝贵财富，充分发挥老年人的智力优势、经验优势和技能优势，为老年人参与经济社会活动搭建平台、提供教育支持，鼓励老年人利用所学所长积极服务社会。

（本文由本书编委会依据2020年广州市老年教育工作专项督导中花都区提供的相关汇报材料和佐证材料整理。）

越秀区老年教育工作情况报告

老年教育是我国教育事业和老龄事业的重要组成部分,是推进学习型社会建设的强大动力,是越秀区公共服务系统的重要内容,更是"幸福越秀"建设的重要组成部分。近年来,越秀区认真贯彻落实党的十九大关于"老有所养"的目标,落实《国务院办公厅关于印发老年教育发展规划(2016—2020年)的通知》(国办发〔2016〕74号)、《广东省人民政府办公厅关于大力推动老年教育发展的实施意见》(粤府办〔2017〕41号)和《广州市教育局关于印发〈广州市推进老年教育发展实施方案(2018—2020年)〉的通知》(穗教发〔2018〕25号)的工作要求,积极应对区域人口老龄化,立足于老年人多样化的学习需求,提升老年人生活品质,不断提高为老年人服务的水平,完善老年教育工作机制,已初步形成了制度健全、职责明确、规划合理、多方参与、教学多样、资源丰富、保障有力的老年教育工作新格局,进一步夯实了区—街—社区三级老年教育体系,有效提升了各类老年教育机构的服务能力,在全区范围内营造了关心、关注和支持老年教育的良好风尚。

一、老年教育发展现状

截至2019年年底,越秀区60周岁及以上人口总数为30.71万人(比2018年度增长5.3万人),约占户籍人口总数的26%。目前,全区有老年大学3所,学员人数为2024人,18个街道共开设老年学校2所、社区老年教学站(点)20个,老年学校和教学点学员人数合计3201人。全区开设了老年教育学习体验基地1个,示范性学校及示范点4个,老年人才服务机构11个。全区达到了每1万人常住老年人口配备1名老年教育专职人员的要求。全区共有老年活动室201个,使用面积约34531平方米,日均活动人数约为4750人。全区有老年学术组织5个、老年协会139个,参加人数约28000人;有老年文化艺术和体育团体209个,参加人数约3700人。据统计,全区以各种形式经常性参与教育活动的老年人数约占区内常住老年人口总数的50%。

二、主要措施

（一）加强组织领导，完善老年教育工作机制

1. 加强领导，形成各部门协同推进老年教育的工作格局。越秀区坚持"党委领导、政府主导、社会参与、全民行动"的老龄工作方针，以扩大老年教育供给为重点，以提高老年人生活质量为目的，创新体制机制，加快完善体系，整合社会资源，激发社会活力，提升老年教育现代化水平，让老年人共享改革发展成果。

越秀区建立了由区委常委、区政府分管领导担任主任，相关职能部门、各街道和社会团体负责同志担任成员的议事协调机构（越秀区社区教育工作委员会、越秀区老龄工作委员会），定期召开工作会议，研究全区老年教育发展规划、重大政策和重点工作；建立了相应老年教育管理工作机构，每年制定加快发展老年教育的具体工作方案并组织实施。教育、老干、发改、民政、卫健、财政、人社、文广、旅游、体育、残联、社区教育学院等多个部门和各街道共同推进老年教育工作。2018年至今，已多次召开与老年教育相关的区级领导小组会议，形成了年度老年教育方案。区委党校、区教育局多次召开关于"长者学堂"、全民终身学习活动、社区教育工作的会议，指导开展了丰富多彩的老年教育活动。区委老干局、区人社局也分别指导其属下老干部大学和老年大学不断规范管理，为区内干部群众提供优质的老年教育服务。

2. 加强老年教育工作的具体指导。越秀区在区委党校（社区教育学院一院）的统一筹划下，建立了18个街道社区老年教育主题活动平台、20个"长者学堂"基地、多个"街坊学堂"课程资源库，加强了区老年大学与社区教育学院协同发展，整合了辖区内中小学、职业学校、少年宫、广州广播电视大学越秀区分校、越秀区图书馆等行业教育资源及社会公共资源，共同促进老年教育事业发展。

3. 构建资源网络，提升为老年人服务的水平。依托区委党校（社区教育一院）"街坊学堂"现有的课程、师资、教材及学习平台，设计了形式多样的老年教育活动课程项目。各街道社区教育分院充分利用文化站、社区图书馆、体育运动场所和社区广场等场地资源，开展老年教育活动。例如，华乐街办事处联合广

州思成公司于 2019 年 10 月开设长者学堂，立足"15 分钟生活圈"设立了 3 个教学点，开设了艺术、健康、智能手机应用等多种课程，开设之初便有 120 多名老年学员积极参与。

4. 加强监督指导。越秀区教育局定期对老年教育活动课程开展督导与指导工作，并把社区教育、老年教育纳入区教育科研课题申报指南中，邀请专家为课题申报单位指导开题、中期汇报及结题答辩工作。每年开展全民终身学习周活动，营造了全社会关心、支持和参与终身教育、老年教育的良好氛围。

（二）完善办学体系，扩充老年教育资源

1. 完善"区—街—社区"三级办学体系。2019 年，越秀区在社区教育学院一院加挂越秀区老年人学习体验中心牌子；同年，在 18 个街道分院和长者综合服务中心挂牌成立 20 个社区"长者学堂"。2020 年，区党校老年人培训部计划加挂越秀区老年人大学牌子，并面向社会办学，将服务对象扩大到社会老年人；同时，建成了北京街社区服务站的"康龄学苑"养教结合试点单位和"广府本草健康学堂"老年教育学习体验基地，并针对老年教育机构校舍面积、建设标准和设施设备配置等制定相应的安全保障制度，确保老年教学站点建设的规范化。

2. 加快示范性建设。自 2019 年以来，在越秀区委党校（社区教育一院）的指导下，北京街和珠光街率先成立了"长者学堂"，进一步深化具有越秀特色的居家养老型社区建设，通过"长者学堂"课程，宣传了老年人急需的维权、文化生活和健康养生等方面知识，更好地满足了社区老年人对美好生活的需要。越秀区着力推进"智慧健康养老"示范点和基地建设，2019 年已成为国家级试点。例如，白云街高标准打造智慧养老服务体系，重新选址升级改造日间托老中心，为社区老年群体提供了健身、娱乐、养生、交友、阅读等综合服务，创新建设了健康 e 站，并打造了全区第一所社区嵌入式精品养老机构（孝慈轩养老院）。

3. 鼓励和扶持社会力量参与老年教育。越秀区积极支持和鼓励社会各界通过捐助老年教育事业、参与举办老年教育机构等形式共同推动老年教育发展。2019 年 10 月，国家卫生健康委老龄健康司医养结合处处长汪丽娟、国家康复辅具中心助理研究员梁文渊、广东省卫生健康委老龄健康处处长潘正钦等领导一行到越秀区进行智慧养老项目考察调研，对越秀区"以社区养老为主体、机构养老为支持、政府购买居家养老为补充"的智慧健康养老服务体系给予了高度认可。

4. 完善课程建设，形成丰富的学习资源库。越秀区委党校（社区教育一院）公开发行了适合老年人的"二十四节气养生"明信片一套，公开出版了《社区以案说法》和《闲话南粤先贤》等教材，正在制作"红色越秀"明信片。开发了系列老年教育课程，例如，"长者学堂"开展了"老年人膳食指南""茶文化与养生""老人家捂好你的钱袋——各类对老投资陷阱揭秘"和"老年人如何使用手机挂号"等课程。区少年宫（社区教育学院二院）与老年学员共同开展了"集邮"文化课程。

5. 善用科技，养教结合，打造智慧教育品牌。越秀区社区教育学院一院及区属18个街道社区教育分院均有专职设备及场地开展老年远程教育课程。越秀区图书馆常年免费开展老年人电脑及上网培训班，整合优质资源，以信息化智能化为手段，构建了具有越秀特色的智慧健康养老"3+X"模式，得到了国家和省市有关部门的高度认可，越秀区成为广东省首批入选"智慧健康养老示范基地"的示范区。

（三）以人为本，加强老年教育的管理和教师队伍建设

1. 建立老年教育管理的专职机构和队伍。越秀区老年教育工作由区委党校（社区教育学院一院）统一管理，区委党校老年教育培训部负责具体实施。区委党校由分管社区教育的副校长负责老年教育工作；各街道、社区均有专职人员负责老年教育的相关工作；区委老干局属下老干部大学、区人社局属下退管办主办的老年大学均设置专职人员负责老年教育管理工作。

2. 加强专（兼）职教师队伍建设。建立区、街两级老年教育人才库，培养了一支结构合理、数量充足、素质优良的人才队伍，形成了以专职人员为骨干、兼职人员为主体、志愿者为补充的合理人才队伍结构。吸引高校、职校相关专业毕业生及相关行业优秀人才到老年教育机构工作，支持参与老年教育或从事志愿服务。社区教育学院一院、二院，各街道社区教育分院，均配有社区教育专职教师。2019年9月，区老干大学有2名教师（陈义成、马慧仪）被评为"广州地区老年教育优秀教师"，有1名教师（刘海阳）被评为"广州地区优秀老年教育工作者"。

3. 组建服务老年教育的志愿者团队。越秀区少年宫（社区教育学院二院）成立敬老服务队，每年春节、重阳节都到越秀区东山福利院、幸福老人院等单位开展敬老慰问活动。区老干部大学有老年志愿者40人（由退休干部、校长和教师组成），参与关心下一代工作委员会讲师团，协助社区开展老年教育，宣讲国学、科普、党的十九大精神等内容。金色年华俱乐部的老年学员制作了反映社区文化的视频作品。

4. 发挥专家咨询指导的作用。越秀区支持和鼓励学有专长、身体健康的离退休人员担任老年教育机构兼职教师，发挥了老专家、老教授、老中医等社会老年人才资源的作用。社区教育学院一院和二院每年均邀请相关专家开展教学研究课题的咨询指导工作。老干部大学建立了老年教育咨询人员库，咨询专家来自政府机构、大学、科研院所、媒体等多个领域。

（四）加强经费投入保障，提升老年教育条件

1. 加大对老年教育经费的投入力度。在列入区级财政预算的社区教育经费中统筹资金投入，支持老年教育事业发展，形成了政府、社会组织和学习者共同分担老年教育经费的机制。

2. 优化老年教育资源配置。近年来，通过社区老年教育工作的稳步推进，区内各类场地资源（包括全民健身活动中心、越秀区文化馆、党史廉政教育馆、万木草堂、越秀区图书馆等）都面向老年人开放，大部分社区因地制宜配备了适合老年人的运动器材，越秀区图书馆开设了方便老年阅览的区域，提供了适合老年人阅读的设备。

三、工作成效与特色

（一）保障老年人受教育机会，办学成效显著

越秀区创造教育机会让老年人就近学习，提供各种特色活动课程，让老年人的精神文化需求得到满足，老年教育的满意度逐步提高。目前，越秀区50%以上的街道建有老年学校，30%以上的居委会建有老年学习站。以"街坊学堂"为平台，打造了社区老年教育特色品牌。2019年，区内20个"长者学堂"共开展了60场长者活动。据统计，全区2019年共开展老年教育相关活动560场次，参加活动老年人约24万人次。2019年，"越秀区'街坊学堂'社区教育品牌建设的实践与探索"项目获得广东省教学成果二等奖。

越秀区老干部大学在满足本区离退休人员需求的前提下，面向社会招生，致力于把老干部大学打造成一个多学科、多学制、多层次、多功能的综合性老年教育基地，开设了经络、古筝、钢琴、摄影和影像艺术等累计32个科目。截至2019年，累计开班1466个，学员有35743人，共报读科目48193人次，开设的课程基本满足了区离退休老干部和社区老年人多样化的学习需求。越秀区人社局

所属的退休职工管理委员会办公室制定了《老年大学教学管理工作制度》，规范开展老年大学教育。2019年因场地装修，越秀区老干部大学采取在外租赁课室和与培训机构合作的方式进行教学。越秀区老干部大学于2018—2019年累计开办32个班，投入了资金25.4万元，参与学习的老年人有35354人次。

（二）发挥示范带动作用，突出办学特色

越秀区老年教育立足社区，倡导以"养教结合"提供便捷服务、以丰富内容提升生活品质、以团体活动激发老年人活力、以鼓励社会参与扩大发展空间的老年教育理念，为老年人便学、智学、乐学提供了良好的机会和广阔的舞台。

1. 养教结合试点多、辐射广。北京街社区服务站的"康龄学苑"成为养教结合的试点单位。2019年12月，白云街、建设街、农林街3个街道被工业和信息化部、民政部和国家卫生健康委员会认定为第三批"智慧健康养老示范街道"，越秀区被认定为第三批"智慧健康养老示范基地"。

2. 线上和线下课程内容丰富。依托20个"长者学堂"，开展书法、茶文化、中医养生、民俗端午等特色课程。利用街道文化站、长者学堂、社区图书馆、越秀区图书馆开展老年人线上和线下课程。鼓励老年人参与广州老年开放大学"云课堂"课程。区老干大学80%的学位面向社区开放，为零基础学员提供了钢琴、古筝、摄影、图片处理、影像、录像、声乐和舞蹈等课程，深受老年学员欢迎。学员演奏的古筝曲目《春江花月夜》被广州电视台选为2020年春节网络电视现场演出节目；48名古筝学员获得中国民族管弦乐学会颁发的考级证书；多名学员的钢琴、书画、摄影作品在各种比赛中获奖。

3. 老年乐学，团体活跃。目前，越秀区有176支老年文艺队、33支老年体育队，各种团队活跃在各街道和社区，如乐show合唱团、城市原点欢乐舞蹈队、越秀梦之舞艺术团、南星艺术团、风韵艺术团、广州市广府之声、广州茉莉花艺术团和广州登峰枫声合唱团等。以上团体均在2019年广州市社区教育优秀评选中获得"优秀学习团队"荣誉称号。全区老年教育学习共同体团队4个，分别是广府音乐学堂团队、广府本草健康学堂团队、兰圃园林学堂团队、"左邻右里"团队。

4. 服务社会，促进和谐发展。越秀区注重推动老年社会团体与大、中、小学的合作，发挥老年人在教育引导青少年继承优良传统方面的作用。例如，区关工委积极扩大"五老"队伍，发动社会力量参与关心下一代工作。区关心下一代工作委员会与农讲所纪念馆组成讲师团前往广州市新穗学校进行"传承红色基因，争做时代新人"和"弘扬宪法精神，普及宪法知识"两个主题的教育活动；与共青团、少工委等部门联合主办2019年越秀区"学雷锋"系列活动。区社区学院、老干部大学多名学员成为广东省、广州市的书画、摄影协会会员，并用他们所学的知识和实用技巧为社会服务，做到了学有所成、学有所用，为老年人融入社会、服务社会搭建平台。

（三）教育科研引领，促进品质提升

越秀区社区教育学院有多项科研项目已结题并发表了相关论文。2018年广州市社区教育项目"打造越秀居民美好生活品质——'健康直通车'的培育与提升"（主持人：区委党校何敏聪）已结题。2019年4月至今，区社区教育学院教师撰写的《广州市越秀区社区健康教育的实践与探索》《社区教育活动育人功能的思考》和《浅谈社区教育课程对青少年全面发展的促进作用——以越秀区少年宫为例》等多篇论文在学术期刊发表。教学实践研究成果"'街坊学堂'社区教育品牌建设的实践与探索"获得广东省教学成果二等奖（社区和老年教育类），"越秀区体验式学习基地的实践与探索"被评为"广州市社区教育教学成果培育项目"。

越秀区多次组织各级干部、老年教育专（兼）职教师学习《广州市推进老年教育发展实施方案（2018—2020年）》的精神，与民政部门合作，对越秀区居家养老情况进行调研，了解越秀区老年人的学习需求，努力探索一条符合越秀区特色的老年教育之路。

（四）做好老年教育宣传展示，营造良好氛围

越秀区充分发挥线上线下宣传平台的作用，定期发布老年教育工作计划和培训信息。例如，社区教育学院一院利用"街坊学堂"微信公众号，定期更新老年教育课程信息。同时，公众号设置"开讲预告""学堂风采"等栏目，推送讲座和活动信息，包括珠江街长者学堂垃圾分类讲座、建设街全民终身学习周活动、榕桂长者活动中心的环保清洁活动等信息。又如，区老干部大学利用LED多媒体橱窗以及公众号定期发布招生教学信息、教学成果、教学汇演及团队活动的信息。长者学堂通过组建老年人微信群，发布活动课程信息。此外，充分利用全民终身学习活动周的平台，面向不同老年人群体积极开展主题突出、特色鲜明、形式多样、内容丰富的学习活动，营造全民学习氛围，引导更多的老年人参与终身学习，进一步推动了全民阅读以及社区教育和老年教育资源开放共享。

四、存在问题及展望

（一）加强和完善老年教育工作协调机制

老年教育工作涉及部门多、范围广，需进一步加强和完善由党委领导、政府统筹、多部门共同参与的老年教育管理体制和工作机制，加强对老年教育的统筹管理和整体规划，优化老年教育工作协调机制，更好地推动越秀区老年教育发展。

（二）提升老年大学办学条件和服务社会的水平

继续加强区级老年大学建设，拓宽老年大学、老年学校的办学空间，切实改善办学条件，推动各类老年大学逐步面向社会办学，将服务对象范围扩大到社会老年群体。

（三）加强老年教育队伍建设

要进一步加强老年教育教师队伍建设，完善老年教育教师岗位培训制度，提升老年教育教师的专业工作水平。

（四）加强宣传引导，鼓励多元参与，促进质量提升

老年教育是全社会共同的事业，要从积极应对老龄化、推动终身教育体系构建和发展"老年经济"的战略高度出发，加强政策措施方面的宣传引导，做好示范点建设、老年教育活动的典型案例总结报道，支持和鼓励全社会关心、参与老年教育，综合运用多种渠道、多种方式发展老年教育，推动越秀区老年教育事业迈上新的台阶。

为使广大老年群众学有所乐、学有所用，越秀区将持续以"幸福越秀"建设为目标，对标老年教育先进地区，继续找差距、挖潜力、补短板、促提质，立足老年人接受终身教育的需求，着力提升老年教育品质，为老年群体提供更均衡、更充分的教育资源，让老年人享受到更加丰富、便利、优质的老年教育。

（本文由本书编委会依据2020年广州市老年教育工作专项督导中越秀区提供的相关汇报材料和佐证材料整理。）

天河区老年教育工作情况报告

一、基本情况

天河区地处广州城区东部，是广州市建设现代化国际大都市和国家中心城市的核心区。区域面积 137.38 平方公里①，常住人口 223.40 万，户籍人口 96.5 万，其中，老年人口 13.7 万，占户籍人口的 14.19%；辖区内有 21 个街道，217 个社区（居委）。2019 年，天河区实现了地区生产总值 5047.4 亿元，连续 13 年位列全市第一，成为广州建设国家中心城市的核心区和代表广州参与国际竞争的主力区；天河区城市文明水平一直处于领先地位，连续多年在广州市城市文明程度指数年度综合测评中排名第一；社区服务体系不断完善，获评第一批"全国和谐社区建设示范城区"。

二、开展老年教育工作情况

（一）加强组织领导，构筑老年教育保障体系

1. 建立机制，统筹协调老年教育全面发展。天河区委、区政府高度重视老年教育工作，以终身教育理念为长期指导思想，按照《国务院办公厅关于印发老年教育发展规划（2016—2020 年）的通知》（国办发〔2016〕74 号）、《广东省人民政府办公厅关于大力推动老年教育发展的实施意见》（粤府办〔2017〕41 号）和《广州市推进老年教育发展实施方案（2018—2020 年）》的要求，坚持"党委领导、政府主导、社会参与、全民行动"的老龄工作方针，建立健全党委统一领导、党政齐抓共管、部门负责的老年教育领导体制，将老年教育作为实现

---

① 1 公里 = 1 千米。

终身教育和建设学习型社会的基础,纳入了天河区国民经济和社会发展第十三个五年规划当中,并作为重点项目大力推进。

在开展老年教育工作中,天河区建立了"党政统筹领导、教育部门牵头、有关部门参与、社会积极支持、社区自主活动、群众广泛参加"的老年教育管理体制和运行机制,成立了以分管教育的区领导为组长、区教育局等多个职能部门和21个街道负责同志为成员的天河区老年教育领导小组;建立健全了老年教育三级网络,形成了党委、政府统筹,教育、宣传、人社、文化、民政、工会、共青团和妇联等有关部门协同参与的老年教育工作机制,使老年教育服务深入到每个家庭,保证了老年教育的深度和广度。

2. 强化职责,确保老年教育责任落到实处。天河区政府作为老年教育工作的责任主体,认真贯彻上级文件精神,以构建终身教育体系和建设学习型社会为目标,创新老年教育管理体制,积极推动了老年教育工作深入开展。区教育局作为老年教育的牵头部门,认真履行职责,把老年教育纳入民生工程;将老年教育工作纳入经济社会发展规划、年度工作计划及目标管理,相继印发了《广州市天河区推进老年教育发展实施方案(2018—2020年)》《天河区老年教育义工工作管理制度》《天河区老年教育表彰奖励制度》和《天河区教育局关于加强老年教育机构建设的意见》等一系列配套制度;同时将老年教育工作纳入教育专项督导范围,使老年教育逐步走上制度化、规范化的轨道,有效地推动了老年教育的深入开展。有关部门、各街道把老年教育纳入本部门(单位)工作的重要职责范围,制定工作方案,安排具体负责人员。建立完善老年教育工作部门沟通与协调机制,广泛组织发动单位、社会团体和社区居民参与老年教育,培育多元化老年教育主体,形成了目标一致、资源共享、相互合作、共同参与的老年教育管理体系。

(二)统筹协调,推进老年教育加快发展

1. 整合联动,推动落实老年教育建设项目。近年来,天河区充分挖掘区委老干部局、区人力资源和社会保障局、区民政局、区卫生健康局等相关部门人力、物力和信息等方面的优质资源,参与老年教育教学资源开发,并提供各类教育培训服务;加强示范性老年大学、基层老年学校及老年教学站建设,推动区电大、区委老干部活动中心和区退管办等单位实现设施统筹、信息共享、服务联动,发挥了示范引领作用;依托区电大,建设延伸至街和社区的老年教育三级办学体系。整合利用现有的社区教育机构、社工站、家庭综合服务中心等教育资源,加挂街道老年学校、学习站的牌子,并开展老年教育活动。目前,经多方努力,全区建有3所老年大学(区电大、区老干中心、区退管办分别加挂区老年大学的牌子),21个街道成立了老年学校,85个居委成立了老年学校教学站,创建了 1 所区级示范性老年大学(区电大),建设了 1 个区级居家养教结合示范中心,培育了 2 所老年示范性学校和示范站,全面完成了全区"十三五"期间老年教育的建设目标。

2. 多方投入,确保专项经费落实到位。天河区坚持老年教育的公益性质,进一步完善了"政府拨一点、社会筹一点、单位出一点、个人拿一点"的老年教育经费保障机制,采取了多种方式努力增加对老年教育的投入,重点加强了对 3 所区级老年大学、各街道文化站、社工中心和星光之家的教育配套设施的建设,为老年群体创建了良好的老年教育活动场所。目前,3 所区级老年大学和部分老年学校均配有电子阅览室、舞蹈室、书画室、健身室、活动室和民乐室等活动场所,全区各类老年教育场地资源共享,发挥了最大效应。

3. 创造条件,配齐配强老年教育队伍。目前,天河区通过盘活资源、创新办法、挖掘潜力,建立了一支能够适应老年教育管理要求的素质较高、专(兼)职结合的老年教育管理队伍,组建了一支相对稳定、适应老年教育需要的专(兼)职和志愿者结合的老年教育辅导员(师资)队伍。据统计,全区共有老年教育专职管理人员 30 人,其中区专职管理人员 9 人,街道专职管理人员 21 人,老年教育兼职管理人员 300 人。此外,区老年大学、老年学校和社区老年教学站都配备了能胜任老年教育工作的兼职教师队伍,有力地保障了各类老年教育活动的顺利开展。

(三) 多措并举,提升老年教育服务水平

1. 依托阵地,开展寓教于乐的教育活动。区电大、区委老干部活动中心和区退管办 3 所挂牌的区级老年大学以及区居家养教结合示范中心,都积极开设了国画、唱歌、舞蹈、摄影、书法、中医经络养生和艺术插花等多种课程,为开展老年教育发挥了积极作用。区电大不断创新教学模式,逐步面向社会办学,将服务对象扩大到各类老年群体,每年为老年群体免费开办国画、舞蹈基础等课程,接受教育的老年人数量超过 1000 人次。区老干部活动中心每年开办 30 余个教学班,在读学员 1000 余人,参加培训的老年人达到 1800 多人次。区退管办在 6 个街道的分教点开设 12 个班,免费开设 60 多门课程,接受教育的老年人近 2000 人次。区居家养教结合示范中心打造了"文化养老"特色服务,开设了老年大学堂,每年设 3 个学期,开设 91 门课程,提供了近 3700 个学位,服务人员 5000 多人次。各街道和居委会开展了形式多样的老年教育活动,每年服务人数超过 5 万人。据统计,全区以各种形式参与老年教育活动的人数超过全区老年人口总数的 30%。

2. 加强宣传，营造终身学习良好氛围。3 所区级老年大学依托国家数字化资源中心、国家开放大学、广州市广播电视大学和广州市继续教育学习网等在线学习资源，开设了微信服务号，为辖区老年群体提供网络学习咨询服务。借助现代教育技术和网络平台进行老年教育宣传，扩大了老年教育的社会影响力；同时，通过举行竞赛、有奖互动等活泼的形式展开宣传，让社区老年居民知晓、参与和支持老年教育工作。

3. 搭建平台，满足老年群体多样化教育需求。首先，积极开展老年人思想道德、科学文化、养生保健、心理健康、家庭理财、闲暇生活、代际沟通和生命尊严等方面的教育，帮助老年人提高了生活品质，实现了人生价值。其次，组建了各级老年人合唱团、乒乓球队、太极拳队、国标舞队、台球队及书画摄影队等队伍，以社会主义核心价值观为引领，弘扬主旋律，传播正能量，以人民群众喜闻乐见的文体活动为载体，搭建老年群体展示才艺的平台，展现了当代老年人热爱生活、蓬勃向上的精神风貌。再次，创新教学方法，将课堂学习和各类文化活动相结合，引入"互联网＋社区讲座"理念，打破时空限制，做到线下面授和线上微课堂同步，探索了线上线下相融合的数字化学习新模式，引导开展了读书、讲座、参观、展演、游学和志愿服务等多种形式的老年教育活动。2020 年疫情期间，区老年大学依托市电大系统网络教学平台，共开设了近 200 门网络教学课程，实现了"人人皆学、处处可学、时时能学"的目标。最后，区老年大学坚持送教上门，定期在街道开设各类课程，并根据老年人的需求安排教学时间，满足了老年人多样化的学习需求，得到了社区老年居民的充分肯定。

（四）发挥优势，助力和谐平安社区建设

1. 打造品牌，不断深化老年教育内涵。天河区通过举办社区论坛、居民代表座谈会、专题议事会及面对面访谈等活动，广泛听取社区老年人代表的意见和建议，切实了解老年人的学习需求。天河区依托街道基层组织，建成老年教育管理体系，为老年人终身学习和自我完善提供了及时有效的服务，并形成了社区教育品牌，为社区的和谐稳定发挥了积极作用。例如，"终身教育大讲堂""全民终身学习活动周""道德讲堂"和"文化入基层名家进社区"等一批有影响力的品牌社区教育项目，提高了老年人的生活品质和文化素养，为构建"干净、整洁、平安、有序城区"增添了新的内涵。

2. 注重传承，推动老年教育特色发展。从区域发展不均衡的实际情况和老年人多样化的学习需求出发，因地制宜开展了各种类型的老年教育活动。天河区结合当地历史、人文资源和民俗民风等特色，推动了老年教育特色发展。其中，员村街心声合唱团通过唱红歌唤起了人们的红色记忆，兼具思想性和艺术性，弘扬社会主义核心价值观，引领了社会风尚；凤凰街的"客家山歌"、猎德街的"龙舟文化"和棠下街的"红色经典文化"都注重传统文化的传承和创新，发挥了老年人在传承中华优秀传统文化方面的积极作用，彰显了长者风范。鼓励老年人利用所学所长，在科学普及、环境保护、社区服务和治安维稳等方面积极服务社会、奉献社会。

3. 专家引领，促进老年教育优质高效发展。天河区重视课程研究，邀请专家举办老年教育讲座和各级各类培训班，大力开发校本课程，凸显学校办学特色；积极申报老年教育课题，区电大"基于天河区地域民俗文化的老年教育课程协同开发与应用"课题申报广州市老年教育特色品牌培育项目获批立项。天河区鼓励并支持区老年大学边实践边研究，提高了教学质量，促进了内涵发展。

通过建设老年教育品牌带动特色发展，辖区内老年人的道德水平、技能水平、参加公益活动的意识等明显提升，主动参与学习、培训、活动的老年人越来越多，社区老年人的生活品质日益提高。

三、存在的主要问题及整改措施

天河区老年教育还存在以下不足之处：一是老年教育课程的开发和建设研究有待加强；二是全区老年教育培训资源和职能分散，尚未形成合力，需要进一步完善老年教育体系。

针对以上问题，天河区将坚持创新、协调、绿色、开放、共享的发展理念，按照协调推进"四个全面"战略布局的要求，以扩大老年教育供给为重点，以创新老年教育体制机制为关键，以提高老年人的生命和生活质量为目的，整合社会资源、激发社会活力、提升老年教育现代化水平，让老年人共享改革发展成果，努力开创"老有所教、老有所学、老有所为、老有所乐"的新局面。具体整改措施主要包括以下两点。

一是立足天河区域优势，总结提升老年教育的发展规律，加大力度研发特色鲜明的区域老年教育课程，促进老年教育内涵发展，全面提高老年教育水平。

二是加大三级老年教育网络资源整合和平台建设，进一步优化整合各类教育培训资源，形成合力，切实提高老年教育服务效率。

（本文由本书编委会依据2020年广州市老年教育工作专项督导中天河区提供的相关汇报材料和佐证材料整理。）

黄埔区老年教育工作情况报告

一、基本情况

黄埔区与广州开发区是行政区与功能区融合发展的区域。2015年9月1日，新黄埔区正式挂牌成立。目前黄埔区与广州开发区实行深度融合的管理体制。全区行政区域总面积484.17平方公里，辖16街1镇。目前，全区常住人口111.41万人，户籍老年人口7.6748万人。全区建有2所老年大学，65%以上的街（镇）建有老年学校，27个居（村）建有老年教学点，以各种形式经常性参与教育活动的老年人占全区老年人口总数的比例为30%以上。

二、措施与成效

（一）建立健全老年教育管理体制

黄埔区委、区政府对老年教育工作高度重视，将老年教育工作纳入经济社会年度工作计划，作为民生工程予以保障。2018年，区政府调整了黄埔区社区教育工作领导小组成员，并明确提出老年教育是社区教育的重点工作。2020年，区政府再次调整了黄埔区社区教育工作领导小组成员，以分管副区长为组长，组织部、宣传部、区委老干部局、区发展和改革局等有关部门及16街1镇领导为组员，下设办公室，负责统筹、协调、指导全区社区教育和老年教育工作。各街（镇）相应调整了社区教育工作领导小组，并指定专人负责落实老年教育相关工作。全区建立健全了党委统一领导、党政齐抓共管、职能部门负责的老年教育领导体制。

（二）完善老年教育运行机制

黄埔区制定了《黄埔区推进老年教育实施方案（2018—2020年）》，明确了各部门的任务和分工。由领导小组办公室牵头，以交流、合作、共赢的方式，协调内部改革与发展的共同需要，整合了区域内各类场地资源向社区老年人开放，现已实现体育馆、文化馆、博物馆、图书馆等场地的老年教育资源对老年人定时开放。各街（镇）建立了居家养老综合服务平台，进一步扩大了老年教育服务功能，启动了区域老年养教结合的试点工作。协调资源共享，提高了资源的使用效率，有组织地向老年教育机构提供资源服务，推进了老年教育的社会化进程，全社会参与举办、关注支持老年教育的意识也进一步提升。

（三）推动老年教育布点工作

黄埔区切实落实老年教育实施方案，初步实现50%以上的街（镇）建有老年学校，30%以上的居（村）建有老年站（点），区—街（镇）—居（村）三级老年教育办学体系布局已基本形成。区教育局与广州老年开放大学黄埔学院（广州市黄埔区广播电视大学）（以下简称"黄埔学院"）合作，积极推进区老年学校和老年教学点的设立和办学工作，并商请各街（镇）协助配合，在基层老年学校及教学站点建设方面给予支持。目前，已完成对全区16街1镇的选点布点实地考察，现已有11个街（镇）老年学校、27个居（村）教学点得到备案批复并挂牌。

（四）扩大老年教育资源供给

积极推动区老年（老干部）大学、黄埔学院面向社会办学，支持黄埔区社区学院开展老年教育，完善街（镇）老年教育服务体系，整合利用现有的社区教育资源，开展形式多样的老年教育活动。

黄埔区、广州开发区老年（老干部）大学是区委老干部局直接管理的公办非学历老年人教育机构。多年来，注重构建多学科、多层次、多形式的老年教育体系。学校办学之初只有3个课程班、400多名学员。目前，已有55位专业课程教师，开设了卫生保健、书画摄影和形体艺术等7个系、17个专业、77个课程班，在校学员达到2500人次，累计2500人次老年学员完成所学课程并顺利结业。

黄埔学院依托国家开放大学（广州）老年开放大学办学系统，从实际出发，立足老年人接受终身教育的意愿与需求，以3个校区（大沙地校本部、萝岗分校、西区分校)为中心点,开展老年教育,普及全区。2019年以来,开展了线上线下相结合的老年教育共97场,惠及人数达到6000人。

黄埔区社区学院牵头组织在各街(镇)、居(村)面向老年人开展各类老年教育活动共90场次,惠及人数达到3000人次。老年教育活动包括消费者权益保护、书法培训、法律法规援助、美术、广场舞、粤剧、太极拳和预防诈骗等各类内容。

各街道立足社区老年人的学习需求,整合利用养老资源,在街道社工服务站和文化站设置了老年人学习活动室,每个社区都建有星光老人之家,为社区老年人提供了阅读与娱乐场所。各社区都发展了老年文艺队伍,为老年人提供书法、国画、棋艺、戏曲、舞蹈、音乐和摄影等领域的指导,丰富老年人的退休生活。据统计,近年来开展各类老年教育培训活动共计184场次,惠及人数达到11300人。

(五)打造老年教育三级办学体系

根据黄埔区域面积较大、老年人居住分散的实际情况,按照资源共享、以点带面、点面结合的工作思路,区老年(老干部)大学、黄埔学院和黄埔区社区学院积极探索将学习阵地向基层延伸,向老年人学习意愿强烈且人数较多的街道、社区延伸;利用街(镇)居家养老综合服务平台、社区文化站等阵地,共建共享、合理配置资源,以扩大老年教育供给为重点,开展了养教结合新模式,着力打造了区—街(镇)—居(村)三级老年教育办学体系。目前,区老年(老干部)大学,已设立东苑校区、天河南校区、长洲分校、夏港分校和金峰园分教点;黄埔学院已在11个街(镇)设立了老年学校,并在27个居(村)设立了教学点。

(六)建立多样化的老年教育活动平台

黄埔区财政局从区老年教育工作实际出发,不断加大对老年教育的投入。2020年共下拨1300余万元,用于开展政治、文化、娱乐、交流联谊、体育、健身和公益等各项老年教育活动,以丰富老年人的业余生活。目前,各街(镇)老年教育机构以活动为载体,让老年人在多种多样的活动中潜移默化地坚定社会主义核心价值观,发挥自身正能量,做出新贡献。同时,在现有活动阵地的基础上,挖掘特色、打造品牌,不断丰富教学形式和内容,充分发挥了平台优势,做好资源整合和服务体系建设。

三、存在的问题及努力方向

目前，存在老年教育发展尚未达成社会共识，对发展老年教育的重视程度有待提高，经费投入和人员配备不足，老年教育建设水平还不能与全区经济发展地位相匹配，老年教育的发展状况不够平衡等问题。为解决上述问题，应从以下三个方面做出改进。

（一）进一步提高认识，加强对老年教育的领导

黄埔区各级党委、政府及各行政职能部门要采取更加有力的措施，把办好老年大学、老年学校、老年教学点作为造福老年人群的系统工程来抓。建立老年教育投入与经济社会发展水平和老年人口增长挂钩的调节机制。遵循教育的普遍规律，并和老年教育的特殊规律相结合，加大对老年教育的投入，加快老年大学（学校）的硬件和软件建设。

（二）进一步完善老年教育办学体系，巩固和发展基层老年教育

各街（镇）老年学校要积极探索函授和面授相结合的老年教育新路径，在扩大学员对象和开展专业课程建设上下功夫，加强和完善区三级老年教育办学体系。坚持把老年教育重点放在基层，立足居（村），发展社区和农村的老年教学点，方便老年人就近入学，让更多的老年人有机会进入老年学校学习。坚持普及与巩固、提高相结合，积极扩大老年教育的普及面。把老年教学点建设与社区文化活动中心、社区学校和综合养老服务平台等建设结合起来，办好基层老年教学点。

（三）进一步加强老年教育示范点建设，促进老年教育向纵深发展

加强示范性老年大学、老年学校及教学站点建设，已经挂牌的11所街（镇）老年学校和27个居（村）老年教学点要不断提高办学水平，努力发挥示范和指导作用。区老年（老干部）大学、黄埔学院、区社区学院，要发挥指导职能，整合区域内各类可以利用的资源，统筹建设具有当地特色的示范性老年教育学习体验基地。进一步了解老年人的学习需求，充实老年教育的师资队伍；加强老年教育教师的培训，不断提高老年教育工作者的理论与实践水平。

（本文由本书编委会依据2020年广州市老年教育工作专项督导中黄埔区提供的相关汇报材料和佐证材料整理。）

增城区老年教育工作情况报告

为全面贯彻党和国家对老年教育工作和终身学习体系建设的要求，增城区委、区政府高度重视老年教育工作，根据老年教育发展的趋势和需求，制定了相关工作方案，整合了老年教育资源，创新了老年教育模式，提升了老年教育的质量。

一、基本情况

广州市增城区位于广州东部，地处珠三角东岸经济带黄金走廊，是历史悠久、风景秀丽、人文荟萃的"荔枝之乡"和生态旅游示范区。增城区区域面积为1616.47平方公里，下辖7个镇、6个街道办事处、284个行政村和63个社区，全区常住人口126万人，其中，全区老年人口有129954人。增城辖区内的增城经济技术开发区是广州三个国家级经济技术开发区之一。

近年来，增城区提出了"建设广州东部城市副中心和现代化中等规模生态之城"的战略目标。为了进一步提升区域内的教育质量，打造教育品牌，为社会经济发展提供充足的人才保障和智力支持，增城区立足实际，坚持教育优先发展战略，积极统筹城乡和各级各类教育协调发展和优质发展。增城区先后被评为"国家级职业教育和成人教育示范区""广东省社区教育实验区""广东省推进教育现代化先进区"。

随着人民生活水平的提高，增城区把大力发展老年教育作为完善终身教育体系的重要手段。目前，增城区有老年大学1所、区线上老年大学1所、区老年教育学习体验基地1个；镇（街）老年学校10所，镇（街）的覆盖率为76.9%；村（居）老年学习中心116个，村（居）的覆盖率为33.4%；老年示范学校1所（中新镇老年学校）和示范村（居）老年学习中心1个（永宁街凤馨苑社区老年学习中心）；养教结合试点2个（荔城、新塘家庭综合服务中心）。2019年以各种形式经常性参与教育活动的老年人共有72371人，占全区老年人口总数的比例为55.7%，进一步提升了老年教育覆盖率。全区老年教育布局较为合理，教育教学场地、设施能较好地满足老年教育活动和发展的需要。

二、主要措施和做法

（一）强化政府职责，把推进老年教育工作摆在重要位置

增城区根据国家、省、市发展老年教育的文件精神，制定了《广州市增城区发展老年教育工作方案》（以下简称《方案》），要求区直部门按工作分工，各司其职，明确各项任务指标，并由区教育局不定期牵头召集相关部门研究督促相关任务的落实。在此基础上，进一步强化了组织保障，健全了管理机制。

一是强化组织领导，完善工作机制。建立健全了党委统一领导、党政齐抓共管、部门负责落实的老年教育领导体制；各镇（街）均建立由党（工）委领导、政府统筹、教育牵头，组织（老干）、民政和文体等部门密切配合，其他相关部门共同参与的老年教育管理体制，落实了老年教育工作领导小组（或联席会议制度），明确了相关主体部门责任；根据广州市督导要求，从2020年起，镇（街）政府将老年教育工作纳入镇（街）政府工作绩效考核内容，建立了镇（街）政府老年教育工作督导问责机制，以督导为契机，推进老年教育的发展。

二是完善投入机制，加强培训工作管理。区政府建立老年教育投入机制，进一步制定统计规范、发展规划、激励机制等方面的标准和工作制度；每年由区社区教育领导小组办公室牵头对当年社区教育、成人教育和老年教育情况进行统计；老年教育经费投入参照《增城市成人社区教育专项经费管理办法》（以下简称《管理办法》），每年按办学机构的培训量及培训效果计划下一年的经费，并根据《管理办法》切实加强对项目经费的管理。

三是加强日常教育教学业务指导，办好老年教育成果展。每年及早制订本区的老年教育年度工作计划，按计划积极推进老年教育工作。区线上老年大学主要依托广州市老年开放大学的网络服务体系，将外部老年教育的网络与学校内部的校园网联网共用，独立的老年教育网络正在建设中。结合每年终身教育活动周，由区、各镇（街）、相关院校将老年教育工作成果一并在活动周启动仪式上展示，大力宣传了区老年教育办学成果，营造了良好的老年人学习氛围，各类老年教育品目牌项目在终身教育活动周中得到了推广。

（二）进一步整合利用资源，完善老年教育办学体系和推进教育资源建设

1. 建成了区、镇（街）、村（居）的三级老年教育办学体系。根据《方案》及《广州老年开放大学老年学校镇（街）、老年教学点村（居）选点建设标准（试行）》要求，依托各类老年教育办学资源，通过新建、改建、整合建设等方式，建成了区、镇（街）、村（居）的三级老年教育办学体系，落实了老年教育布点的任务。

一是建成了1所区老年大学。区老年大学（原老干部大学）是按示范性老年大学标准建设的老年大学，位于荔城街和平路22号（原增城市委大院），用地面积12767.5平方米，总建筑面积18162平方米，总投资15000.34万元。该项目于2018年8月27日动工，于2019年12月完工并交付使用。

二是建成了1所区线上老年大学。区线上老年大学（区老年开放大学）主要依托广州市老年开放大学的网络服务体系，将外部老年教育的网络与学校的内部校园网联网共用。本区独立的老年教育网络正在建设中。

三是建成了1个老年教育学习体验基地。区老年教育学习体验基地（区社区教育学院）位于增城区荔城街侨中路3号，交通便利，环境优美。校园占地面积8668平方米，校舍建筑面积16500多平方米。现有教职员工32人，其中在编教职工23人，专职教师11人，管理人员12人，外聘兼职教师35人，志愿者团队20人。目前，基地开设了陈式太极拳、合唱（声乐）、客家文化、粤曲、民族乐器、仪表礼仪、旗袍文化、茶艺与养生、八段锦、老人居家安全、实用英语口语和中西面点等20多个老年教育培训体验课程。培训课程采取了"教师指导教学、学员自主管理、学教互动"的模式进行老年教育教学工作。

四是各镇（街）研究和制定了老年教育布点规划，落实老年教育的布点任务，做好老年学校申报工作。经各镇（街）布点规划、建设、申报，至2020年3月份，已有7个镇（街）建成了老年学校，占全部镇（街）的53.8%，已超过广州市相关文件规定的50%的镇（街）建成老年学校的要求。

五是各镇（街）建立了村（居）老年学习中心。目前，经审核和备案，全区已有36个村（居）建成了老年学习中心，第二批备案（2020年7月中旬申报备案）后将超过30%的村（居）建成老年学习中心，能就近提供老年教育服务。

六是建成2个养教结合试点。建有家庭综合服务中心站15个，开展了老年养教结合服务，经过区民政局和相关镇（街）遴选，选定了荔城街、新塘镇2个

家庭综合服务中心创建老年教育养教结合试点。

2. 积极推进示范性院校、老年教育学习体验基地和村（居）老年学习中心建设。

一是区老年大学按示范性老年大学标准建设，高起点办学，该校计划3年内申报国家示范老年大学。推动了区社区教育学院创建区示范性老年教育学习体验基地。在区社区教育学院基础上，统筹建设具有地方特色的示范性老年教育学习体验基地。该体验基地开设了书法、舞蹈、声乐、国学养生、礼仪模特、太极、烹饪和阅览等20多个老年学习体验项目，在老年教育学习体验中起到了示范作用。

二是培育老年示范基层老年学校及学习中心。新塘镇老年学校在原省级成人学校基础上建设，与成人学校资源共享，按照老年人的学习特点设置相关场室及课程，积极推进了老年教育的培训、研究和体验工作，在镇（街）办学模式示范、教学业务指导、课程资源开发等方面对区域内老年教育发挥了带动和引领作用。永宁街凤馨苑社区老年学习中心原是区老年大学基层分校，多年来开展社区老年培训和体验活动，在村（居）老年教育工作中起到了示范引领作用。

3. 综合利用公共教育场所，提供多元化的老年人学习服务。积极整合文化馆、图书馆、博物馆和体育馆等文化体育场所，为老年人开展舞蹈、音乐、书画展和灯谜等活动。在图书馆开设老年阅览区域，提供适合老年人阅读的设备。同时，鼓励和支持镇（街）利用文化站、综合性文化服务中心的设施，为老年人提供文化体育活动场所，不断丰富老年人的精神文化生活。

4. 加强课程和学习资源建设，满足多元化的老年人学习需求。老年教育院校根据老年人的学习意愿设置相关课程，不断完善老年教育课程建设，丰富了老年教育课程资源。区老年大学、区老年教育学习体验基地等院校采用选购、自编、自制等方式，不断完善老年教育课程建设，初步建成了符合老年人学习特点的学习资源库。依托广州终身学习网、广州老年开放大学微信小程序、广州老年开放大学直播课和增城电大校园网等信息化平台，逐步推进增城区老年教育的信息化工作，改进了学校与学员、教师与学员、学员与学员间的互动交流方式，打造了新媒体环境下的全新教学模式。"增城区老年大学"微信公众号开设了"党建工作""学员风采""活动报道""云课堂""招生报名"等专栏，定期更新"线上课程"的相关内容，及时发布校园动态，为老年人提供信息化的学习服务。

（三）进一步加强队伍建设，逐步完善老年教育队伍

一是完善工作机制，加强老年教育管理队伍建设。为了有序推进老年教育工作，由区教育局和区委老干局牵头，根据职能分工，明确老年教育管理职责。在队伍建设方面，明确区老干部（老年）大学有专（兼）职行政干部负责老年教育管理工作，并由区委组织部副部长、区委老干局局长担任校长，四级调研员担任常务副校长，区老干部活动中心正、副主任担任副校长，直接管理老年大学。区老年教育专（兼）职行政干部负责老年教育管理工作，确保了老年教育管理机制的有效运转。

二是加强老年教育师资队伍建设，夯实教师队伍基础。全区现有老年教育专（兼）职人员312人，其中，在职在编管理人员和教师有66人，专职人员的数量超过了相关文件规定的常住老年人口每1万人配备1名的标准。各级各类院校聘任兼职教师246人，建立了老年教育兼职教师队伍。全区各相关院校组织老年教育志愿者队伍共7支，志愿者共510人，志愿者队伍为老年教育提供了多种服务工作。

三是建立完善的专家咨询指导机制，促进老年教育工作顺利开展。增城区积极响应省、市推动老年教育发展的实施意见，逐步建立和完善了专家咨询指导机制。区老年大学遴选了一批德才兼备、对老年教育有深入研究的专家，承担老年教育咨询和指导工作。现有6名高级教师已被纳入区老年教育专家库。

（四）进一步落实经费保障，确保老年教育健康发展

一是完善经费保障制度。区教育局将成人、社区、老年教育的公用经费、培训经费和人员经费列入区级财政预算，全区8所成人（社区、老年）教育院校的经费每年都分别列入区级财政预算，2020年下半年预算调整时，已将老年教育经费单独列入区级财政预算。区老年大学经费由区委老干局每年列入区级财政预算，初步建立了经费分级保障体系。

二是落实经费数量保障。区委老干局从2014年起将区老年（老干部）大学的经费纳入区级财政预算，2018—2020年的经费预算分别为100万元、100万元、200万元。近年来，区教育系统老年教育院校经费也纳入区级财政预算，2018年经费预算180万元（含成人社区经费，主要是培训经费和公用经费，未含在职在编人员费用、维修改造及上级下拨经费）；2019年经费预算160万元；2020年经费预算170万元。此外，还积极鼓励企业、民办非企业单位以及其他组

织举办老年学校，例如，华立、华商教育集团举办区老年大学分校，经费由各单位自筹投入。部分村（居）老年学习中心的费用由村委会（居委会）和学习者自筹。目前，初步形成了政府、市场、社会组织和学习者等多主体分担老年教育经费的机制。在经费使用方面严格监管，区教育局财务中心负责审核相关院校的一切费用支出，相关老年教育经费开支的明细账目清晰，纳入财政审计范围。

（五）加强宣传报道，营造全社会关心支持老年教育的良好氛围

增城区充分发挥报刊、微信公众号等平台的宣传作用，紧跟信息化发展的潮流，主动加强与新闻媒体的联系和配合，针对老年教育工作中的热点问题，搞好宣传策划、报道，扩大宣传效果，营造出全社会关心老年教育、支持老年教育的浓厚氛围。例如，《增城日报》刊登老年教育有关活动情况，区电视台《民事民生节目》不定期报道老年人养生成功案例。在2020年疫情期间，区老年大学积极开展了师生抗"疫"作品征集活动，以诗歌、绘画、剪纸和摄影等形式将抗疫事迹展现出来，共征集了作品226幅（首），并在《增城日报》选登部分优秀作品，取得了较好的社会反响，进一步扩大了老年教育的社会影响力。

三、主要成效

老年教育从过去只面向部分离退休干部，到现在面向全区老人（不限户籍），培训活动形式多种多样，培训方式也从单一的线下培训到线上线下相结合，区内老年人的精神文化需求基本得到满足，老年教育的满意度逐步提高。

（一）课程开设多种多样，参与人数众多

积极实施"七彩夕阳"培训工程，各类老年院校逐步面向社会办学，区老年大学面向居住在增城的老年群体（男性满60周岁、女性满50周岁，不限户籍）开放招生。各类老年院校开设了语言文学、书法国画、声乐乐理、舞蹈表演、乐器演奏、综合科普、养生保健和信息技术8个专业，近100个教学班。区老年大学在多措并举抓好教学质量的同时，积极争取镇（街）、社区和设在增城的有关院校的密切配合，积极推动了"三个课堂"同步发展，让课堂教学、课外活动和社会实践相得益彰。此外，其他院校结合老年人特点开展了养生、诗词、书法、舞蹈、声乐、国学、礼仪模特、太极拳、电脑、摄影、国画、烹饪和志愿者服务等课程，同时，还积极开展了选送节目展演、送戏下乡和送春联下乡等活动，进

一步扩大老年教育的参与率。2019 年，全区参加教育活动的老年人占老年人总数的比例达 55.7%。

（二）积极参加省市区各类比赛，获得优异成绩

老年教育院校始终秉承"老有所学、老有所乐、老有所为"的办学理念，广大教职员工积极组织学员参加省、市、区级文艺演出和各类比赛，获得了优异成绩。

1. 2019 年，在广州市教育局、中共广州市委老干部局及广州地区老年大学协会联合举办的"庆祝新中国成立 70 周年"系列活动中，区老年大学的李小燕同志被评为广州地区老年教育优秀工作者，声乐班教师罗诚、养生保健班教师姚润均被评为广州地区老年教育优秀教师；2017 年客家山歌班参加 CCTV "百姓春晚"，并在广州市"美在金秋"老年人风采大赛决赛中荣获声乐组银奖，还参加了广州市第四届"长者杯"粤曲演唱大赛，荣获一等奖。

2. 区老年教育学习体验基地（区社区教育学院）老年舞蹈队"船歌悠悠"参加 2018 年广州市民文化节第三届广场舞大赛荣获原创组金奖，"西关靓影"荣获学习组金奖；老年舞蹈队"挂绿"参加第二届广州市群众原创音乐舞蹈大赛荣获银奖；老年礼仪模特队"语化蝶"在"最美夕阳红"2019 年第六届广州市中老年艺术节比赛中荣获优秀奖；老年荔之梦礼仪模特队荣获幸福晚晴 2020 年老友记嘉年华大型春晚优秀节目奖。

3. 区线上老年大学获 2019 年国家开放大学（广州）老年开放大学、广州数字化社区学习优秀课程奖；1 人获广州老年开放大学首届书画摄影比赛书法作品二等奖；1 人获广州老年开放大学首届书画摄影比赛书法作品三等奖；1 人获 2019 年国家开放大学（广州）老年开放大学、广州数字化社区学习优秀管理工作者奖。

（三）形成了一批特色课程品牌，区域老年教育知名度不断提升

一是积极弘扬、传承地方特色文化。区老年教育学习体验基地积极弘扬客家文化、传承客家精神、助力湾区融合发展，建设了"客家文化"特色项目，该项目参加 2019 年广州市社会化管理退休人员文艺汇演"歌唱祖国　夕阳争辉"活动，获最佳团队奖；该基地还举办了粤剧表演培训，邀请粤剧名师前来指导，培训形式多样、内容丰富，深受广大老年人的欢迎和喜爱。

二是示范性镇老年学校新塘老年学校从 2016 年 3 月起，启动了粤剧表演及

粤曲演唱骨干成员培训项目，学员年龄均在60岁以上，聘请了粤剧科班教师任课，该项目被评为2017年增城区社区教育特色项目和2018年广州市社区教育优秀课程；新塘老年学校老年教育项目"粤剧表演艺术"获增城区2018年终身学习品牌项目，并荣获2018年度"广东省民间文化艺术之乡"称号；老年教育项目"歌声悠扬 我心荡漾"获增城区2019年终身学习品牌项目。

三是区老年大学支持老年学习团体积极开展社会服务活动。合唱团拥有100多名成员，参加了广东省暨广州市老干部大型歌会"长征颂""祖国颂""灯塔颂"等合唱比赛并取得较好成绩，荣获广州市老干部活动中心举办的"黄河颂——广州老干部纪念抗日战争胜利70周年歌咏比赛"银奖；获增城区委办举办的"传唱经典 共创未来——增城区2016迎春大型合唱比赛"银奖。区老年大学还每年开展了慰问老干部和送戏下乡活动，深受老干部和社会各界的好评和欢迎。书法社依托书法家协会，每年下乡为村民及社区居民进行写春联送祝福活动，得到了村民及居民的一致好评。诗词班以增城区荔乡诗社为依托，探索特色教育之路，以特色促发展，定期组织学员外出采风，并邀请兄弟诗社的老年诗友研讨诗词，举行诗会，创作出大量的作品并踊跃向区荔乡诗社的《荔乡诗词》投稿，使诗词班成了区老干部（老年）大学一张亮丽的名片。

四是新塘镇老年学校开展老年教育课题研究。老年学员参与了广州市社区教育课题"社区教育与非物质文化遗产传承"的研究。该课题根据新塘文化特色，以老年教育为主体开展了非物质文化遗产传承研究，经过一年多的实践研究，现已完成结题，取得了良好效果。

五是区老年大学积极开展老年教育理论研究，积极探讨和解决老年教育发展中的理论和实践问题。2015年，区老年大学顾海城撰写的《德育为本 快乐人生》荣获广东省老年大学协会第二次老年教育理论研讨会优秀科研成果二等奖。2019年，顾海城撰写的《坚定文化自信 造福时代老人——老年教育文化自信建设的实践与思考》、副校长李小燕撰写的《借助社会力量 创新办学模式——老年教育办学模式的实践与探索》、永宁街凤馨苑分校学员兰萍撰写的《办好家门口的老年大学——创办老年大学分校的实践与探索》参加了广东省老年大学协会第四届老年教育理论研讨会征文评选。

六是积极创优争先，多次荣获市级或以上与老年教育相关奖项。区老年教育学习体验基地在老年教育工作中，创新发展、成绩突出，2016年荣获"全国农村老年教育先进单位"，2019年被中国成人教育协会评为"优秀成人继续教育院校（培训机构）"；"客家文化"特色项目参加2019年广州市社会化管理退休人员文艺汇演"歌唱祖国 夕阳争辉"活动，获最佳团队奖；马耀宗同志荣获"2016年全国农村老年教育先进个人"；新塘老年学校（成校）2018年被中国成人教育协会评为"优秀成人继续教育院校（培训机构）"。

四、存在问题及下一步努力方向

增城区的老年教育工作虽然取得了一定成绩，但是，还有许多工作需要继续改进和提升，例如，线上教育未延伸至镇（街）、城乡社区，大部分镇（街）老年学校还未开展线上教学活动。需要根据国家、广东省和广州市关于大力实施老年教育的工作要求，积极应对人口老龄化趋势，进一步推动全区老年教育发展，并着力做好以下几点：

一是立足实际、正视差距，进一步明确分工和职责，认真履责。

二是进一步广泛宣传老年教育发展的方针政策，在全社会形成多方关心、支持老年教育的良好氛围。

三是进一步加强老年教育相关院校的内涵建设，更好地发挥示范引领作用。

（本文由本书编委会依据2020年广州市老年教育工作专项督导中增城区提供的相关汇报材料和佐证材料整理。）

白云区老年教育工作情况报告

为全面贯彻落实《国务院办公厅关于印发老年教育发展规划（2016—2020年）的通知》（国办发〔2016〕74号）和《广东省人民政府办公厅关于大力推动老年教育发展的实施意见》（粤府办〔2017〕41号）等文件精神，为积极应对人口老龄化，构建全民终身学习体系，白云区积极协调各类教育资源，大力推动老年教育工作的开展。根据广州老年开放大学白云学院（以下简称"区老年大学"）调查结果显示，2017—2019年，白云区老年人对白云区老年教育服务的满意率逐年提高，均超过90%，区域内老年人的精神文化生活质量明显得到改善。

一、基本情况

白云区位于广州市中北部，辖区面积795.79平方公里，户籍人口111.6万人，常住人口277.96万人，60岁以上老年户籍人口15.3万，下辖20条街（2020年6月新增两条街）、4个镇、284个居委会、118个行政村。2019年，全区实现了地区生产总值2211.82亿元。按照上级有关文件精神，白云区不断增加老年教育资源供给，逐步形成了"区—镇（街）—村（居）"三级老年教育体系，现建有区老年大学1所，镇（街）老年学校22所，村（居）老年教学点251个，养教结合试点1个。同时，白云区积极开展了形式多样的老年教育活动，建成内容丰富的老年教育课程，经常性接受老年教育的老年人占老年人口总数的比例达45%。

二、主要做法

（一）加强政府领导，健全老年教育管理体制

白云区委、区政府高度重视老年教育，坚持"以人为本　科学发展"的理

念,把老年教育纳入民生工程,制定印发了《广州市白云区推进老年教育发展实施方案(2018—2020年)》和《广州市白云区老年教育发展规划》,力争到2020年基本形成覆盖广泛、灵活多样、特色鲜明、规范有序的老年教育新格局。

2013年10月,白云区成立了以分管教育的副区长为组长,区教育局等21个部门和18个镇(街)负责同志为成员的白云区社区教育工作领导小组,统筹社区老年教育工作的开展;建立了联席会议制度,每年召开总结会议及工作部署会议。各镇(街)党委政府也成立了镇(街)社区教育工作领导小组,统筹辖内社区老年教育工作。2020年,为进一步完善党委统一领导、党政齐抓共管、部门负责的老年教育领导体制,各镇(街)党委政府将社区教育工作领导小组调整为广州市白云区社区、老年教育工作领导小组,进一步加大对老年教育工作的推进力度。

(二)加强阵地建设,夯实老年教育发展基础

2020年,白云区建成区老年大学(即广州老年开放大学白云学院),负责对全区终身学习建设和老年教育发展进行研究规划,进一步加强了对老年教育工作领导小组成员单位的指导服务,督促各单位老年教育工作。各镇(街)均建成了老年学校,负责辖区内的老年教育活动,老年教育教学点覆盖全区62.4%的村(居),打通了老年教育"最后一公里"。

(三)加强开发整合,扩充老年教育使用资源

白云区积极开发区内各类场地、教育资源,最大限度地满足老年人的学习需求。一是积极建设白云区老年教育活动场地,老年教育活动场地均无偿向老年人开放,为老年教育活动提供了便利。二是优化现代老年教育体系结构,根据区域实际情况为老年人提供教育服务,不断推动私伙局、舞蹈队和合唱队等文体队伍发展壮大,以老年人喜闻乐见的形式开展满足老年人学习需求的教育活动。三是为镇(街)和老年人服务机构等配备适合老年人的文体器材,在区老年大学、各镇(街)老年学校、村(居)老年教学点、居家养老综合服务中心和星光老年之家建设了老年阅览区,配备了适合老年人阅读的设备,为老年人提供了学习场所,提升了资源使用效率。

(四)加强经费管理,落实老年教育经费投入

白云区以"政府为主、社会参与、多元投入"为原则,将老年教育生均经费

和人员经费纳入社区教育专项培训经费中并列入区级财政预算范围，确保财政经费投入力度，落实财政性老年教育经费在同级财政性教育经费中的合理比例。2017—2019年年均安排经费470万元，以满足老年教育活动所需的经费，确保了老年教育工作的顺利开展。各镇（街）及有关单位每年提交老年教育经费使用计划，确保了专款专用，近3年该专项经费使用效率达到100%。

（五）加强队伍建设，保障老年教育师资雄厚

一是充实老年教育管理队伍。目前，白云区区级层面共有老年教育专职管理人员25人，镇（街）层面有专职管理人员30人，兼职管理人员49人，各相关职能部门均安排工作人员与老年教育管理对接，老年教育管理网络不断完善。二是建设老年教育教师队伍。通过各职业院校、行业协会、退休教师、艺术团体等渠道广纳贤才，各镇（街）共组建了22支老年教育师资队伍，含保健、心理健康、法律和生活技能等方面的兼职教师230多人。区老年大学共有老年教育在职在编教师112人，合同制人员25人，依托五大专业部开设饮食健康、休闲文化、信息化运用、远程教育等方面的课程。此外，各区直部门结合自身职能建立起普法（区司法局）、保健知识宣讲（区卫健局）、科普知识宣传（区科工商信局）等专（兼）职老年教育师资队伍。三是培育老年教育志愿者队伍。全区拥有一支超过1000人的老年教育志愿者队伍，为白云区老年教育提供支持服务。例如，2016年11月，白云区黄石街家庭综合服务中心老年志愿者被全国老龄工作委员会评为"敬老文明号"先进集体。

三、特色与创新

（一）区校结合，高端引领战略发展方向

白云区积极发挥科研引领作用，推动老年教育深入发展。区老年大学积极参与老年教育科研，与南方医科大学联合开展老年教育研究，共同申报的课题"利于成功老龄化的高龄友善社区建设方案的构建研究"得到了国家老龄工作委员会立项，目前已结题。同时，区老年大学顺利获得市级课题5项，集中力量开发老年教育课程，推出了面点制作、养生保健和饮食护理等基于老年人需求的特色课程，通过开展科学、适用、规范的课程教学，提升了老年教育的质量。

（二）搭建平台，推进"互联网+老年教育"建设

2019年，白云区依托区老年大学打造白云区老年学习网站，目前已初步建成。该网站开设了老年教育宣传专栏，定期发布老年教育年度计划、月度计划及相关教育培训信息，并开设了饮食养生、手工制作、艺术鉴赏、电子书阅读、摄影摄像和智能手机应用等系列课程，扩充了全区乃至广州市老年教育网上学习资源的配备总量，为老年人提供了多层次、多样化的终身学习机会，扩大了老年教育品牌的影响力。

四、存在问题与整改措施

目前，白云区老年教育工作还存在以下不足：一是老年教育设施建设需要进一步加强，人才队伍有待进一步充实；二是虽然老年教育工作具体活动比较多，但总结性理论研究不足；三是老年教育内涵发展有待进一步深化。

白云区需要多渠道筹措资金，继续加大对老年教育的投入，进一步加强老年教育软硬件建设；强化老年教育师资队伍、志愿者队伍培训；依托本土资源，进一步加强老年教育理论研究，总结老年教育的发展规律；加大力度研发老年教育特色课程及项目，通过立足区域实际，结合社会老龄化发展趋势，创新老年教育活动形式，积极开发符合老年人特点与需求的老年教育服务。

（本文由本书编委会依据2020年广州市老年教育工作专项督导中白云区提供的相关汇报材料和佐证材料整理。）

从化区老年教育工作情况报告

一、基本情况

从化区位于广东省中部,广州市东北面。其辖区面积1974.5平方千米,共有3街5镇、46个居委会、218个村委会。截至2020年7月,全区总人口约76万人,其中,60岁以上老年人口8.6万人,占全区总人口13.3%。

从化区以珍稀温泉闻名于世,有"中国温泉之都"的美称。从化区先后获得"省文明城市""省教育强市""省林业生态县""全国农村中医工作先进市""中国文化生态旅游示范地""中国最佳旅游度假胜地""中国优秀生态旅游城市"和"广东省国民旅游休闲计划示范市"等称号。

从化区内体育文化等公共服务设施比较完善,为社区文化体育活动和老年教育活动提供了基础条件。主要包括:国家一级图书馆、国家一级文化馆、博物馆、儿童乐园、动漫产业园各1间;省一级以上文化站8间,村(居)文化室(农家书屋)272间;电影院、大型综合性书店各2间;体育馆1个,文化广场297个;不可移动文物168处(广裕祠、五岳殿等国家、省级重点文物保护单位等),可移动文物974件;非物质文化遗产项目22个;户外拓展基地3个,武术训练馆5家,醒狮传承基地5个,基层单位建设及配备健身设施34处。各种公共服务设施承担着相应的社区文化活动和老年教育工作。

从化区内老年教育机构比较齐全,为老年教育活动提供了较好的条件。主要包括:区级老年干部大学1所,设有教学场室7间(含课室3间、舞蹈室2间、钢琴室、多功能大课室各1间);区级老年教育体验中心1所;社区学院1所,社区学校8所,252个社区教育学习点;康园工疗站13间。同时,区博物馆、区文化馆、区图书馆、区体育活动中心、区河滨游泳场等也为老年教育的开展提供了良好的硬件设施。

二、主要做法与成效

从化区积极贯彻党的十九大关于老年工作和终身学习体系建设的精神，落实《国务院办公厅关于印发老年教育发展规划（2016—2020年）的通知》（国办发〔2016〕74号）和《广东省人民政府办公厅关于大力推动老年教育发展的实施意见》（粤府办〔2017〕41号）等文件要求，以办好人民满意的教育为宗旨，以"加快建设学习型社会，大力提升国民素质"为目标，不断加大老年教育投入，深化老年教育领域改革，优化老年教育资源配置，全面提高老年教育质量，不断提升老年教育综合实力。在推进老年教育事业中，根据从化区实际发展情况，确立了"发挥区域资源优势，整合老年教育资源，提高全民综合素质，构建老年宜居社区"的老年教育理念。同时，通过积极探索与实践，有效地推进了老年教育工作向更高层次发展。

（一）树立终身学习理念，科学谋划老年教育顶层设计

1. 提高认识，建立老年教育领导机构。

老年人是国家和社会的宝贵财富。老年教育是我国教育事业和老龄事业的重要组成部分。从化区委、区政府高度重视老年教育工作，在工作中始终坚持"党委领导、政府主导、社会参与、全民行动"的工作方针，坚持在区委的统一领导下，党政齐抓共管、部门负责的老年教育领导体制。为全面指导全区老年教育工作，从化区成立了广州市从化区老龄工作委员会，分管老龄工作的副区长担任主任，区政府办公室副主任、区卫生健康局局长、区民政局局长担任副主任，有区委办、区府办、区委组织部、区市委宣传部等26个委员单位，委员会下设办公室，办公室设在区卫生健康局，明确了各部门各成员单位的职责，全面统筹领导各部门参与老年教育工作，为全区老年教育工作的顺利开展提供了政策支持与保障。

2. 长远规划，推进老年教育民生工程。

从化区委、区政府高度重视老年教育工作，将老年教育作为民生工程的重要内容，把促进教育公平发展和质量提升、积极应对人口老龄化纳入了《广州市从化区国民经济和社会发展第十三个五年规划纲要（2016—2020年）》。

3. 定规立制，确保各项工作落实到位。

为促进全区老年教育工作规范化发展，从化区完善了一系列规范老年教育的规章制度。分管教育领导经常深入学校和社区调研，去考察点现场办公，及时解

决了工作中出现的问题。老年教育呈现出组织机构健全、管理体制完善、宣传教育到位、教育成效明显的良好局面。

4. 广泛布局，构建老年教育基层站点。

社区教学点是老年教育的基层组织和实施机构。目前，从化区设有社区学校8所，社区教育学习点252个，搭建了区、镇（街）、村（居）三级老年教育网，统筹所辖区域的老年教育，实现了50%以上的镇（街）建有老年学校，30%以上的村（居）建有老年教学点。

5. 督导激励，加强老年教育监测工作。

为确保老年教育各项工作落到实处，从化区建立了老年教育监测评价机制和督导问责机制，把老年教育工作纳入镇（街）政府和各单位工作绩效考核内容。2019年，全区3街5镇均按照区政府老年教育工作要求较好地完成了本年度老年教育工作。

6. 广泛宣传，营造终身教育良好氛围。

从化区组织开展了一系列形式多样、内容丰富的老年教育宣传活动，引导各职能部门、广大社区成员树立终身学习思想。每年都组织开展老年教育活动，通过社区志愿者走进家庭、街头、公园和广场开展老年教育宣传；政府网设置老年教育网页；出版老年教育简报，定期发布老年教育年度计划、月度计划及相关教育培训信息，及时宣传、报道各村（居）、各单位、各部门、各学校开展读书活动、教育培训活动、文娱活动的过程，让全区人民分享科学文化知识和精神文明建设的成果，营造了人人在学习、处处有学习、时时都学习的良好社会氛围；各村（居）通过电子屏、宣传橱窗和板报等形式，广泛地宣传老年教育的各种主题教育和培训活动，营造了老年教育的浓厚氛围。

（二）统筹整合教育资源，努力夯实老年教育基础工程

1. 依托电大，开展老年教育研究工作。

从化电大拥有较为强大的教师队伍，成为老年教育师资的重要资源。近年来，从化电大以课题研究为依托，深入探索老年教育实施的有效途径，取得了初步成效，已有3项课题获得广州市重点调研课题立项。

2. 树立品牌，优化老年大学服务能力。

从化区老年干部大学始建于2007年，为加强学校的组织领导，专门成立了校委会，由区委老干局局长担任校长，分管副局长为副校长，区相关职能部门为校委成员；设立了从化区老年干部大学管理办公室，属于正科级公益一类事业单

位，核定事业编制2名，设主任1名。从化老年干部大学与从化电大积极探索合作办学模式，2018年年底，双方合作建立的从化区老年教育体验中心在从化电大落成，树立了区老年教育的品牌。

从化区老年干部大学根据老干部学员理解力强、记忆力弱等身体和心理特点，积极创新教学方式。一是在教学内容方面，由简到繁，循序渐进，做到了理论讲解与实例讲解相结合。二是在教学方法方面，采用信息化教学，倡导提问式教学与主题班会式教学，做到了知识性与趣味性相结合。三是在教学形式方面，将理论和实践相结合，如医疗保健与健身活动并举、专业课与知识讲座并举，每年至少开一次健康知识讲座；摄影、书画班到校外采风，并有针对性地讲评作品，让学员将知识与实践紧密结合，受到了教师和学员的广泛认同；形体班、声乐班参与各类表演及比赛，以活动促教学，成绩显著。四是在教学计划方面，坚持组织学员代表和任课教师召开座谈会，共同研讨设计各科教学计划，形成了学校、教师、学员相结合的教研制度。

从化区老年教育坚持立足本区，充分利用从化得天独厚的自然资源和源远流长的人文资源，开发出既有从化特色，又符合老年人学习需要的老年课程资源。目前，从化区老年教育开设了经络班、养生太极拳、健身气功、瑜伽、模特、二胡、摄影、声乐、形体舞、绘画、书法和电子钢琴等课程。2018—2020年全区共有32154人次参加从化区社区教育（老年开放教育）公益课程和公益讲座，保证了不同层次的老年学员在一定程度上能选择自己所喜爱的学习内容。

3. 整合资源，发挥教育资源最大功效。

从化区支持为镇（街）、社区综合服务机构和组织配备适合老年人的文体器材，引导有条件的公共图书馆开设了老年阅览区域，提供了适合老年人阅读的设备；逐步整合区域内各类场地资源（体育馆、文化馆、博物馆、图书馆等场所）向老年人开放。例如，从化区博物馆积极举办了带老年人参观展览的活动。2016—2019年，从化区博物馆每年春节期间都举办"迎春美术作品展"，在"5·18国际博物馆日"期间，开展了"5·18国际博物馆日"宣传有奖问答活动，吸引了众多老年人参加。

从化区民政局着力抓好老年人服务机构的建设。目前，5镇3街均设置了居家养老服务平台；建设了日间托养服务中心8间、星光老年之家40间、老年人活动站点190个，这些为老服务机构均添置了老年人康乐设施，从化区财政每年划拨运营经费保障正常的运营。各老年人服务机构结合社区老人特点，提供社工服务和志愿服务，鼓励老年人走出家门，积极参与社区不同形式的老年教育活动；同时，有组织地开展老年人健身、表演等形式的群众性文体康乐活动，例如，组织成立了老年书画协会、合唱队和棋牌娱乐俱乐部等，并定期开展各种活动，主要包括竞技麻将、舞蹈、书画、乒乓球、健身和老年人健康讲座、老年人义诊等，社区星光老年之家做到了天天有活动、月月有讲座、重大节日有演出。社区老年人在老年之家感受到了家一般的温馨，既展示了自己的才艺，又结识了更多的朋友。

从化区文化馆积极开展中老年文艺演出及培训活动，为老年人提供艺术表演平台，举办了广场舞大赛、山歌邀请赛、欢度重阳节敬老文艺活动和文艺汇演活动，并定期举办各类培训班，例如，全年面向中老年业余爱好者举办声乐和舞蹈培训班。

从化区图书馆注重老年人服务工作，为老年人提供良好的阅读环境和便利的学习条件；同时，还专门针对老年人的特点，开展丰富多彩的活动，如每周日的欢乐影院、从城讲堂讲座等活动吸引了众多老年人踊跃参加。2019年，在图书馆五楼开辟的"弈客空间"为老年读者提供了休闲对弈的空间。

从化区体育活动中心坚持惠民政策，每天7：30—9：30为免费时段，9：30—11：30为优惠时段，区河滨游泳场给老年群体提供5折优惠，方便老年人开展健身运动。同时，从化区积极推进公共体育健身设施建设。2016—2019年，从化区共建成了5个小型足球场、27条全民健身路径和60千米的国家登山健身步道，并对2个篮球场进行升级改造。2020年，从化区正在建设6条全民健身路径，以更好地满足老年人的体育健身需求。

4. 团队建设，组建高质量老年教育队伍。

队伍建设是老年教育关键。从化区立足山区实际，要求各部门必须设置1名分管领导和至少1名专职老年教育工作者，教师队伍采用专职和兼职相结合的形式，由从化区老年干部大学、广州社区学院从化分院和镇社区学校组建专职教师队伍，聘请区内各直属部门老年教育专家、中小学优秀教师和离退休干部等作为兼职教师，建立起老年教育专家库。

为了提高教师队伍综合素质，从化区采用"请进来、送出去"的方式对教师队伍开展业务培训。选派了业务骨干共22人参加广州市级专项培训，同时还邀请专家到区内开展了业务培训，有效提高了教师队伍的综合素质。

为了提高老年教育工作者的综合素质，从化区采用通过骨干培训、以点带面、辐射全区的做法，要求各部门必须委派至少1名老年教育工作者参加区级骨干培训，着力提高老年教育工作者的综合素质。

5. 与时俱进，探索网络远程教学模式。

网络学习是社区教育重要抓手，为了进一步推进老年教育数字化学习，从化区政府制定了《从化市推进社区教育数字化学习工作方案》，明确了工作目标和各部门职责，强调要搭建数字化学习网络和管理平台、组建老年教育骨干队伍参与数字化学习宣传和管理工作，全面推进老年教育数字化学习工作。

为了提高老年教育覆盖面，在广州市广播电视大学的大力支持下，探索出以广州终身学习网为依托，专门开发符合本区实际的管理平台，充分利用广州终身学习网的资源，学员可以不受时空限制自主上网学习，现有7000多门课程可供免费选择，有效地解决了老年人自主学习和学习费用等问题，为老年教育顺利开展和扩大覆盖面提供了有力的支撑和保障。

在广州市政府的支持下，广州社区学院从化分院建设了从化数字化学习中心，社区成员可以在数字化学习中心体验和学习老年教育的相关课程，方便社区成员参加老年教育学习。

(三) 深挖从化文化特质，全力打造老年教育区域品牌

1. 养教结合，打造从化特色游学养基地。

游学养是现代老年教育的重要途径和有效方式，是旅游、学习和养生的有机结合。从化区位于粤港澳大湾区腹地，素有"广州后花园"的美誉，是广州市乡村振兴战略示范区。目前，全区已建成莲麻小镇、鳌头西塘童话小镇、温泉财富小镇、西和万花风情小镇、锦洞桃花小镇、联溪休闲小镇、古田文创小镇、南平静修小镇、份田健康小镇和米埗互联网金融小镇10个特色小镇。按照政府工作规划，在今后一段时间将继续做精特色小镇，高标准打造9个特色小镇。特色小镇已经成为从化的一张新名片，成为全面推进从化乡村振兴战略和开展老年教育工作的重要依托。例如，在上罗村、城康村和龙聚工业园等社区教育实践基地开展了"攀爬从化双凤山""制作从化粉包"和"制作山水豆腐花"等特色社区老年教育体验项目。

从化区依托特色小镇优势资源，一方面，开发了枇杷游线路、青梅游线路、樱桃游线路、杨梅游线路、三华李游线路、火龙果游线路、鸡心黄皮游线路、无核红柿游线路、砂糖橘游线路和番石榴游线路等一批游学养项目，让老年学员在游览的过程中体验学习；另一方面，还邀请专家学者给老年学员介绍特色小镇的建设经验，例如，在游览南平静修小镇过程中，给老年学员们重点介绍了南平村"724"群防共治模式、"村企共建"促进产业振兴、"五美家庭"培育等方面的

典型事例，让老年学员深入了解从化区在人才振兴、生态振兴、产业振兴、乡村治理以及文化振兴五个方面的经验做法。

2. 文化传承，弘扬岭南优秀传统文化。

从化区有着悠久的历史传统文化，例如，春节习俗"掷彩门"是从化富有特色的民俗喜庆活动，被列入广东省级非物质文化遗产保护名录。为了更好地保护"掷彩门"传统习俗，从化区老龄工作委员会联合各镇（街）的中小学，纷纷设立了校本课程，编印独具特色的校本教材和宣传图画，对下一代开展优秀传统习俗的传承与教育。鳌头醒狮是从化地区流传最广的民间舞蹈，也是从化宝贵的传统文化。从化区老龄办联合鳌头镇，在桥头小学、人和小学和鳌头中学分别成立了鳌头醒狮培训基地，每周开展醒狮技艺培训与练习，使宝贵遗产得到广泛地传承与发展。

3. 老有所为，发挥老年社会服务能力。

从化区充分发挥老年人的智力优势、经验优势、技能优势，为老年人参与经济社会活动搭建平台、提供教育支持。2018年，从化区组织成立了老年人体育协会，规范和科学引导老年人进行体育健身，组织了丰富多样的老年活动，展示了新时代老年新风尚。此外，从化区还通过各种形式，发挥了老年人在传承中华优秀传统文化方面的积极作用，彰显老年人的风范。从化区鼓励老年人利用所学所长，在科学普及、环境保护、社区服务、治安维稳等方面积极服务社会、奉献社会。

2019年，从化区老年教育工作围绕建设幸福美丽生态之城的目标，区妇联积极开展了"乡村振兴巾帼行动""农村人居环境整治行动"和"助力乡村振兴"等工作。一是积极参与并带领家庭成员参加区妇联举办的从化区"最美家庭"评选、从化区"五美"评选等活动，通过与家庭品牌工作相结合，发动广大妇女群众参与活动，评选出全区"最美婆婆""最美妈妈"的个人奖项，对老年人起到了榜样引领的作用，营造了良好的家庭氛围，传承了家庭美德。二是支持"妇女之家"的建设。全区建立了150个"妇女之家"，有组织、有阵地、有队伍、有制度、有服务、有活动、有经费、有台账的"八有"服务内容，是广大妇女的活动阵地，引导广大妇女践行整洁美、勤劳美、形象美、家风美、和谐美的"五美"职责。三是参与打造宜居环境。在"农村人居环境整治行动"中老年人也成为了主力军。

（四）发挥真抓实干精神，全面凸显老年教育建设成效

1. 投入经费，保障老年教育顺利推进。

从化区地处广州北部山区，经济基础不够雄厚，但从化区政府和各部门积极开拓进取，建立了以政府投入为主，以厂企、社区团体、社会捐助为辅，多渠道筹措老年教育经费的机制。

2. 百花齐放，多种形式展现老年风采。

从化区以从化老年干部大学为依托，以多种形式展现老年教育成果，包括收集整理了书法、绘画班学员作品，并编辑成册出版了《流溪之恋》《流溪之韵》《流溪之梦》《流溪之趣》《流溪之春》等诗书画集，受到社会各界的好评；老年干部大学学员代表参加广州市"美在金秋"老年人风采大赛均获得了金奖。

3. 提炼成果，推广老年教育有效经验。

在开展老年教育实践的同时，从化区十分重视总结、提炼和推广老年教育有效经验。例如，广州市社区教育服务指导中心重点项目"发展社区教育促进美丽乡村建设的实践与探索"获得立项；广州市广播电视大学2019年科研基金项目"互联网+社区教育促进乡村振兴领军人才培养模式的研究"获得立项；广州市党建学会2020年度重点调研课题"终身教育背景下党企行校共建老年教育课程研究——以流溪游学为例"获得立项。

在项目研究的基础上，从化区提炼研究成果，2018年论文《美丽乡村建设与社区教育活动有机融合的实践与探索——以广州市从化区为例》获得广州市广播电视大学主题征文一等奖；2019年区电大自建课程"乡村振兴人才信息素养"获得广州数字化社区学习优秀课程奖；论文《建设美丽乡村背景下的社区教育工作实践与反思》和《数字化社区教育促进乡村振兴领军人才培养模式实践研究》在学术期刊公开发表。

三、存在的问题与努力方向

随着人口老龄化程度的不断加深和老年人对精神文化需求的增长，老年人对教育服务的供给有着更高的期待。因此，从化区老年教育工作需要进一步解决以下三方面的问题。

一是教师资源不足，教师队伍不稳定。适合并愿意从事老年教育工作的教师不足。应该根据全区老年教育的需求，组建一支素质高、专（兼）职结合的教师

队伍。

　　二是老年教育基础设施还有待完善。教学的设施设备使用年限较长，老化问题明显，但因经费短缺，一些设备难以做到及时更换，不能适应新形势老年教育的发展需求。应该依据相关政策文件规定，完善老年教育经费保障机制，加大对老年教育基础设施的资金投入。

　　三是老年教育实施场地不足，在一定程度上制约了老年教育的发展。应进一步完善整合各种社会资源的机制，充分利用各种场地和设施，为老年教育活动提供支持。

　　（本文由本书编委会依据2020年广州市老年教育工作专项督导中从化区提供的相关汇报材料和佐证材料整理。）

海珠区老年教育工作情况报告

海珠区全面贯彻党的十九大关于老年工作和终身学习体系建设精神，落实省、市有关老年教育发展的部署，积极应对人口老龄化，不断推进全民终身学习，推动区域老年教育可持续发展。

一、工作实施到位，保障服务充分

截至2019年年底，海珠区常住人口60岁以上老人为27.55万人，占总人口的25.62%，老龄化程度较高，社会养老问题突出。海珠区以满足老年群体不断增长的学习需求为宗旨，以学习型组织创建工作为抓手，形成以海珠老年大学和海珠老年学院为骨干、以18所街道学校为主阵地和214个居（村）教学点为网点的三级老年教育服务体系，深入社区，因地制宜，开展了一系列老年教育活动，初步形成了"人人皆学、时时能学、处处可学"的学习氛围，2019年海珠区经常性参加教育活动老年人为5万多人次。

（一）完善服务体系，健全管理体制

海珠区委、区政府对发展老年教育工作高度重视，全面贯彻《教育部等九部门关于进一步推进社区教育发展的意见》《广州市推进老年教育发展实施方案（2018—2020年）》《海珠区"十三五"时期教育事业发展规划》和《海珠区加快推进老年教育发展实施方案》（海教函〔2019〕136号）。1993年海珠区政府专门批复成立海珠老年大学，经过20多年发展，从开办之初的2个教学班、年招收学员120多人次，发展到每年开设219个教学班、年招收学员13000多人次，办学规模在全市各区同类学校中领先，并被评为"全国示范老年大学"。

海珠区构建了由教育局牵头、区老干局支持、各职能部门和街道配合、区老年大学、区社区教育学院、广州老年开放大学海珠学院分工负责的老年教育服务体系，全面实施老年教育的研究规划、组织领导、督导考核、数据统计、成果展

示和日常教育教学工作。2019年6月，海珠区制定了《海珠区加快推进老年教育发展实施方案》和老年教育年度工作计划，主要包括招生工作计划、招生简章、线上课程推广、常规课程计划、"老年大讲堂"公益讲座计划、周计划和考核奖励机制等，积极推进老年教育各项工作。海珠区委老干部局积极围绕更好地满足老同志"老有所教、老有所学、老有所乐、老有所为"的需求，大力促进了离退休干部学习活动场所建设，不断改善老年大学办学软硬件环境，丰富课程设置，加强师资建设，提升了老年大学的办学质量，海珠老年大学办学的影响力日益提升。

（二）强化资源配备，提升保障质量

1. 经费保障。海珠区财政局大力支持老年教育工作，划拨经费新建了海珠老年大学，每年拨款400多万元用于区老年大学师资、教学、日常办公运行等经费；自2019年起，广州市教育局每年拨款30万专项经费用于支持广州电大海珠学院建设数字化项目课程；海珠区教育局每年拨出100多万元专款用于广州老年开放大学海珠学院的师资、教学、日常办公运行等。鼓励企业、民办非企业单位及其他组织将经费投入老年教育，形成了政府、市场、社会组织、学习者等多主体分担的老年教育经费的机制。

2. 场地保障。目前，广州老年开放大学海珠学院场地资源包括海珠区电大南校区和北校区、洪德五巷、国茶荟学校及部分街道文化站等，约有3.5万平方米；2010年，海珠区政府拨款在石榴岗路兴建海珠区老干部活动中心，其中第三、第四层楼为老年大学新校区，2016年再次拨款对老年大学西校区（旧校区）进行修缮，现两个校区共占地面积2.6万平方米，建筑面积5610平方米，拥有34个配备多媒体教学设备的专用教室。

3. 队伍保障。一是配齐配强老年教育管理团队。广州老年开放大学海珠学院建立了一支由50多名专（兼）职教师、行政干部组成的负责老年教育管理工作的队伍；海珠区老年大学成立了10个临时党支部，择优选配组织能力较强、党性观念强、身体条件较好、有奉献精神的老同志担任临时党支部书记、副书记、委员，建立了临时党组织。二是建好选好教师队伍。实行"双向选择"机制聘用教师，严格准入制度，逐步完善了考核机制，定期举行教师培训、经验交流、公开课等活动，有效提升了教师师德及业务水平。三是完善专家咨询机制。邀请华南师范大学、广东第二师范学院、广州大学和广州老年开放大学的专家指导海珠全区的老年教育工作。

(三) 建立监测评价和督导机制，促进措施落地

加强老年教育发展督导检查，一方面，海珠区结合 2018 年度社区教育统计工作、《广州市推进老年教育发展实施方案》专题汇报和 2019 年海珠区全民终身学习活动周等活动，对各街道、各职能部门开展老年教育情况进行了检查；另一方面，海珠区成立社区和老年教育督导专家组，划分社区和老年教育督导责任片区，对 18 个街道的老年教育进行常态化督导，保障了老年教育高质量发展。

二、聚焦质量需求，凸显办学特色

(一) 课程内容丰富

海珠区不断完善老年教育课程建设，丰富全区老年教育课程资源，由区教育局牵头组织，走访区内非遗文化、优秀的传统文化和工艺传承产业企业和工作室，充分调研辖区内具有教育教学价值的各类资源，并邀请企业共同参与开发老年教育课程项目。

2019 年 5 月 16 日，以茶文化为特色的老年教育示范基地——广州老年开放大学海珠学院的二级学校琶洲国茶会学校顺利挂牌。此外，各街道社区也积极尝试与第三方机构共建合作，例如，南华西街与广州市海珠区华仁社会工作服务中心合作，组织了实用性、指导性、现实性较强的各类讲座，提高了老年人的学习积极性。

广州老年开放大学海珠学院先后开设了书画、卫生、保健、文艺、体育和礼仪等课程。海珠区老年大学的两个校区开设了书画、摄影、英语和信息技术等 48 个专业、219 个教学班，并根据学员的基础知识情况，分设初级、中级、提高和专修等不同层次的课程。其中，书画、数码摄影、旅游英语、声乐和中医保健等已成为海珠区老年大学的品牌课程。

各街道社区为老年人提供了一系列服务活动，例如，组织开展了关于老年健康知识、防范新型诈骗、自我安全保护和电子支付购物等的讲座，帮助老年人适应社会的变化与发展；此外，积极开展了丰富多样的适合老年人参与的体验活动，例如，滨江社区广府元宵文化节、参观博物馆和科普宣传活动等。

（二）授课方式多样

运用信息化手段推进老年教育工作，建立海珠学院直播群，准时为居（村）教学点、社区学员转发直播课堂的宣传和链接，累计提供直播课堂 300 多场。海珠区老年大学开设了云课堂，在微信公众号推出了医疗健康、健身运动、网络学习、生活服务、声乐器乐、书法绘画、语言学习、老年旅游和有声书斋 9 个专业、19 个专题、69 门课程的视频供学员线上学习；学校还拍摄、制作了一批精品课程视频放到微信公众号和各班微信群，供学员线上学习。

2018 年 11 月，海珠区被中国老年大学协会远程教育委员会授予"第二批全国远程教育示范区"。

（三）办学特色显著

一是发挥教研引领作用。2020 年，广州老年开放大学海珠学院通过了"融合社会组织共建老人教育特色基地的实践与探索——以琶洲国茶荟为例"的市级课题申报。二是引入社团，拓展教育实践。积极引入第三方机构、民办非企业、民间公益组织等社会团体，努力拓宽教育维度，例如，广州老年开放大学海珠学院与广州益武国际展览有限公司共建广州市海珠区社区教育学院国茶荟学习中心、广州老年开放大学琶洲国茶荟学校、国家开放学校广州海珠区分校校外实训基地；海珠区老年大学与区老干部管理服务中心联合举办"文化艺术大讲堂"，与南方医科大学中西结合医院共建养教结合基地，由医院定期派出医生到校为学员讲授防治老年疾病等知识。三是加强交流。海珠区老年大学坚持"请进来、走出去"的方法，一方面组织管理人员到省内外知名老年大学考察学习；另一方面积极与浙江、海南、安徽等老年大学开展办学体会交流。海珠区老年大学还多次承担了老年教育工作调研考察接待工作。四是注重发挥老干部的作用。海珠区老干部大学紧紧围绕老干部要为党和人民事业增添正能量的价值取向，每年举办多场老年学员文艺演出、挥毫送温暖进社区、进养老院慰问长者等公益活动。

三、今后工作计划

老年教育是我国教育事业和老龄事业的重要组成部分，是积极应对人口老龄化、实现教育现代化、建设学习型社会的重要举措，是满足老年人多样化学习需求、提升老年人生活品质、促进社会和谐、切实改善民生的必然要求。下一步，海珠区将进一步全面推动老年教育工作。

(一) 继续抓好老年学校、老年教育站点补充完善工作

海珠区将继续按照《海珠区加快推进老年教育发展实施方案》要求，在街道文化站加挂老年街道学校，在社区居（村）星光老人之家加挂老年教学点，进一步完善教学设施、充实师资力量、改进课程设置，完善老年教育与社区教育三级网络的建设。

(二) 抓好老年教育学位供给

海珠区按照"经常性参加老年教育的人数达到户籍老年人口的30%"的工作目标，提高户籍老年人口接受老年教育的比例。一方面，加快落实本区老年教育的布点任务，加大投入，做好特色课程开发、师资队伍建设、学习团队培育等工作，确保老年教育的供给和组织实施；另一方面，加强与区内有关部门和单位的协同工作，进一步开拓思路、扩充资源，充分整合社会公共服务资源、文化体育服务资源等，有效增加老年教育学位供给。

（本文由本书编委会依据2020年广州市老年教育工作专项督导中海珠区提供的相关汇报材料和佐证材料整理。）

荔湾区老年教育工作情况报告

一、荔湾区老年教育工作概况

党的十九届四中全会明确提出要构建服务全民终身学习的教育体系。办好终身教育中最后阶段的老年教育，是全民终身学习教育体系建设的重要举措，是积极应对人口老龄化的重要抓手，更是加快建设学习型社会，助力社会治理的有效途径。

为全面贯彻党的十九大关于老年工作和终身学习体系建设的精神，落实《国务院办公厅关于印发老年教育发展规划（2016—2020年）的通知》（国办发〔2016〕74号）、《广东省人民政府办公厅关于大力推动老年教育发展的实施意见》（粤府办〔2017〕41号）和《广州市教育局关于印发〈广州市推进老年教育发展实施方案（2018—2020年）〉的通知》（穗教发〔2018〕25号），结合荔湾区人口结构特点，为实现"老有所学、老有所教、老有所乐、老有所为、养教结合"的战略目标，在荔湾区委、区政府的领导下，由区教育局牵头，各部门共同参与，各街道、各社区整合各类教育资源，建立了老年教育体系，打造了具有鲜明西关文化特色的老年教育品牌，形成了老年教育发扬传承岭南文化的新模式。2016年，位于荔湾区的广州市岭海老人大学被评为"全国示范老年大学"；金花街道、逢源街道、广州市岭海老人大学被评为"广东省成人教育先进集体"；广州市岭海老人大学的校长被评为"广东省成人教育先进工作者"。

二、老年教育工作主要做法和成效

（一）领导重视，组织健全，养老教育统筹推进

1. 领导重视，组织健全。荔湾区委、区政府高度重视社区养老教育，坚持"党委领导、政府主导、社会参与、全民行动"的老年教育工作方针，进一步加强区老年教育工作领导小组的建设，由分管教育的副区长任组长，区老干局、教育局主要领导任副组长，相关职能部门分管领导为成员，承担组织领导、统筹协调、督导检查的职能，共同推进全区老年教育。近年来，荔湾区印发了《广州市荔湾区人民政府办公室关于印发荔湾区社区居家养老服务平台建设工作方案的通知》和《荔湾区推进老年教育发展实施方案》等文件，指导社区教育工作的发展。

2. 夯实党建，强化引领。荔湾在区委、区政府的指导下，于2019年7月成立了荔湾区民办教育机构党委。荔湾区民办教育机构党委的成立强化了党对老年教育工作的全面领导，积极发挥了引领、示范和带动作用，并通过党建工作推动老年教育事业健康发展。在荔湾区民办教育机构党委的领导下，岭海老人大学、老干部活动中心（大学）建立了党组织；老干部活动中心（大学）设立了区老干部党校。各街道老年学校、老年教学点在街道党工委的领导下，坚持用习近平新时代中国特色社会主义思想武装头脑、指导实践、推动工作，自觉增强"四个意识"、坚定"四个自信"、做到"两个维护"，凸显了老年教育"政治建校"的生命力，形成了"有作为、有进步、有快乐"的老年教育新风尚，塑造出荔湾老年教育的独特模式。

（二）体系完备，资源丰富，老年教育扎实开展

1. 体系完备，工作扎实。为了扎实开展老年教育工作，荔湾区立足实际，加强老年教育的顶层设计，构建以办学质量、教学管理、师资培训和课程研发为核心的老年教育体系，不断充实和完善老年教育体系架构，以业务科室为工作主管部门，依托社区学院，充分运用岭海老人大学优质的教育资源与服务，提升了老年教育的质量水平和办学能力。

2. 资源丰富，形式创新。为更好地促进老年教育发展，荔湾区各部门、各街道立足社区实际情况，动员一切可利用的资源，拓展老年教育内容，提升老年

教育内涵；充分发挥了岭海老人大学、老干部活动中心等主阵地的资源优势，为街道、社区居委的老年教育提供了示范，强化了养教结合试点建设，统筹整合街道文化站、社区学校、家庭综合服务中心、党员远程教学点、社区文化活动室、星光老年之家、居家养老服务机构、养老机构和业余文艺团队等资源，为社区居民提供了全覆盖的老年教育服务。目前，荔湾区内图书馆、体育馆、博物馆和爱国主义教育基地等均向社会开放，让各社区老年人都能享受到方便优质的老年教育服务。

（1）网络授课，智慧教育。荔湾区努力抓好惠民信息化成果应用，在信息化服务民生基础上稳步推进全区信息化建设，完成了区、街、社区三级光纤网络项目建设，构筑了高速、稳定的光纤主干网，为丰富老年教育形式、提升老年教育成效和提升社会服务管理水平奠定了基础。

岭海老人大学和区老干部活动中心（大学）积极探索利用信息化手段开展教学，开通了"网上老年大学"，推出了"云课堂"。"网上老年大学"内涵课程丰富、分类清晰，给老年人提供了免费课程。"云课堂"为老年学员量身打造的在线移动课堂，主要包括国情、大学、党建、教育、旅游和权益保障等课程。2020年上半年，"网上老年大学"学习人数累计达3000余人次，满足了老年人在疫情期间的精神文化需求，真正做到了"停课不停学"。

（2）老年课程，形式多样。根据辖区内的实际情况，荔湾区依托岭海老人大学、区老干部活动中心（大学）、退休人员活动中心、街道文化站、家庭综合服务中心和社区康龄中心等组织辖区内的老年人参加丰富多彩的学习活动。例如，岭海老人大学开设了中医、曲艺、形象设计、钢琴、电脑、烹调、英语和养生等10多个系列、120多个专业的课程，组建各类社团，开展公益活动，每学期学员近7000人次；区老干部活动中心（大学）开设了太极拳、数码相片处理、电脑知识普及、中医基础、经络养生、食疗保健、剪纸艺术、基础英语、九孔葫芦丝和书法等20个专业的课程，同时还开设了"微信课堂""红霞生辉"老干部大学堂，在校学员每学期约300人，每学年参与的学员近6000人次；区退休人员活动中心在周门分校、岭南分校、芳村分校3个教学点共开设了兴趣班14个，学员人数达到560人，为退休人员提供活动场地、开设学习培训班，深受退休人员的欢迎。

荔湾区内22条行政街都举办了老年学习班（老年学校），58个社区居委会建有老年教学点。例如，逢源街道开设了康龄社区大学，学员均为60岁以上的老年人，开设的课程充分匹配了老年人的学习需求，深受老年人的欢迎；南源街道根据老年群体的不同特点和需求,开展老年人"自我管理""乐有为""爱共享"等教育;白鹤洞街道整合社区资源,利用广钢老年大学开设了老年人学习课程;昌华街道充分借助街道文化站,开展了各类有益于老年人身心发展的活动。

(3) 特殊教育,惠及老年残障人群。根据老年残疾人群的需求,在社区学院荔湾分院和社区卫生服务中心的指导下,荔湾街道无偿为老年智障人士和精神病康复者提供了自我照顾、沟通、生活和工作习惯、技能等教育活动,提高了他们生活自理、工作、社交活动等能力。

各街道以政府购买服务的形式设立家庭综合服务中心,开展老年服务等项目,通过个案、小组、社区活动等形式为辖区内居民提供多元化服务。例如,开展了老年人残障康复等14类184项专业服务项目,尤其是康复辅助器具进社区行动,在部分街道设立了康复辅助器具社区租赁服务点,通过政府购买服务或以奖代补等方式,支持企业(机构)入驻,覆盖服务全区,为失能老年残疾人和老年伤病人提供多层次、多样化的康复辅助器具租赁服务。

(4) 专题活动,有声有色。根据老年人群体的不同特点和需求,为更好地保障老年人的身心健康,养成健康生活方式,开展了多方面的工作:一是关注社区老年人的慢病健康管理、情绪健康等问题。例如,2018—2019年全区共组织2400名老年人参加健康体检活动,并结合老年人身体特点,开展了"健康知识讲座进社区"活动,讲授老年人常见病的预防和治疗等健康知识,参加人数累计达到1500人次;二是为老年人搭建社区参与平台,提升自我效能。例如,开展了"歌唱人生长者互助活动""生生不息长者园艺活动""一耆一绘长者交友互助活动"等活动,提升了老年人的社交能力。

3. 品牌突出,引领全国。荔湾区老年教育起步早,早在1984年便创立了全国第一所民办老年大学——广州市岭海老人大学。在岭海老人大学成功的办学经验的示范引领下,荔湾区老年教育蓬勃发展,形成了独有的办学特色和创新之处,在全国享有较高的声誉。

(1) "全国一流"民办老人大学——岭海老人大学。在中国老年教育史上标志性事件之一便是1984年全国第一所民办老年大学——广州市岭海老人大学的创办。1984年9月14日,《人民日报》发表了题为"钟声阵阵——岭海老人大学的诞生"的长篇报告,并进行了广泛宣传报道。

岭海老人大学不仅是全国第一所民办老年大学、全国示范老年大学,还被授予全国"敬老文明号"、广东省成人教育协会先进集体、广州市4A等级品牌社会组织等荣誉称号。学校创办36年来,共举办了73期学习班,有近26万名学员参与学习，为全国同类学校的发展提供了成功的示范和经验。岭海老人大学坚持"以老人为本"的办学理念，打造"全纳教育、教学为主、按需设课、社团活动"四大办学特色，形成了晚香园诗社、书画学会、常青苑学会、中医学会、艺术团、摄影学会六大特色社团，开设了12个系，30多个专业课程；创办了中医、粤曲和广彩等具有鲜明岭南文化特色的课程，课程设置在传承国粹文化的同时，更具有时代性、地域性、适用性和趣味性，使之满足不同年龄、学历、兴趣老年学员的需求，为离退休老年人提供了再学习的机会，提高了老年学员的整体素质。

岭海老人大学作为全国老年大学协会会员学校、广东省老年大学协会理事学校、广州地区老年大学协会常务理事学校和荔湾区民办教育协会理事学校，每年积极参加国内外各级协会组织的各类活动，曾多次在省级以上老年大学协会进行经验推广和交流。岭海老人大学受到社会各界的广泛关注，各主流媒体、电视台和港澳两地的媒体争相采访报道，岭海老人大学也以此赢得了良好口碑，社会效应逐步扩大，社会地位和知名度得到巩固和提升。

随着科技和时代的发展，岭海老人大学与时俱进，开展远程教育，送课进社区，使"岭海"的品牌辐射到街道社区，使更多老年人受益。近3年，岭海老人大学到辖区内社区文化站、街道文化站、老人院和康老协会等场所开展了20余项社会公益服务活动，受益人员达474000人次；同时，其丰富多彩的社团活动充分展示了各项优秀教学成果。例如，每学期一期的《岭海老人大学通讯》已出版82期，此刊物全面反映了学校每学期的重要事件和教学成果；《晚香园诗集》《岭海书画册》《岭海中医文摘》《交流》和《常青苑之家》等各社团刊物内容丰富，成了老师和学员交流思想见解的重要平台。

36年来，岭海老人大学认真贯彻党的教育方针，跟随时代发展、紧跟老年人的需求，积累了老年教育办学的"广州经验"；创建了全国一流的地方性示范老年大学，为学习型社会建设和老年教育工作做出了富有成效的贡献。

（2）红色教育品牌——老干部大学。荔湾区老干部活动中心（大学）于1998年创办，学校以习近平新时代中国特色社会主义思想引领学校老年教育的创新发展，突出党建引领，彰显红色动力，使老年教育工作实现了健康发展。荔湾区老干部活动中心（大学）搭建了知情出力、志愿服务、文化养老3个平台，先后开设了太极拳、中医基础、经络养生、食疗保健和剪纸艺等20门课程，在校学员每学期约300人，每学年学习人次近6000人次。2018年，该校创新办学模式，与《广州文摘报》合作办班，创设了西关博雅诗词班和易经班，同时还开设了微信课堂、"红霞生辉"老干部大学堂，以满足老同志的学习需求。

目前，荔湾区老干部活动中心（大学）团队共 15 个，共 105 人，其中绝大多数是党员。荔湾区老干部活动中心（大学）遵循国家全面从严治党的战略部署，根据党章规定，创新了老年教育党建工作组织形式，建立了临时党支部。为实现更好的发展，荔湾区老干部活动中心（大学）制定了"三个服务""三个坚定"的党建工作新体系，创新"e 支部"，以"荔湾老干"公众号、"七彩直播间"和"微课堂"教学等新媒体通道，广泛宣传了党建工作，积极引导、激励离退休干部党员发挥积极作用，在爱国主义教育、传播优秀文化和关心教育下一代等方面做出了积极贡献。在服务老年教育方面，临时党支部定期召开老党员座谈会，征求对社会经济发展、居家养老等方面的建议，并向荔湾区政府有关部门建言献策。荔湾区老干部活动中心（大学）创新了党建工作机制，形成了常态化、多样化、系统化的老干部党支部活动品牌。

（三）统筹资源、专兼结合，老年教育保障有力

1. 渠道丰富，保障落实。荔湾区不断加大老年教育经费投入，将老年教育经费全部纳入预算，科学合理地分配资金；建立多渠道筹措老年教育经费，以政府投入为主，部门承担一部分、社会捐助一部分、受教育者分担一部分，积极推进老年教育的发展。经统计，近年直接投入到老年教育的专项经费主要包括：一是每年下达近 500 万元的星光老年之家运营经费；二是每年每人至少 10 元的居民活动经费；三是每年 200 万元购买服务专项经费用于街道家庭综合服务中心的运营；四是投入 800 万元打造居家养老综合服务平台项目。

2. 充实队伍，强化师资。荔湾区重视老年教育人才队伍建设，形成了以区教育局教育教学分管局长、区民办教育机构党委副书记、业务主管部门幼成科干部和社区教育专职人员为主要工作人员，以区老干部活动中心（大学）、岭海老人大学和社区教育教师队伍为专职骨干人员，以教育局离退休干部、专家学者、企业家兼职人员和志愿者相结合的高素质老年教育工作教学和管理队伍，加强了对老年开放大学的教学管理和实践。

目前，荔湾区各级部门领导组成的"西关百姓"机关干部宣讲团和区关工委 80 多名退休干部组成的宣讲团，深入社区，为老年人授课；老年教育工作领导小组各成员单位、各街道均设有老年教育专（兼）职管理人员，街道设立了社区老年志愿者工作站，组建了社区老年教育志愿者队伍，指导各社区开展老年教育。全区共有老年教育专职管理人员 32 人，街道专职管理人员 110 人，专职教

师 154 人，专业社工 533 人，兼职教师近 1000 人，社区老年教育工作志愿者约 2700 人。

（四）立足实际、激发活力，老年教育独树一帜

荔湾区是岭南地区非物质文化遗产项目的重要发源地与核心聚集区之一。岭南文化独具特色的建筑、民俗及民间艺术深刻地影响着荔湾人的日常生活。生活在荔湾的老年人，对岭南文化感同身受，形成了强烈的认同感。荔湾区从老年教育工作实际出发，注重老年教育的特色发展与创新发展，打造了具有鲜明西关文化特色的老年教育品牌。

荔湾区内老年学校与街道充分挖掘和利用地域文化资源，注重研发特色课程与项目，不断打造老年教育特色品牌，推动老年教育的特色发展。为传承和发扬优秀传统文化，荔湾区致力于打造老年教育特色课程和项目。例如，岭海老人大学开发了老年教育特色课程广彩瓷绘、粤曲新韵、中医全息诊断学、中医方剂、经络基础、现代中药、伤寒论浅释和中医内科常见病诊疗；荔湾区退休人员活动中心探索开发了具有鲜明岭南特色的粤剧粤曲和"三雕、一彩、一绣"非物质文化遗产课程；荔湾区老干部活动中心（大学）开发了特色课程，并与《广州文摘报》联合开办了西关博雅特色班和易经班，同时借助《广州文摘报》这一宣传平台，广泛宣传联合办学、文化养老、精准服务等举措，推动了"文教养老、文体养老、文娱养老"的联动发展。

三、存在问题和努力方向

（一）存在问题

一是虽然荔湾区已将老年教育工作经费列入区级财政预算，但是目前对于老年教育的生均经费暂无定额标准。

二是从事老年教育工作专职人员缺少编制，聘请专业老师和管理人员在实际操作中仍存在很多困难，急需解决。

三是从事老年教育专职教师的人数极少，绝大部分为兼职教师。教师之间的专业水平和教学质量差异较大，达不到预期的教学效果。所以，需加强教师的专业培训，提高师资队伍的整体水平。

（二）努力方向

1. 进一步保障老年教育的经费。荔湾区财政在保持现有经费投入渠道不变的基础上，逐步加大对老年教育经费的投入，按照办学场地、规模、质量等条件对老年教育机构给予适当的教育经费补助，制定生均经费定额标准，让老年教育事业有充足的经费保障。

2. 落实专职人员编制。积极探索老年教育工作人员的教师资格和职称认定制度，落实老年教育教师编制。

3. 建立师资培训体系。探索建立多层次、多渠道和多样化的老年教育师资培训体系，制定老年教育工作专业培训制度，有针对性地进行老年教育相关知识系统的学习培训，加强教师专业培训，使之掌握老年教育的教育教学规律，做好师资储备。

（本文由本书编委会依据2020年广州市老年教育工作专项督导中荔湾区提供的相关汇报材料和佐证材料整理。）

广州市老年干部大学工作情况报告

一、学校概况和历史沿革

广州市老年干部大学是闻名国内外的现代化老年大学。2009年，学校被中国老年大学协会授予"全国先进老年大学"称号；2015年，学校被老年教育学术界确定为"全国副省级以上城市老年大学十大名校"；2017年，学校被中国老年大学协会评选为"全国示范老年大学"。

广州市老年干部大学成立于1988年7月。在广州市委、市政府的关心支持和广州市委老干部局的直接领导下，学校坚持以建设规范化和现代化老年大学为战略抓手，遵循教育规律，结合老年教育自身特点组织教学，建设为一所多学科、多学制、多层次、多功能的"老年学府"。建校33年来，已有50多万离退休干部从该校结业。

2005年以来，广州市老年干部大学一直被推选为"中国老年大学协会常务理事学校"，现任校长林元和同志是中国老年大学协会副会长、中南片区协作组召集人、广州地区老年大学协会会长。

广州市老年干部大学的办学机制是市委老干部局主管、校长办公会议决策、老年干部大学管理办公室主办，由在职干部、返聘的退休干部及教师负责具体管理，办学经费由财政全额拨付，学员入学缴纳少量学费，上缴财政后全部返还用于办学。学校有南、北两个校区。北校区即下塘校区，坐落在白云山麓，有7000平方米的独立校舍；南校区即晓园校区，占地20多亩①，建筑面积43000平方米，能够提供超过30000个学位。学校设有6个系、245个专业、825个教学班，在校学员35000多人（含同一学员选报不同科目），外聘教师260多名。学校已完成了数字化、网络化、现代化的综合教学和管理体系建设，并在不断地进行设

---

① 1亩≈666.7平方米。

备改造、更新升级。

广州市老年干部大学成立了中医经络协会、瑜伽队、太极拳协会、摄影协会、钢琴联谊会、英语俱乐部、晚晴诗社、模特队、舞蹈队、合唱团、书画研究院和京剧联谊会12个老年学员社团组织，定期组织老年学员开展"走出校园，分享收获"的活动。学校注重科研工作，成立了老年教育研究室，主办学术刊物《广州老年教育研究》，定期召开老年教育学术报告会；学校是中国老年大学协会12个老年教育理论研究基地之一，成功牵头组织了"中国特色老年大学教育现代化研究""中国老年大学教育现代化指标体系设计""一带一路与老年教育研究""老年教育中国模式研究"4个有重要意义的全国性课题工作，老年教育科研成果丰富。

广州市老年干部大学是中国老年大学协会中南片区协作工作的牵头学校，学校设立了中南片区协作组秘书处。同时，学校还负责广州地区老年教育政策咨询工作，筹办广州市老年干部教育工作会议，对全市老年干部教育工作进行总结、交流和宣传，定期调研全市老年干部（老年）大学的基本建设、教材建设、教学组织、教学管理、教学研讨和教学质量等情况，规划全市的老年教育理论研讨和交流活动，组织全市老年教育成果展示的活动，开展广州地区老年大学协会的各项日常工作等。从2004年以来，广州市老年干部大学通过广州地区老年大学联谊会和协会两个平台，牵头组织了广州地区老年大学进行校际交流与合作，每年都开展理论研讨和文艺展演活动。

在国际老年教育领域，广州市老年干部大学享有较高的声誉。2013年5月，广州市老年干部大学积极承办、精心组织第92届国际老年大学协会（International-al Association of the University of the Third Age，简称AIUTA）理事会及全体会议暨国际研讨会，开启了中国老年教育与世界各国深层次交流合作的大门。2013年11月，中国老年大学协会第四届第三次常务理事会决定将国际联络部设在广州市老年干部大学，国际联络部迅速打开了我国老年教育国际合作的新局面。2014年6月，AIUTA秘书处制作的仅4分钟的世界老年大学宣传片，就专门提到了广州市老年干部大学。2018年，学校宣传片《云山珠水绿映红》（英文版）在巴塞罗那国际会议上播放，现收录在AIUTA网站供访客浏览。

广州市老年干部大学发展至今，已走过33年的风雨历程，其发展脉络可分为四个阶段：

第一阶段——创业阶段（1988年7月至1995年10月）。

1987年，广州市周秉章等老同志倡导建校，由广州市委老干部局负责筹建，林枫出任第一任校长，舒野等为副校长。学校于1988年7月正式招生办学。广州市老年干部大学在这个阶段是依托广州市老干部活动中心租房办学。到了1995年，学校校本部开设5个系、14个专业、23个班，学员达1090多人次。

广州市老年干部大学在这个阶段的特色是实行校务委员会领导下的校长负责制，离退休老同志承担所有业务工作，得到了社会各方面的关注和赞赏。

第二阶段——积极探索阶段（1995年11月至2003年7月）。

1995年5月，广州市委决定聘请广州市人大常委会原副主任吕刚同志任校长；同年11月，将原来校务委员会领导下的校长负责制改为广州市委老干部局直接领导下的校长负责制，明确广州市老年干部大学是市委老干部局主办和领导下的事业单位，市委老干部局分管领导兼任学校常务副校长、市老干部活动中心主任兼任副校长。

在此阶段，广州市老年干部大学改善了办学条件，添置了教学设备，扩大了办学规模，重点抓质量、抓效益、抓改革，发展成一所拥有40多个教学班、2500多名学员的多学科的综合性老年大学。

广州市老年干部大学在这个阶段的特色是学校由广州市委老干部局主管，由广州市老干部活动中心主办，离退休老同志在教务第一线负责具体管理。

第三阶段——推进"两化"阶段（2003年8月至2012年8月）。

2002年，广州市委下文将位于广州市下塘西路457号的广州市直机关工委党校7000平方米的教学楼划拨给广州市老年干部大学；同年8月，又批准成立了广州市老年干部大学管理办公室。该管理办公室为处级事业单位，直属广州市委老干部局，配事业编制25名，经费由市财政全额核拨。2003年8月29日，广州市老年干部大学管理办公室从老干部活动中心分离出来正式挂牌，广州市人大常委会原代主任、原党组书记李善培同志出任广州市老年干部大学校长，制定了新的发展方略。学校在办学规模、课程设置、硬件设备、教学改革、规范管理等方面都上了新的台阶。

广州市老年干部大学在这个阶段的特色是实行广州市委老干部局主管、校长办公会议决策、学校管理办公室主办、聘请部分退休老同志参与管理的运行机制。学校在规范化和现代化建设上取得了重要进展，办学规模以每年平均扩招30%以上的速度发展。到了2012年，学校共开设6个系、92个专业、273个班，学员11900人，聘请教师150多名。

2011年，广州市老年干部大学成为中国老年大学协会老年教育研究基地，承担了全国相关老年教育科研任务。学校与全国300多家老年大学和广州地区

200多家市直老年教育机构保持信息和刊物交流,年刊物交流量为5000多份。

在这个阶段里,广州市老年干部大学的办学影响力日益彰显,得到社会各界的高度评价。广东电视台老年类节目有30多次对学校进行宣传报道,并获中央4台转播,获得海内外一致好评。

第四阶段——全面推进现代化建设阶段(2012年9月至今)。

2012年9月,广州市委决定由广州市政协原主席林元和同志出任广州市老年干部大学校长。随着新的学校领导班子的组成,广州市老年干部大学确立了全面推进老年教育现代化的科学转型升级的目标,加强对老年教育现代化特点、规律的研究和探索,迈入了更新的发展阶段。

2013年,广州市委、市政府决定将建筑面积43000平方米的广州医科大学南校区划拨给广州市老年干部大学办学,命名为晓园校区。

广州市老年干部大学发展呈现出一系列新的变化。第一,办学理念有了新发展。2013年5月,林元和校长在第92届AIUTA理事会及国际研讨会上提出"享受学习"这一命题,明确阐述了老年大学的办学理念,将办学目标重新定位为:"让老年人学会过更好生活的本领,分享社会进步成果,提高幸福生活指数。"第二,教学改革有了新推进。改革全面涉及学位、学制、课程设置、师资管理、校园文化建设等各个方面,特别是增设了免费信息与网络技术基础课和时事政治课,调整了部分专业课的设置,修订了招生和学位管理办法等,有效地推动了办学水平的进一步提高。第三,校际协调工作有了新突破。2012年11月,由学校牵头举办的中国老年大学协会中南片区理事会议在广州召开,完善了中南片区协作组的工作框架。2013年1月,学校牵头成立了广州地区老年大学协会,林元和任会长,广州地区有33所老年大学加入该协会。第四,学校科研取得重大进展,成果丰富。学校在老年教育现代化和老年教育国际化理论研究方面做出了创新性的贡献,发表了数十篇相关系列论文,出版了8本相关理论专著。

二、学校特色与优势

经过长期的发展,广州市老年干部大学形成了自身的办学特色与优势,主要体现在以下几个方面:第一,树立了先进的办学理念;第二,突出了现代化老年教育理论的引领;第三,建立了规范化的教学管理体系;第四,配备现代化信息化教学设备,完善了线上教学系统;第五,创设了一流的教学环境,提供人性化的老年教育服务；第六，按照教育规律办学，科学地设置了老年教育专业与课程；第七，强化老年教育教学质量管理，创建了一批品牌专业课程；第八，开展了丰富多彩的老年大学校园文化活动和老年学习团队活动；第九，坚持老年大学办学的开放性，形成了国际、全国、中南片区和广州地区4个层面的老年教育交流体系。其中比较突出的有以下三点。

（一）学校的规范化和现代化建设

1. 建立现代的、规范的管理机制。

广州市老年干部大学由2003年从老干部活动中心分离出来搬迁到下塘西路校址独立办学开始，经过不断探索和实践，已经建立起一套行之有效的管理体制。

（1）学校逐步实现"三个转变"，即从松散式管理转变为规范化管理；从传统的娱乐、休闲、健身类专业设置为主转向现代益智型、发展型多学科并列的专业安排；从传统黑板加粉笔教学转向现代化多媒体教学。

（2）学校的管理重心从校级管理转移到系级管理，学校设立的医疗保健、综合科普、民乐钢琴、声乐舞蹈、书法绘画和语言文学6个系，在专业设置、招生注册、教学监理和开展第二与第三课堂活动等方面均独立承担管理工作。学校的学员委员会在各系设立分会，实现了自主管理、分层管理和实时管理的综合和融合。

（3）学校还建立了领导班子决策及工作制度、教师管理制度、教学工作制度、行政管理制度、后勤总务管理制度、科研奖励制度等数十项规章制度，管理体制不断调整和完善，有力地推动了学校现代化办学水平的提高。

2. 建设数字化信息校园。

2004年开始，广州市老年干部大学在国内老年教育领域率先开始教学设施现代化建设，依托互联网连接建设校园局域网，设计了教务管理系统应用软件，实现了集办公应用、教学管理、学员管理、招生管理、数据共享、信息服务于一体的数字化网络系统，并逐步实现了所有教学设施网络化和多媒体应用化。数字化校园建设成效显著：建设了智能教室和云录播课室；实现了校园网络全覆盖；建设了现代化学术报告厅和小剧场；升级了多线程、多功能教务管理系统2.0版本。2021年3月，学校又配备了15台大屏幕交互式电子白板一体机，用于线上教学。

3. 重视人才队伍的信息化素养培训工作。

广州市老年干部大学十分重视适应信息化要求的人才队伍建设。首先，学校要求凡是从 2004 年之后新进入学校的工作人员都必须能够熟练使用办公自动化系统及其相关应用软件；其次，对原来的工作人员不断进行全面信息化应用技术培训，并实行岗位技能考核制度；再次，明确要求所有教师都必须通过制作 PPT 或可视听课件开展教学活动；最后，开展示范性教学公开课，推动学校各种网络化教学设施和多媒体设备的有效使用。

（二）重视理论研究

广州市老年干部大学一直坚持以教育科研引领学校发展，经过 33 年的建设与完善，逐渐建立起一套健全的老年教育理论研究工作机制。

1. 设立了理论研究专职部门。

学校于 2007 年成立了老年教育研究室，配置了专门的场地、设备、预算和专职工作人员。

2. 制定了理论研究制度。

2008 年以来，学校制定了《广州市老年干部大学研究室工作职责》等一系列研究制度，规范了理论研究工作。

3. 建立了一支综合型的研究队伍。

在校内专职研究部门的人员基础上，学校还充分调动各方力量，建立了一支由校内人员和社会上专业人士组成的研究员队伍。2019 年 4 月，通过公开招聘，组建了一支 27 人的研究员队伍，其中具有高级职称的研究人员占 80% 以上。2020 年，学校成立了专家咨询委员会，主要致力于探讨老年教育理论对老年大学实践的指导。

4. 创办了理论研究刊物。

学校于 2008 年创办了内部出版物《广州老年教育研究》（半年刊），已连续出版 26 期，共刊登全国老年教育领域内的研究论文、经验文章、行业动态等 600 多篇。

5. 注重校本研究。

每年定期组织教师座谈会、教职员工学习会和研究员研讨会等活动。此外，学校还积极组织任课教师参与教研工作，在课堂教学、课程设置、教材编写等方面不断探索，通过校本教研促进教学质量的提高。

6. 定期组织各类理论研讨活动。

1995年，学校成立了理论研究会，开始关注老年教育理论研究。2004年以来，每两年组织召开一次广州地区的老年教育理论研讨会和学术征文活动。此外，学校还根据老年教育发展形势和热点论题，每年组织多场校内及地区内的小型专题研讨会、学术报告会和学术座谈会。

7. 开展全国性课题研究。

2008年，学校参与中国老年大学协会科研项目"中国特色老年大学规范化建设研究"工作，承担该课题"项目构成"的起草；2009年承担中国老年大学协会"中国特色老年大学教育现代化研究"课题牵头的任务，出版了30万字专著《中国特色老年大学教育现代化研究》；2011年，学校参了与中国老年大学协会"中国老年教育学若干问题研究"课题，承担了其中第十五章"中国老年教育现代化问题的研究"的起草；2013年4月，学校受中国老年大学协会课题组委托，撰写了子项目"广州地区老年大学领导体制调查分析"；2013年6月，学校牵头组建了由全国19所老年大学参与的课题组，研究设计了中国老年大学教育现代化指标体系，并出版了相关学术专著；2018年，牵头组织"一带一路与老年教育研究"全国性重大课题，立项为广州市社科联重大委托课题，并于2019年出版了同名专著，受到国际老年大学协会的肯定；2020年7月，学校再次牵头组织国内老年教育界专家学者50多人开展"老年教育中国模式研究"，目前课题研究已基本完成调研和初稿工作。

8. 积极拓展国际性学术交流。

第一，促进了中国老年大学理论研究与国际对接，翻译了大量国外老年教育学者最新的论文及研究报告、信息动态，发表于《广州老年教育研究》。学校连续出版了《中国老年教育理论研究与国际对接》等4本专著；第二，组织和参与了国际老年大学协会一年两次的国际学术研讨会，并在国际会议上多次发表关于中国老年教育发展动态和学术研究的讲话；第三，提出的"一带一路与老年教育"国际对接的倡议为世界老年大学界接受，成功组织承办了2019年的武汉国际会议，发表主题为"一带一路与老年教育"国际会议宣言，由国际老年大学协会翻译为4种语言文字在全球公开。

9. 取得了丰硕的研究成果。

建校至今，教职员工、任课教师、研究员等共撰写研究文章1000多篇，发表在各级公开刊物上300多篇，获国内外各级理论研究奖项数十次。研究论文

《建设学习型政党与老年教育》《论老干部大学现代化》先后获中共中央组织部三等奖；2005年发表的论文《论无压力教学》《再论无压力教学》引起全国热烈讨论，获广州市社会创新项目奖；《从刻苦学习到享受学习》和《中国老年大学的国际化合作》先后在2013—2014年举行的第92届、第94届国际老年大学协会理论研讨会上发表，并被收录入国际老年大学协会刊物；学校研究室的《论中国老年大学的历史与发展》英文论文发表在波兰天主教大学社科年刊；在全国共有13次的老年教育理论研讨会上，学校多次获科研成果组织奖，20多个一等奖。

学校有4个方面具有创新性的理论研究成果在全国范围内产生了积极的影响。

第一，提出了"无压力教学"模式。2005年，学校管理办公室王友农副主任先后发表《论无压力教学》《探索与争鸣：老年人学习是否需要压力》《再论无压力教学》3篇研究文章，在国内引起了热烈的讨论，各大城市老年大学纷纷参与，《老年日报》指出："无压力教学的争鸣，昭示着老年教育领域出现百花齐放的春天。"2005年12月，广东省委老干部局明文要求全省老干部大学积极推行"无压力教学"模式，广东省内不少老年大学组织教职员开研讨会，专题讨论怎样实现"无压力教学"，不少学校把推行"无压力教学"的做法写进了他们办学的经验材料。

第二，提出了"老年教育现代化"重要思想。2005年年初，李善培校长提出了实施现代化老年教育的理念，受到国内广泛关注。2009年举行的广州地区"老年教育现代化与规范化"理论研讨会上，杨韬常务副校长又提出了"广州应率先实现老年教育现代化"的命题。接着，学校牵头开展中国老年大学协会课题"中国特色老年教育现代化研究"，并出版了专著《中国特色老年大学教育现代化研究》。2013年，学校又牵头开展另一个全国范围的研究课题"中国老年大学教育现代化指标体系设计"，这两本专著集体现了中国老年大学教育现代化的认知和理念，广州市老年干部大学为此做出了重要理论贡献。老年教育现代化课题研究成果被纳入了国务院颁发的《老年教育发展规划（2016—2020年）》，老年教育现代化指标体系被中国老年大学协会列为全国示范老年大学评比的基础理论。

第三，提出了"享受学习"的理念。2013年5月，林元和校长在国际研讨会上做了"从刻苦学习到享受学习"主题演讲，指出"享受学习"是老年学习的特征，是一种自觉自愿的享受型生活模式。在国际老年大学协会广州会议上，"享受学习、快乐人生"都被作为会议主题；广州地区的多次老年大学会议上，大家都在讨论"享受学习"的办学方针问题；学校将校报名称定为《享受学习》。

第四，提出了"老年教育国际化发展"论题。学校研究室于 2014 年年初提出了深入研究"加强老年大学国际化合作"的思路，通过调查问卷的方式向全国 100 多个兄弟单位征集近年的国际交流情况，在此基础上，结合我国老年大学发展情况对如何加强对外交流合作提出了建议，最终形成了研究论文《中国老年大学的国际化合作》。此文先后在 2014 年 5 月举行的"中国老年教育高峰论坛"及 2014 年 6 月国际老年大学协会法国图卢兹国际研讨会上进行讨论，促进了我国老年教育的国际化发展。另外，学校提出了老年教育融入"一带一路"倡议，并在中南地区召开了专题研讨会，推动了国际老年大学协会对"一带一路"的关注和参与。同时，学校发起研究"老年教育中国模式"，也受到国际老年大学协会的高度重视。

（三）扩大老年教育开放

1. 积极拓展老年教育国际化空间，打造更加广泛、深入的国际交流合作平台。

2013 年 11 月，中国老年大学协会国际联络部设到广州市老年干部大学。学校接受国际联络部工作后，一直积极开展国外老年教育、老年大学动态信息的收集和翻译工作。7 年来，学校为推进中国老年大学的国际化发展做出重要贡献：一是发表、出版老年教育国际新信息、动态资料近 200 多篇；二是组织中国老年大学代表团参加国际会议 14 次，发表演讲 16 次；三是接待国际老年大学协会教育和科学委员会成员到中国考察、访问 5 次，承办国际会议 4 次；四是策划组织国际议题"1+1 模式"专家研讨会 12 次，形成高水平的学术观点，实现了平视世界的国际学术对话和对接。

2. 积极参与外事活动，使学校成为展示广州老年教育和老年文化的窗口。

多年来，学校接待了来自世界各地的外国友人 100 多次。2010 年第 16 届亚运会期间，广州市老年干部大学的学员们心系亚运，参与亚运，感动了许多外国运动员。2013 年 5 月国际老年大学协会广州会议期间，学校学员积极参与了书画作品展览、现场才艺展示和文艺演出等多项活动，获得了国际和国内与会代表的一致好评。2019 年 10 月，国际老年大学协会主席维拉斯教授访问该校，写下题词称赞广州市老年干部大学为世界上最好的老年大学。

3. 牵头做好中国老年大学协会中南片区的协作工作，进一步加强中南片区校际交流，推动中南地区老年教育健康发展。

2005年11月，广州市老年干部大学校长李善培被推选担任中国老年大学协会常务理事。2007年，学校与武汉老年大学一起组织了在长沙举行的中国老年大学协会中南地区第九次协作会议。

2012年11月，林元和校长主持，在广州召开了中南片区理事会议，来自广东、广西、湖南、湖北、河南、海南6省区的中国老年大学协会理事和代表出席了本次会议。该会议通过了《中南协作组工作意见》，建立并完善了中南片区协作组工作框架。该会议确定每两年召开一次中南片区协作会议；校际开展教学、科研、教材协作；加强校际信息交流、沟通信息动态等。

4. 开展广州地区老年大学协作，加强广州地区各老年大学之间的校际交流，推动广州地区老年教育发展。

为加强广州地区老年大学的横向联系和协作、沟通信息、交流经验，2004年11月，由广州市老年干部大学倡导发起形成广州地区老年大学联谊机制"广州地区老年大学联谊会"，并于每年在广州地区开展各类老年大学联谊活动，如联谊会议、老年教育研讨会、文艺汇演和声乐大赛等，包括每年举行一次年会，每两年组织一次老年教育理论研讨会，联谊会常设办事机构设在广州市老年干部大学。

2013年1月，由广州市老年干部大学牵头成立了广州地区老年大学协会，广州地区有33所各种类型的老年大学自愿成为协会会员。广州市老年干部大学校长林元和当选为协会首任会长，协会办事机构设在广州市老年干部大学。

广州地区老年大学协会的协作工作中的一个重要内容就是开展理论研讨活动。例如，2004年11月，提出和组织"构建和谐社会与老年教育"理论研讨；2007年4月，提出"老年教育现代化"研究主题，并召开了关于老年大学现代化的理论研讨会；2009年3月发布"老年教育：现代化与规范化"研究选题，并召开了"老年教育两化建设"研讨会；2011年11月，主办了主题为"贯彻教育纲要，推进两化建设"的老年教育理论研讨会；2012年1月，提出"老年教育与党的建设"研究主题；2013年以来，广州市老年干部大学将老年教育国际化问题提升到理论研究重要议事日程，不断开展国际老年教育信息报告、沟通活动，对拓展广州市老年教育工作者的国际视野起到了重要作用。

三、学校发展愿景

"十四五"期间,广州市老年干部大学的办学规模将进一步扩大,办学水平将持续提高。主要工作重点包括以下 5 点。

(1) 实施"知识化、专业化、年轻化、梯队化"的人才战略,进一步加强办学人才队伍的建设。

(2) 将国际合作工作提到更高的水平。

(3) 更广泛深入地推进国内校际交流。

(4) 进一步优化老年大学教学质量。

(5) 再创老年教育科研新局面。

(本文由广州市老年干部大学管理办公室组织撰写,执笔人:王友农。参加调研人员:农广西、张俊香、周健慧、龚德军、邱碧华、张宇、周晓纲、黄楚婷。本书编委会对格式和内容略有调整)

第三编

广州老年教育实施方案

广州市人民政府教育督导室关于开展老年教育工作专项督导的通知

穗府教督〔2020〕5号

各区人民政府：

为全面贯彻党的十九大关于老年工作和终身学习体系建设的精神，落实《国务院办公厅关于印发老年教育发展规划（2016—2020）年的通知》（国办发〔2016〕74号）和《广东省人民政府办公厅关于大力推动老年教育发展的实施意见》（粤府办〔2017〕41号），按照《广州市推进老年教育发展实施方案（2018—2020年）》要求，积极应对人口老龄化，进一步推进全民终身学习，推动我市老年教育全面、可持续发展，促进形成全市文化养老良好氛围，决定对各区老年教育工作进行专项督导。现将有关事项通知如下。

一、督导时间

2020年7月至8月，每区安排一天时间。具体日期由我室与各区商议确定。

二、督导内容

本次重点督查各区老年教育组织领导与机制建设、办学体系与资源建设、队伍建设、保障措施、成效与特色等方面工作。（详见附件）

三、组织实施

（一）各区自查

各区于7月3日前按照督导内容进行全面自查，将自查报告、自查评分说明以书面报至我室，以上材料电子版请同时发送到邮箱：jydds@gz.gov.cn。

（二）市级督导

我室将会同市委老干部局、市发展改革委、市民政局组成联合督导组对各区开展专项督导，并将现场督查老年大学、老年学校和老年教学点，拟按以下4个步骤进行。

1. 听取汇报。听取各区有关本项工作的开展情况，请各区政府及其相关职能部门派员参加。
2. 组织座谈。召开政府相关职能部门座谈会和学校教职工座谈会，就各区老年教育发展情况进行座谈与交流。其中，政府相关职能部门座谈会由各区教育局派1名分管领导、相关科室各派1名具体负责同志参加，各区其他相关职能部门各派1名分管领导、1名具体负责同志参加；学校教职工座谈会由各区安排老年大学、老年学校、老年教学点的校长和教师代表不少于15人参加。
3. 查阅资料。在各区和现场督查的单位分别查阅相关工作资料。
4. 现场督查。现场查看各区老年大学、老年学校、老年教学点的相关建设情况。

四、督导结果应用

专项督导结束后，我室将对各区老年教育工作情况形成专项督导报告，将专题呈报至市政府，并通报各区政府。对督导结果为"不合格"的区，下达整改通知书，限期整改，跟踪督办。对存在突出问题、整改不力的单位负责人进行约谈。

五、有关要求

1. 请各区高度重视，加强组织领导，安排专人负责。请于6月19日前将联络员回执发送到邮箱：jydds@gz.gov.cn。
2. 各受检单位要严格执行中央"八项规定"和《教育部贯彻落实中央改进工作作风、密切联系群众〈八项规定〉和〈实施细则〉的实施办法》（2016年修订）有关要求，不得层层陪同，不得安排宴请，不得干扰基层正常工作秩序。
3. 请各区按照时间节点要求，及时上报自查报告，整理相关工作台账，做好迎检准备。

附件：广州市老年教育督导指标体系

广州市人民政府教育督导室
2020年6月17日

广州市老年教育督导指标体系

一级指标	二级指标	三级指标	文件依据	自评得分	专家评分
A1 组织领导 与机制 建设	B1 组织领导	C1. 开展老年教育工作指导思想明确，坚持"党委领导、政府主导、社会参与、全民行动"的老龄工作方针，建立健全党委统一领导、党政齐抓共管、部门负责的老年教育领导体制	《中国教育现代化2035》——建立健全党委统一领导、党政齐抓共管、部门各负其责的教育领导体制		
		C2. 成立区老年教育三年行动计划工作领导小组（或联席会议制度），明确相关主体部门责任，统筹整合辖区内部门、行业教育资源及社会公共资源服务老年教育	《广州市推进老年教育发展实施方案（2018—2020年）》——各区要建立由党委领导、政府统筹，教育部门牵头，组织（老干）、民政、文化、体育等主要部门密切配合，其他相关部门共同参与的老年教育管理体制，并制定区级专项工作方案		
		C3. 党政领导重视，2019年至少召开1次区级领导小组（联席）会议	—		
	B2 机制建设	C4. 把老年教育纳入民生工程予以保障；将老年教育工作纳入经济社会发展规划、年度工作计划及目标管理	《国务院办公厅关于印发老年教育发展规划（2016—2020年）的通知》——研究完善涉及老年教育的相关制度		
		C5. 贯彻上级文件精神，制定本区的老年教育实施方案、老年教育规划、老年教育年度工作计划	《广州市推进老年教育发展实施方案（2018—2020年）》——各区政府要按照全国、省、市关于发展老年教育的政策文件要求，将任务分解到本区相关部门并积极推进，确保责任主体落实到位、任务指标执行到位		
		C6. 建立老年教育人财物投入、规范统计、发展规划、激励机制等方面的标准和工作制度	—		

续上表

一级指标	二级指标	三级指标	文件依据	自评得分	专家评分
		C7. 建立发展监测评价机制和督导问责机制，将老年教育工作纳入"区、街（镇）"政府工作绩效考核内容	《中国教育现代化2035》——建立协同规划机制、健全跨部门统筹协调机制，建立教育发展监测评价机制和督导问责机制		
		C8. 依托区电大办学网络或其他教育机构，构建区、街（镇）级指导服务体系，全面实施终身教育建设的研究规划、组织领导、督导考核、数据统计、成果展示，在区教育局领导下开展日常老年教育教学业务指导工作	《广州市推进老年教育发展实施方案（2018—2020年）》——支持市广播电视大学举办"老年开放大学"（或"网上老年大学"），依托其分校网络和数字化学习办学系统，建设延伸至区、街（镇）、城乡社区的老年教育办学体系		
A2 办学体系与资源建设	B3 办学体系	C9. 各区至少建立1所老年大学，50%以上的街（镇）建有老年学校，30%以上的居（村）建有老年教学点，力争建成1个养教结合试点。依托广州电大老年开放学院或其他办学资源，建设延伸至街（镇）、村（居）的老年教育三级办学体系。整合利用现有的社区教育机构、成人文化技术学校等教育资源，加挂相关街（镇）与居（村）老年学校、学习站（点）牌子并开展老年教育活动	《广州市推进老年教育发展实施方案（2018—2020年）》		
	B4 示范性建设	C10. 加强示范性老年大学和基层老年学校及教学站点建设。培育2所老年示范学校和示范站（点），积极推动区老年大学和广播电视大学、区社区教育学院统筹建设具有地方特色的示范性老年教育学习体验基地	《广州市推进老年教育发展实施方案（2018—2020年）》		

续上表

一级指标	二级指标	三级指标	文件依据	自评得分	专家评分
	B5 学习资源库	C11. 不断完善老年教育课程建设，形成区域老年教育课程资源，如教材、电子课件等符合老年人学习特点的学习资源库	《国务院办公厅关于印发老年教育发展规划（2016—2020年）的通知》——到2020年，各省（区、市）都应初步建立起支撑区域内老年教育发展的老年学习资源库		
	B6 智慧教育建设	C12. 逐步运用信息化手段（远程教育）推进老年教育工作	《国务院办公厅关于印发老年教育发展规划（2016—2020年）的通知》——到2020年，力争全国50%的县（市、区）可通过远程教育开展老年教育工作		
A3 队伍建设	B7 管理队伍	C13. 有专（兼）职行政干部负责老年教育管理工作	—		
	B8 教师队伍	C14. 老年教育专职人员按常住老年人口每1万人配备1名。初步配备能胜任老年教育的兼职教师队伍。组织成立志愿者队伍服务老年教育	《广州市推进老年教育发展实施方案（2018—2020年）》——老年教育专职人员按常住老年人口每1万人配备1名。《国家中长期教育改革和发展规划纲要（2010—2020年）》——建立由离退休干部、专业技术人员及其他有所专长的老同志组成的老年教育兼职教师队伍。广泛开展老年志愿服务活动，到2020年，力争每个老年大学培育1—2支老年志愿者队伍，老年学校普遍建有志愿者服务组织		
	B9 专家队伍	C15. 逐步建立完善专家咨询指导机制	《广东省人民政府办公厅关于大力推动老年教育发展的实施意见》——成立省、市、县（市、区）老年教育专家库和老年教育专家咨询委员会		
A4 保障措施	B10 经费保障	C16. 将老年教育的生均经费和人员经列入区级财政预算，建立经费分级保障体系	《国家中长期教育改革和发展规划纲要（2010—2020年）》——各地根据国家办学条件基本标准和教育教学基本需要，制定并逐步提高区域内各级学校学生人均经费基本标准和学生人均财政拨款基本标准		

续上表

一级指标	二级指标	三级指标	文件依据	自评得分	专家评分
A4 保障措施	B10 经费保障	C17. 鼓励企业、民办非企业单位以及其他组织的经费投入，形成政府、市场、社会组织、学习者等多主体分担的老年教育经费筹措机制。经费使用严格监管，有老年教育经费开支的明细账目	《国家中长期教育改革和发展规划纲要（2010—2020年）》——健全以政府投入为主、多渠道筹集教育经费的体制。《国务院办公厅关于印发老年教育发展规划（2016—2020年）》——各地区要采取多种方式努力增加对老年教育的投入，切实拓宽老年教育经费投入渠道，形成政府、市场、社会组织和学习者等多主体分担和筹措老年教育经费的机制		
	B11 资源保障	C18. 场地和设施设备：逐步建设、整合区域内各类场地资源（体育馆、文化馆、博物馆、图书馆等文化、体育、休闲场所）向老年人开展适老、敬老等教育活动。鼓励、支持为街（镇）、社区综合服务设施、为老服务机构和组织因地制宜配备适合老年人的文体器材，引导有条件的公共图书馆开设老年阅览区域，提供适合老年人阅读的设备	《国务院办公厅关于印发老年教育发展规划（2016—2020年）的通知》——完善基层社区老年教育服务体系，整合利用现有的社区教育机构、县级职教中心、乡镇成人文化技术学校等教育资源，以及群众艺术馆、文化馆、体育场、社区文化活动中心（文化活动室）、社区科普学校等，开展老年教育活动		
A5 成效与特色	B12 办学成效	C19. 区内老年人精神文化需求得到满足，老年教育满意度逐步提高	—		
		C20. 各类老年大学逐步面向社会办学，进一步扩大老年教育参与率，以各种形式参与老年教育活动的人群占老年人口总数的比例为30%以上	《广州市推进老年教育发展实施方案（2018—2020年）》		

续上表

一级指标	二级指标	三级指标	文件依据	自评得分	专家评分
A5 成效与特色	B13 办学特色	C21. 区内老年教育教师、工作者、学员、学院等获广州老年开放大学的各类奖项或拥有各级荣誉称号、单项先进等	—		
		C22. 在建设示范性老年教育学习体验基地基础上，开展养教结合、游学养基地等试点工作	《国务院办公厅关于印发老年教育发展规划（2016—2020年）的通知》——结合区域实际，建设不同主题、富有特色的老年教育学习体验基地。《广东省人民政府办公厅关于大力推动老年教育发展的实施意见》——推动有条件的地市老年大学、广播电视大学和开放大学建设具有地方特色的示范性老年教育学习体验基地。《广州市推进老年教育发展实施方案（2018—2020年)》——推动市、区老年大学和广播电视大学、区社区教育学院统筹建设具有地方特色的示范性老年教育学习体验基地		
		C23. 依托老年教育三级业务办学体系，弘扬岭南传统文化，实施老年教育特色项目建设工程	《国务院办公厅关于印发老年教育发展规划（2016—2020年）的通知》——推动开放大学和广播电视大学举办"老年开放大学"或"网上老年大学"，并延伸至街（镇）、城乡社区，建立老年学习网点		
		C24. 创新使用"互联网+"教学手段，积极参与广州老年开放大学线下、线上各类活动，创新课程资源建设，提高老年学员参与率	—		

续上表

一级指标	二级指标	三级指标	文件依据	自评得分	专家评分
A5 成效与特色	B14 教育科研	C25. 建有区内老年学习团体，并支持老年学习团体积极开展为老活动、服务社会活动	《中国教育现代化2035》——扩大社区教育资源供给，加快发展城乡社区老年教育，推动各类学习型组织建设。《国务院办公厅关于印发老年教育发展规划（2016—2020年）的通知》——鼓励老年人自主学习，支持建立不同类型的学习团队		
		C26. 参与1项市老年开放大学及以上课题研究或老年教育特色品牌项目	《国务院办公厅关于印发老年教育发展规划（2016—2020年）的通知》——依托有关高校、科研院所、老年教育机构等建立若干个老年教育研究基地，开展老年教育基础理论研究、政策研究和应用研究，探讨和解决老年教育发展中的重大理论和实践问题。《广州市推进老年教育发展实施方案（2018—2020年）》——依托市广播电视大学、市老年干部大学等机构建立若干个老年教育研究基地，加强老年教育学术期刊建设		
		C27. 有2篇以上老年教育相关论文公开发表或收录在老年开放大学论文集中			
		C28. 获得市或省、国家级与老年教育相关奖项			
		C29. 支持市教育局或市老年开放大学相关课题调研工作			
	B15 宣传展示	C30. 设置线上或线下的老年教育宣传专栏，定期发布老年教育年度计划、月度计划及相关教育培训信息	《国务院办公厅关于印发老年教育发展规划（2016—2020年）的通知》——充分发挥广播电视、报纸杂志、门户网站等媒体作用，开设贴近老年人生活的专栏专题		

续上表

现场查看基本情况			
自评得分	____个A，____个B，____个C_2	自评等级	
专家评分	____个A，____个B，___个C。	综评等级	
专家组签名			

说明：1. 自评得分与专家评分栏对应填写 A、B、C。

2. A：全部达到，或完成情况良好；B：基本达到，或存在部分缺陷；C：不达到，或没有任何数据资料佐证。有数值标准时，全部达到为 A，任何一项每下降 10 个百分点，评分下降 1 个等次。

3. 填写 B、C 时，请在备注栏简要说明理由，控制在 50 个字以内。

4. 督导结果等级：优秀：A≥26，C≤2；良好：A≥24，C≤3；合格：A≥18，C≤4；不合格：C≥5。

关于印发《广州终身教育供给体系建设方案（试行）》的通知

穗电大远程教育处〔2014〕9号

校属各学院、各分校：

为深入贯彻落实党的十八大精神，以及《国家中长期教育改革和发展规划纲要（2010—2020年）》和《教育部等七部门关于推进学习型城市建设的意见》等文件精神，推动广州终身教育事业发展，促进广州学习型社会建设，办好国家开放大学（广州）开放大学，支持学校转型发展，现将《广州终身教育供给体系建设方案（试行）》印发给你们，请共同做好实施工作。

广州市广播电视大学远程教育处
2014年12月29日

广州终身教育供给体系建设方案（试行）

一、指导思想

党中央、国务院高度重视发展终身教育，党的十八大报告提出"完善终身教育体系，建设学习型社会"的战略任务。《国家中长期教育改革和发展规划纲要（2010—2020年）》提出"到2020年，努力形成人人皆学、处处可学、时时能学的学习型社会""构建灵活开放的终身教育体系"的目标。《教育部等七部门关于推进学习型城市建设的意见》要求"以改革创新为动力,以信息技术为支撑,努力构建灵活、开放的终身教育体系"。广州市广播电视大学以党中央、国务院关于终身教育发展的要求为指导,制定本方案。

二、实施背景

2011年,国家教育体制改革试点项目"推进广州学习型社会建设"立项。2012年2月,经广州市政府常务会议审议,广州市教育局印发了《推进广州学习型社会建设试点项目实施方案》(简称《方案》)。《方案》明确广州市广播电视大学为重要实施主体,开展学习型社会建设,要求重点从更新理念、构建体制、改革机制、创新模式等方面开展实践探索,初步形成特色鲜明的广州学习型社会建设的理论模式和实践模式。

学校党委高度重视该项工作,统筹校内有关部门共同落实相关工作,在研究规划、平台建设、数字化资源建设等方面取得了初步成效。通过研究,发现了广州终身教育存在教育资源供给不足、教育资源质量不高、课程开发缺乏特色三大突出问题。为破解上述难题,经学校同意,特制定并发布本方案。

三、建设目标

以广州终身教育供给体系建设为突破口,用五年左右的时间,打造终身教育办学体系,开展形式多样的、高质量、有特色的终身教育活动,满足老年人、青少年、在职人员等不同人群各层次的终身学习需求,打造"融入传统文化、体现岭南特色"、具有国内一流水平的广州终身教育品牌。

四、发展思路

围绕广州终身教育存在的三大突出问题,以"数量、质量、特色"三维并举为发展思路,以三大实施路径破解发展难题:一是整合广州电大办学系统,运用市场机制,联合行业企业、社会力量等多方教育资源,打造广州终身教育办学系统;二是推动教学改革,开展课程、教材、资源建设,形成符合终身教育规律和适应广大学习者需求的优质教育资源供给;三是扎根中国优秀传统文化和岭南文化,聚焦粤剧、岭南建筑艺术、醒狮等非物质文化遗产和民俗文化,开发课程、数字化资源、教材，打造岭南特色终身教育品牌。

五、重点任务

（一）广州终身教育办学系统建设

1. 完善数字化学习办学系统。在已形成 25 家数字化学习分中心的基础上，继续广泛开展合作，扩大办学系统，进一步完善机制、规范管理。推进覆盖全市各区的线下数字化学习中心建设，推动线上学习资源在线下的落地。

2. 开展终身教育办学系统建设。在数字化办学系统建设的基础上，进一步打造广州终身教育办学系统。以我校公办分校为主力，打造一个延伸至基层的广州终身教育"市—区—街（镇）"三级办学体系，鼓励分校探索办学体系进一步向居（村）一级延伸。运用市场调节机制，吸纳更多大型企业、行业协会、优质社会培训机构加入广州终身教育办学系统建设中来。

（二）完善终身教育数字化学习平台建设

1. 引入国家数字化学习资源中心资源。根据老年人、青少年、在职人员的学习需求，依托广州市广播电视大学作为国家数字化学习资源中心广州分中心的优势，引入国家数字化学习资源中心资源库中符合广州终身学习者特点的微课程资源。

2. 继续完善数字化学习平台。不断丰富和完善"广州终身学习网"的功能，构建便捷、安全的注册和学习功能，建设移动学习手机 APP；深化与广东有线网络在"多屏互动市民学习电视平台"上的合作；方便各类学习者通过互联网、有线电视、手机等多种终端实现远程学习。

（三）加强终身教育线上线下教学资源建设

1. 开展终身教育课程建设。支持继续教育学院、各分校根据老年人、青少年、在职人员的多样化学习需求，开设各种类型的终身教育课程，打造一批终身教育品牌课程。

2. 开展终身教育数字化资源建设。依托试点项目，继续开发整合终身教育多媒体课程资源，重点建设一批终身教育数字化精品学习资源。

3. 开展终身教育教材建设。支持终身教育专用教材的编写，鼓励条件成熟的课程正式出版终身教育教材。

4. 资源共享。在办学系统内共享师资、微课程、视频公开课、精品课程等各类教育教学资源。

（四）培育岭南特色终身教育资源

1. 聚焦岭南文化微课程建设。聚焦粤剧、牙雕等非物质文化遗产资源，飘色、醒狮、疍家文化等民俗资源，粤菜、岭南建筑艺术、广东地方史等传统文化资源，重点建设一批岭南文化系列线上微课程。

2. 培育传统文化、岭南文化特色课程。整合系统内资源，支持办学系统成员开展传统文化、岭南文化主题的公益讲座、兴趣班、体验班等形式多样的线下教学活动。

（五）支持开展公益讲座活动

争取政府专项经费的支持，深入街（镇）、居（村）开展传统文化、法律、心理健康、健身养生等主题多样的公益讲座，推动教育资源下沉，推动城乡社区逐步形成终身学习氛围。

（六）开展终身教育队伍建设

1. 培养专（兼）职师资队伍。依托校本部、各分校以及社会各界有志于参加终身教育事业并具有专业水平的单位和个人，建立一支专（兼）职终身教育教师队伍，加强对终身教育教师的专业化培训，培养一批终身教育的专业骨干，提升教育教学能力。

2. 培养专（兼）职管理团队。加强对终身教育管理人员的培训，逐步培育起一支熟悉终身教育规律，服务全市、区、基层的终身教育教学管理团队。吸纳包括街道社区工作者、退休人员在内的各类人员参与到终身教育教学服务中来，探索建设终身教育志愿者队伍。

（七）加强终身教育内涵建设

1. 开展终身教育管理制度建设。建立健全涵盖教学管理、师资管理、课程建设、质量评价等各方面的管理体系。

2. 深化终身教育研究。加强终身教育的理论研究、政策研究和实践研究，引领终身教育工作水平提升。开展终身教育学术交流活动。

3. 评奖表彰。开展对优秀终身教育办学机构、优秀基层学习点、优秀教师、优秀管理工作者、优秀学员的表彰。推荐绩效突出的单位和个人参加国家、省、市级的有关评奖表彰。

4. 宣传推广。通过开展终身学习活动周、体验日、敬老日等活动以及主流媒体和主要网络媒体对终身教育进行宣传，提高知晓率和参与度。

广州数字化学习系统管理办法（试行）

广州数字化学习服务指导中心
2014 年 7 月

第一章 总则

广州数字化学习系统是广州市政府在推进广州学习型社会建设过程中，依托国家教育体制改革试点项目"广州推进学习型社会建设"，由广州市政府主办，广州市广播电视大学建设的汇聚高品质数字教育资源的公共服务平台，面向社会各级各类教育受众，提供丰富多样的数字化教育服务的广州终身学习数字化公共服务体系，是广州学习型社会建设和终身教育发展的重要载体和品牌。为加强对广州数字化学习系统的规范管理，促进数字化学习的推广应用及广州学习型社会和终身教育体系发展建设，特制定本管理办法。

第一条 功能定位：广州数字化学习系统是立足广州地区，以政府为主导，由广州市广播电视大学为教育主办单位，整合各类高等院校和教育培训机构优质资源，运用数字信息技术及标准化服务手段，通过建设综合管理服务功能强大、数字化教育项目丰富的数字化学习平台"广州终身教育网"（www.gzlll.cn）和"广州终身学习"公众号，构建覆盖广州地区的数字化学习办学系统，面向社会各级各类教育受众提供丰富多样的数字化教育服务的公共服务体系。

第二条 服务宗旨：广州数字化学习系统各项业务的开展应遵守国家法律法规，贯彻党和国家政府关于大力发展远程教育，构建终身教育体系，建设学习型社会的精神，保证为广州市民提供高品质数字教育资源及公共教育服务，为实现"人人皆学，时时能学，处处可学"的学习型社会提供支持和服务。

第三条 组织模式：广州数字化学习系统的建设由广州市数字化学习服务指导中心领导，广州市广播电视大学为教育主体，同时以广州市广播电视大学办学系统为主，广泛吸收符合条件的教育培训机构、院校、企业、行业等，形成多元化的基层办学组织体系，共同承担广州数字化学习的推广应用、教学实施和服务。

第四条　数字化平台建设：广州数字化学习平台是构建数字化学习公共服务体系的关键和基础，以政府投资为主，由广州市广播电视大学承担建设，将其建成具备完善教育服务支撑能力和开放合作支撑环境，可满足学习者终身学习需求的广州终身学习公共服务大平台。

第五条　办学系统管理：广州数字化学习系统是广州数字化学习体系的基层教育组织体系，将按照标准化原则，建设具有统一公共服务形象、标准化管理配置、数字化教育体验特色的覆盖广州生活社区、方便市民学习的终端系统。为不断完善办学系统的规范管理，制定《广州数字化学习办学系统建设管理办法》等规定，规范好各级各类学习终端的环境建设、日常运营、招生组织、教学服务等。

第六条　教学教务管理：广州数字化学习系统内各类数字化教育业务将依托"广州终身学习网"（www.gzlll.cn）门户网站，统筹开展线上线下面向各类群体的数字化学习服务。广州市广播电视大学负责制定完善广州数字化学习系统各类教学教务管理规范及日常督导管理。

由广州市广播电视大学引入的第三方办学机构的业务，其教学教务管理由第三方办学机构组织实施和管理。

第七条　本管理规定适用于广州数字化学习系统相关业务管理范畴，并参照分类管理办法具体执行。

第八条　本管理办法由广州市数字化学习服务指导中心、广州市广播电视大学负责解释。

第二章　系统构成与职责

第九条　办学系统主要是由政府投资，由广州市数字化学习服务指导中心（以下简称"指导中心"）指导，广州市广播电视大学主办的广州市终身教育和学习型社会基层教育组织体系，主要依托广州市广播电视大学的原有的办学系统，以及广州地区社区、街道、企业、院校、社会培训机构等，并深入政府行业、公共场所，建成具有公共教育服务形象、标准化管理配置、数字化教育体验特色的广州数字化学习办学系统，为广州各级各类学习者提供标准化、开放式的数字化学习环境，并使其享受"广州终身学习网"（www.gzlll.cn）平台上各类教育资源、特色教育项目以及完善的学习支持服务，从而实现人人皆学、时时能学、处处可学的广州学习型城市愿景。广州市数字化学习服务指导中心根据社会教育发展方向开发培育特色社会教育项目，着重打造特色品牌，扩大市场品牌效应。整合系统内优质课程、师资、项目等资源，搭建广州社会教育资源库，确保系统内资源共享。申请财政专项支持、落实政府经费实施。统筹指导各分中心申报、实施、推广社会教育项目。提供"广州终身学习网"PC端、移动端平台使用及支撑服务。

第十条 各分中心应积极贯彻执行国家、地方有关终身教育及学习型社会建设的方针政策，认真执行广州市数字化学习服务指导中心的各项规章制度，积极承担区域范围内的终身教育和学习型社会建设任务及其他有利于促进学习型社会建设、提升公民素质的社会公益活动。根据区域内人员情况及需求，积极开展多类型社会教育项目、重点培育特色社会教育项目，打造成具有区域代表性、品牌性项目。

第十一条 根据广州市数字化学习服务指导中心的要求和工作安排，在广州市数字化学习服务指导中心统筹指导下，各分中心应积极开展各类社会教育项目推广应用和招生组织，提供教学场地及相关教学设施。面向所在区域进行社会教育项目品牌推广、相关社会教育项目教学服务、线上线下组织管理，确保学员教学及服务质量。积极响应系统社会教育资源库建设，共同分享社会教育项目发展经验及成果，实现优质资源共建共享。落实好财政资金使用情况，确保财政资金正确、有效使用，专款专用。

第十二条 各分中心行政管理上实行广州市数字化学习服务指导中心和合作单位双重领导体制。其业务工作归口指导中心指导和管理；行政管理工作则隶属于合作办学单位。各分中心应合理配置工作岗位人数，以保证学习中心运作正常。建立健全的岗位职责、考核、值班轮班及考勤制度。完成广州市数字化学习服务指导中心制定的年度工作指标，按照要求定期将对社会提供终身教育服务的内容和人次数量等工作进行登记和统计数据上报。按照广州市数字化学习服务指导中心的要求，及时、准确地报送本中心工作材料。定期总结、汇报项目推广及其他工作情况，及时解决遇到的问题。对指导中心在管理中存在的不足和问题提出意见和建议。

第十三条 各分中心应接受广州市数字化学习服务指导中心的检查和评估，做好与指导中心协商达成一致意见的其他事务。

第三章　分中心准入和退出管理

第十四条　准入条件：申请加入数字化学习办学系统的单位需具有独立法人资格，遵守国家法规和教育行政部门有关网络教育的相关规定。

第十五条　申请加入数字化学习办学系统的单位在管理体制和运行机制上应具有一定的稳定性，有上级主管部门的支持和稳定的经费投入。申请单位设立学习中心需拥有能够开展数字化办学的场地，场地应位于人群相对集中、交通方便的区域，有固定及独立场所；场地总面积不低于120平方米，具备教育展示、学习体验、接待服务、办公等功能；并应配备用于教育展示、学习体验、数字化学习的电脑等相关硬件设施；还应配备具有开展终身教育的理念和服务意识，有一定社区教育教学管理及学习支持服务方面经验的负责人1名，招生服务及教学教务人员不少于2名。

第十六条　申请加入数字化学习办学系统的单位需依照程序向指导中心提出书面申请，在通过指导中心审核后，经分管校领导研究同意设立数字化学习分中心的，由办公室通知申办单位，并签署《合作共建广州数字化公共服务体系协议》。由办公室印发《关于同意设立广州数字化学习中心各分中心的批复》，并按统一标识制作铭牌。

第十七条　经批准成立的数字化学习办学系统，要按照国家相关规定向广州市教育行政管理部门备案或向广州市登记管理机关登记注册。

第十八条　退出管理：各学习分中心与总中心合作协议期满，因其自身原因等不继续合作的，则由分中心提前一个月提出书面申请，经总中心批复，并在一个月内妥善处理其他相关事宜，经广州市数字化学习服务指导中心审核同意，报广州市广播电视大学批准后，予以撤销。

第十九条　各数字化学习分中心有下列行为的，应视其严重程度由指导中心给予撤消该学习中心的处理：

（一）违反国家法律和行政法规；

（二）严重违反本管理办法的各项条款，不履行与指导中心签订的建立数字化学习办学系统的协议；

（三）在办学过程中出现侵犯广州数字化学习体系所管辖教育资源的行为；

（四）在管理上严重失职，有损广州数字化办学系统的声誉；

（五）使用广州数字化学习体系所属的教育教学资源，进行其他经营活动；

（六）自行与其他单位或者个人签署广州数字化学习教育相关办学协议；

(七)自行将广州数字化学习体系所属的各类项目外包或者转让给其他单位或者个人;

(八)自行从事以独立办学为目的的各类教学活动,不得下设分支机构或其他分中心。

分中心因以上行为被给予撤销处理的,经广州市数字化学习服务指导中心审核同意,报广州市广播电视大学批准后,予以撤销。

第四章 教务教学管理

第二十条 总中心负责对各学习分中心的教学实施情况进行督导、检查、评估,以促进各学习分中心的项目教育教学工作的开展。

第二十一条 总中心根据各学习分中心提供的讲座通知、师资、课程、宣传通稿等讲座组织实施过程信息和资源,统一在"广州终身学习网"平台发布,做好宣传推广工作。

第二十二条 各学习分中心在广州市数字化学习服务指导中心的指导下开展数字化社会教育活动,每年按期积极申报各类社会教育讲座。经指导中心审批后,组织开展相关社会教育讲座。

第二十三条 各学习分中心要督促第三方提供师资介绍、课程主要内容介绍等资料,做好讲座宣传、学员报名、场地安排、教学组织和通知发布等相关工作。

第二十四条 各学习分中心要组织学员注册并登录"广州终身学习网"、关注"广州终身学习网"微信公众号,向学员介绍平台功能和学习形式,促进学员网上学习,提高"广州终身学习网"平台的使用效率。

第二十五条 各学习分中心需做好任课教师资格审核,保障教学质量,把握教师的言论导向。

第二十六条 各学习分中心要根据讲座开展所需教具、场地环境等要求,协助做好环境布置和材料准备等工作。

第二十七条 各学习分中心在组织开展每场讲座时,要协助第三方组织学员加入讲座学习微信群,督促以线上线下相结合的方式开展讲座,增强学习效果。

第二十八条 各学习分中心要做好讲座的教学过程管理,维持现场教学秩序,收集讲座中微信群内学员提出的问题,反馈给主讲老师进行解答。

第二十九条 讲座结束后,各学习分中心要做好教学质量及管理服务质量测评，并向总中心反馈质量测评结果。

第三十条　各学习分中心要及时整理上课视频、音频和文字等资料并提交总中心，各学习分中心要及时做好讲座全过程教学资料存档工作，做好教学档案建设与管理。

第五章　运营管理

第三十一条　广州市数字化学习服务指导中心负责构建广州终身教育总体规划，整合政府资源，向上申请财政专项支持，向下落实政府经费实施，对各分中心的运营按财政规定给予相应支持与监督。

第三十二条　广州市数字化学习服务指导中心根据财政划拨的年度社会教育项目经费，组织项目实施，并规范各学习分中心承办社会教育培训项目的实施流程、经费使用标准和经费支付要求等，以确保专项经费的规范使用。

第三十三条　各分学习中心通过前期申报，经专家小组审核，并签署相关协议后由各学习分中心组织实施。

第三十四条　总中心负责对各学习分中心项目实施进行督导、检查、评估，以促进各学习分中心的项目规范、有效地开展。

第三十五条　为促进系统项目运营管理，总中心将定期组织各分中心相关人员的培训工作，以提升管理能力和水平。

第三十六条　各学习分中心要设立项目财务管理岗位，由专人对项目开展经费进行管理，确保项目经费的合法、规范使用。

第三十七条　各学习分中心按要求组织培训项目实施工作，在完成并提交项目实施相关材料后，总中心按项目完成进度向学习分中心进行支付。

第六章　固定资产管理

第三十八条　各数字化学习中心指定一名负责人主管固定资产管理工作，并按照要求对固定资产进行管理。

（一）高度重视固定资产的管理工作，制定相关内部管理规定，把每件资产的管理责任落实到使用人，做到"谁使用、谁保管、谁负责"；

（二）做好固定资产明细建账、管理登记工作；

（三）及时记录固定资产使用状况、使用地点及调动情况；

（四）定期检查、核对固定资产，保持固定资产的账、物、标签相一致；

（五）委托管理的设备不再适合在双方合作共同推广（广州）学习型社会建设项目业务中使用，或已达到报废程度时，分中心固资负责人向总中心提出书面说明，由总中心审核检验后收回。

第三十九条 各学习分中心应严格执行受托管理的设备的操作规程，在使用过程中不得擅自拆装或调换仪器设备及其附件，确保设备处于完好可用状态。

（一）如造成设备损坏或丢失（包含部件的损坏和丢失），要及时查明原因，并写出详细书面材料报告至广州市数字化学习服务指导中心；

（二）如因学习分中心责任造成设备损坏的，学习分中心按照固定资产的修复金额进行赔偿；因学习中心责任造成设备丢失的，学习分中心按照固定资产的原值进行赔偿；

（三）学习分中心应保证托管设备的完整，未经总中心同意，学习分中心无权自行处理或报废托管设备；

（四）学习分中心因对设备设施使用、管理不当等而造成故障时，如设备在质保期内，由总中心与设备供应商沟通安排修复，超过质保期时则由学习分中心负责自行修复；

（五）设备回收时，设备配置应等于或高于原配置。

第四十条 学习分中心应遵守国家及总中心关于国有固定资产管理的相关规定，总中心有权根据国有固定资产管理的相关规定，随时对委托管理的设备进行检查，学习中心应予以配合。

第七章 平台建设与使用管理

第四十一条 广州终身学习平台包括"广州终身学习网"和"广州终身学习"公众号，服务广州市终身学习型社会建设、社区教育和老年教育。

第四十二条 总中心负责平台建设，根据现代信息技术发展，规划并更新广州终身学习平台功能，简化优化使用体验；根据广州学习型社会项目持续建设要求，对版面和板块作出对应的调整，做好平台建设与推广。

第四十三条 总中心负责平台网络信息安全和用户信息安全服务，确保平台安全、稳定运行；各学习分中心在使用平台时要高度关注网络安全问题，发现或发生相关安全问题，应及时上报总中心解决。

第四十四条 总中心根据广州学习型城市建设项目持续建设规划，定期做好数字化学习课程资源的建设与推广。

第四十五条 总中心负责做好各分中心用户数据跟踪，根据需求提供多方位的统计数据，并协助各分中心做好用户服务，对使用过程中出现的问题及时跟进处理。

第四十六条 各学习分中心要积极参与平台数字化学习资源建设，做好各项培训课程的音频、视频和文本等资料的整理，并交总中心审核后上传到平台相应版块实现资源共享，丰富平台数字化学习资源的内容。

第四十七条 各学习分中心结合总中心项目及各自培训项目的开展组织好平台资源的推广与应用，确保每月有一定数量的新注册学员及一定数量的在线活跃人数，并协助总中心对学员的注册信息进行筛选，确保用户信息真实、有效、合法。

第四十八条 各学习分中心配合总中心对平台的运营，收集用户使用过程中出现的问题，并反馈给总中心进行处理，根据学习使用平台的实际需求，向总中心提供平台建设合理建议。

第八章 资源建设管理

第四十九条 各学习分中心在总中心的指导下结合项目实践积极开展资源建设，提升系统建设的质量，促进系统建设的内涵发展。

第五十条 系统资源建设主要包括社会教育项目精品课程打造、优质教材编写及发行、优秀师资培养、先进的教学手段开发与运用、优秀管理团队培育、教育教学研究等方面。

第五十一条 总中心根据各学习分中心在广州学习型社会建设中各项目的建设基础，结合当地特色和资源优势，确定社会教育精品项目培育计划和方案。

第五十二条 各学习分中心结合中心资源特色和建设经验，向总中心申报分中心社会教育精品项目培育方案，经总中心审核后，给予相应的建设经费支持。

第五十三条 各学习分中心在社会教育精品项目培育建设中要注重将实践与理论相结合，遵循成人教育的一般规律，在建设过程中形成自身实践经验和特色。

第五十四条 各学习分中心在资源建设中，要注重经验总结提升，积极开展教育教学研究，形成理论成果，以指导实践。

第五十五条 各学习分中心在资源建设中，要注重团队培养，积极培育优秀师资和优秀管理团队，确保项目建设的可持续性。

第五十六条　各学习分中心在社会教育精品项目培育建设中要积极融合系统资源，将线下资源建设与线上资源建设紧密结合，把握资源建设的整体性，提升资源建设质量。

第五十七条　总中心全面协调和统筹系统资源建设，并及时做好资源建设成果的总结与提炼，促使社会教育精品项目在服务社区、服务百姓和服务当地经济发展的同时，形成可复制、可借鉴的理论成果或模式，发挥示范引领作用。

第九章　宣传管理

第五十八条　广州数字化学习系统应宣传遵守国家相关法律法规，宣传内容和主题需符合社会主义精神文明建设的相关要求，符合社会发展的主旋律。

第五十九条　总中心负责制定广州数字化学习系统统一的宣传标识体系，各学习分中心在开展各项目过程中统一使用"广州终身学习网"标识体系宣传，强化"广州终身学习网"的品牌力度和知名度，共同打造以"广州终身学习网"为品牌的广州数字化学习系统。

第六十条　各学习分中心要加强宣传团队建设，提高宣传意识，做好线下宣传的同时，充分运用PC和移动平台，做好线上宣传，扩大宣传力度和效果。

第六十一条　各学习分中心要积极扩宽宣传的渠道和形式，对各项目开展的过程进行充分的宣传，促进区域内居民更多地了解并参与终身学习。

第六十二条　各学习分中心要加大对资源建设成果的宣传力度，并积极参与广州终身学习活动周的宣传推广活动。

第十章　考核与奖惩

第六十三条　为了更好地促进系统内涵建设，提升服务质量，总中心组织对各学习分中心的项目开展情况进行督导、考核、评估工作。

第六十四条　总中心根据考核评估工作，定期对各学习分中心项目实施情况进行总结，评比和表彰优秀项目、优秀集体、优秀师资、先进工作者等。

第六十五条　对于在考核评估工作中出现项目实施未达到目标的，或未能按规定时间实施项目的，总中心将相应扣减支持经费，并以此作为下一年度项目申请是否通过的考量依据。

关于印发《广州电大推进老年教育实施方案》的通知

校属各单位、各分校：

　　为贯彻落实国务院《老年教育发展规划（2016—2020年）》《广东省人民政府办公厅关于大力推动老年教育发展的实施意见》及《广州市推进老年教育发展实施方案》，推进广州老年教育事业发展，办好国家开放大学（广州）开放大学，推动学校转型发展，现将《广州电大推进老年教育实施方案（2018—2020年）》印发给你们，请遵照执行。

　　附件：广州电大推进老年教育实施方案（2018—2020年）

广州市广播电视大学
2017年11月24日

广州电大推进老年教育实施方案（2018—2020）

一、实施背景

　　为贯彻落实《国务院办公厅关于印发老年教育发展规划（2016—2020年）的通知》（国办发〔2016〕74号）和《广东省人民政府办公厅关于大力推动老年教育发展的实施意见》（粤府办〔2017〕41号），积极应对人口老龄化，进一步推动广州市老年教育全面、可持续发展，促进形成全市文化养老良好氛围，广州市广播电视大学按照国家开放大学、市教育局、市委老干部局的部署，配合电视大学的转型，主动承担了办好广州老年开放大学的任务。为此，制定本方案。

二、主要目标

到2020年，基本建成国家开放大学（广州）老年开放大学的"市—区—街（镇）—社区（村）"四级老年教育办学和服务体系；建成老年远程学习平台，确保其功能完善、操作便利；能满足互联网、IPTV、数字电视、手机等多种终端的远程学习，网上平台学习资源丰富，线下体验和学习支持活动多样，"互联网+老年教育"学习模式初步探索形成；拥有一批经验丰富的老年教育教师和业务骨干；"老年教育信息库"基本建成，运用大数据技术实现老年教育资源的精准配送。

三、重点任务

（一）完善老年开放大学办学体系

1. 依托国家开放大学老年开放大学办学。国家开放大学正式批复我校成立"国家开放大学（广州）老年开放大学"。下一步，我校应依托国开老年开放大学丰富的资源和自建资源、先进的网络平台，探索与国家开放大学共建、共赢、共享的新机制，打造自身的老年教育品牌，共同办好远程老年教育。

2. 建设老年大学办学体系。结合广州市广播电视大学覆盖全市、延伸至基层的分校（工作站）、数字化学习分中心办学系统，逐步形成"市—区—街（镇）—社区（村）"四级办学体系；适时启动面向分校（工作站）、数字化学习分中心的老年大学分校申报工作；通过对申报单位教学资质、师资水平、硬件设施的评估，对符合要求的单位授牌成立"国家开放大学（广州）老年开放大学分校"；鼓励分校在所在区延伸至街（镇）、社区（村）设立社区学校、教学点，试点第一年，每个分校至少建设两所街（镇）老年教育学校和两个社区（村）老年教育教学点。

3. 启动仪式。在2017年年底举办"国家开放大学（广州）老年开放大学"挂牌仪式，并为条件成熟的单位挂牌成立老年开放大学分校。

（二）推进老年学习平台建设

1. 对接国家开放大学老年大学资源。国家开放大学是全民终身学习的公共服务平台，目前已建成网页、微信、手机客户端等学习平台，应充分利用国家开放大学线上线下相结合的学习模式引导鼓励更多的老年人依照自身的兴趣爱好、生活需求等开展自主学习。

2. 利用好"广州终身学习网"平台。整合"广州终身学习网"的相关资源，在网页端和手机 APP 开设老年教育频道；上线本校自制的和与其他单位合作制作的网络公益课程视频。

3. 建设老年远程学习平台。以申请专项经费的方式建设自有的老年远程学习平台，不断丰富网上学习资源，构建便捷、安全的注册和学习功能，方便老年人通过互联网、IPTV 和手机等多种终端实现远程学习，推动"互联网＋老年教育"学习模式的发展。

（三）整合老年教育优质教育资源

1. 培养专业师资队伍。依托校本部、老年开放大学分校及市老年干部大学等机构的师资力量建立老年教育专职教师队伍，加强对老年教育专职教师的专业化培训，培养一批老年教育的专业骨干，提升教育教学能力。

2. 课程和资源建设。支持校本部、老年开放大学分校开展教育教学实践，打造一批品牌培训课程；鼓励对条件成熟的课程编写出版老年教育教材；积极开发整合远程老年教育多媒体课程资源，重点建设一批老年教育数字化精品学习资源。

3. 资源共享。在办学系统内共享师资、微课程、视频公开课、精品课程等各类教育教学资源；建立包括师资、课程、学习活动和学习需求等广泛内容的"老年教育信息库"，运用大数据技术，加强对老年教育课程需求、教育质量等数据的采集、清洗、分析、挖掘和反馈，促进课程的精准开设和教师的精确选择，实现教育项目的精准配送，提高老年教育质量与效率。

（四）宣传推广

设计"国家开放大学（广州）老年开放大学"标识系统，校本部及老年开放大学分校统一使用。制作老年开放大学招生宣传海报、宣传单、标牌和展板等宣传品。通过举办挂牌仪式、终身学习活动周和敬老日等活动，在主流传统媒体和主要网络媒体对项目进行宣传，提升项目的知晓率和参与率。

（五）评价考核

1. 绩效评估。每年对老年开放大学分校开展老年教育的招生数、教学质量、学员满意率、基层覆盖率情况进行绩效评估。

2. 评奖表彰。每年表彰1个区级示范分院、1个街道示范学校、1个社区示范教学点、1个品牌培训项目及1批优秀学员。推动有条件的区老年开放大学建设具有地方特色的示范性老年教育学习体验基地，建成1个市级的示范性老年教育学习体验基地。推荐绩效突出的单位和个人参加国家、省、市级的有关评奖表彰。

（六）科研和交流

市电大与市老年干部大学等机构联合组建广州老年教育研究所，加强老年教育的理论研究；联合市社会科学院及相关高校，开展重大决策咨询研究、老年教育工作问题、对策与发展研究等；建设好老年教育学术期刊，促进老年教育实践工作的开展，提高老年教育工作水平；定期开展老年教育优秀研究成果交流活动，建立国内外老年教育交流与合作机制，促进与国际"第三年龄大学"之间的沟通与交流。

国家开放大学（广州）老年开放大学办学系统管理办法（试行）

为了进一步规范国家开放大学（广州）老年开放大学（以下简称"广州老年开放大学"）办学系统的建设与管理，促进各学院、学校的协调发展，不断提高和完善办学系统教学质量与服务体系，结合广州老年开放教育具体实际，特制定本办法（试行）。

第一章　总则

第一条　本办法中的"学院、学校"，是指符合广州老年开放大学办学条件要求，经办学单位申报、广州老年开放大学考察和审批同意，设在广州市各区、街（镇）的具体教学实施单位。

第二条　设立学院、学校旨在充分发挥广州老年开放大学系统优势，整合社会教育资源，为老年教育提供学习支持服务，落实教学及教学管理环节，保证教学质量。

第三条　广州老年开放大学根据广州市老年教育发展规划、市教育局的指导精神、国家开放大学老年开放大学关于老年教育建设的相关规范和指导，统筹规划广州老年开放大学系统各学院、学校的建设。

第四条　基本原则是坚持系统办学，促进合作共建，加强资源整合，增强系统办学力量和水平，强化服务意识和能力，打造老年教育品牌，凸显办学特色和优势。

第五条　每学年定期召开广州老年开放大学办学系统业务交流会、业务培训等，提升系统办学能力和业务水平。

第六条　学院、学校必须依法办学，严格遵守国家物价政策，按照省、市物价部门和广州电大制定的各项收费标准收费。不得以任何形式、任何理由乱收费。

第七条 学院、学校不得挂靠其他老年大学或以老年开放大学名义作为其他教育机构的下属机构；不得将从广州老年开放大学申请的各类教育培训、讲座指标转让或承包给其他单位或个人；不得将从广州老年开放大学申请的各类教育培训、讲座指标用作营利性商业活动；不得进行具有虚假成分或诋毁其他学院、学校的广告宣传。一切涉及老年开放大学招生、教学及毕业设计等对外宣传品，必须经广州老年开放大学审批同意后方可实施。

第八条 学院、学校在行政职能上接受区人民政府或上级主管单位的领导和教育行政部门的管理，教学工作上接受广州老年开放大学的指导和管理。

第二章 学院、学校的设置

第九条 学院、学校设置基本条件：

1. 办学指导思想明确、定位准确，符合老年教育办学要求，办学思路清晰，能够把老年教育放在本单位各种形式教育发展同等重要的地位。

2. 有适合开展老年教育的教学基础设施与条件（参照《广州老年开放学院、学校建设标准》的具体要求）。

3. 配备有符合开办老年教育教学要求的专职管理人员（含教学教务管理、后勤保障人员）和稳定的专（兼）职教师队伍。

4. 有完成老年教育教学任务所需的实践场地条件（如舞蹈室、烘焙室等）和能够胜任相关工作的指导教师。

5. 在社区、文化站等设立学校的，须经该单位上级主管部门同意，并以书面申请方式通过区一级老年学院审批后，与广州老年开放大学签订有效合同或协议，并提供相关资质证明文件。

6. 有保证老年教育正常开展的基础设施、教学资源建设、人员配备、课题研究、学习支持服务等方面的资金投入。

7. 根据老年教育学员的特殊性，配备医务室、医务人员以及相应的应急药物。

第十条 学院、学校应当具有一定的办学规模，学院办学规模一般不少于500人，学校办学规模一般不少于250人。学院、学校所需的基本建设投资和办学经费，须有稳定的来源和切实的保证，主管部门和学校自身应有基建及设备费投入，学费收入主要用于补充教学经费。具有固定办学场地，学院办学面积一般不少于500平方米，学校办学面积一般不少于300平方米（租用场地的租赁期至少要提供两年的租赁合同)。

第十一条 学院、学校具体申办程序：

1. 做好办学的前期调研，了解老年教育办学规范与要求，对照《广州老年开放学院、学校建设标准》，进行自我评价。

2. 填写《广州老年开放大学设立分学院、学校申请表》，连同《老年教育项目课程信息表》、单位资质文件一起上交广州老年开放大学办公室。

3. 办公室对提交的办学申办材料进行审核后，呈总校领导审阅。

4. 对提交的办学材料经初步审核通过后，组织由分管校领导、老年教育负责人、部分专家组成的考察小组到实地考察办学条件。

5. 实地考察后，老年教育办公室将考察小组的意见整理后报送分管校领导审阅。

6. 经分管校领导研究同意设立学院、学校的，由办公室通知申办单位，并签订《共建广州老年开放大学办学系统协议》。

7. 办公室印发《关于同意设立广州老年开放大学××学院（学校）的批复》，并按统一标识制作铭牌。

8. 自批复下发之日起，申办单位享受广州老年开放大学办学权限及相关资源，同时承担相应的义务。

第十二条 学院、学校的任务及主要职责：

1. 根据广州老年开放大学的规定，结合自身优势，开展老年教育教学、师资队伍建设、教学资源建设、基础设施建设、招生宣传等办学工作。

2. 根据广州老年开放大学的规定，包括招生要求及收费标准，进行社会推广宣传及开展招生业务。

3. 按照广州老年开放大学关于学院、学校办学条件的要求，完善办学条件，提供符合老年人学习需求的学习场所、资源及其他辅助设施设备。

4. 按照广州老年开放大学关于教师配置的要求，建设稳定的专（兼）职教师队伍，教师要具备老年心理学和老年教育学的相关知识；每学年要对专职教师进行两次以上的培训，对兼职教师进行一次以上的培训。

5. 按照广州老年开放大学关于学院、学校机构和管理人员的配置要求，设置教学、教务管理、招生和学习支持服务机构，配置与办学规模相适应的管理人员，保证服务质量，每学年要对管理人员进行一次以上的培训。

6. 按照广州老年开放大学开展老年教育的要求，配置各类教学资源，具体落实教学过程的组织与实施，设计形式多样的线下教学活动，将线下与线上教学相融合，促进老年教育活动以丰富的形式全面开展。

7. 按照广州老年开放大学的规定，做好学生学籍管理工作，由广州老年开放大学统一开设专业学习模块，每学期开学后一周内将学员学籍信息提交总校备份，建立统一的学籍档案。

8. 学员课程毕业证和结业证的发放，由广州老年开放大学办公室审核学员学籍和学习情况后统一印发。

9. 在组织教学过程中，要注意做好场所的安全防护措施，确保老年学员的人身及财产安全。

10. 各学院、学校需建立完备的教学检查档案，定期对学生开展教学、服务满意度问卷调查，做好调查数据分析整理并提交总校备案。

11. 做好任课老师、学生的意识形态引导，上课期间不讨论与课程无关的内容，在教学过程中积极践行社会主义核心价值观，建设积极、文明、和谐的校园文化。

第三章 机构设置

第十三条 学院、学校应建立教学与管理的组织机构，并明确相关的岗位职责，保证老年教育的正常运作。机构设置包括：

1. 学院、学校负责人；
2. 学院、学校办公室；
3. 教务管理部门：有专职负责学生招生、教学、学籍的管理人员；
4. 教育技术部门：有专职负责老年教育相关教学设施、设备使用的管理人员；
5. 财务管理部门：有专职负责老年教育相关的财务及收费的管理人员。

第十四条 学院、学校应根据老年教育项目开展情况的需要，给各组织机构配备相应的教学、教务、管理、技术人员。

第十五条 负责人资质：

老年教育学院、学校的负责人应当具备本科以上学历，有社区教育教学与教学管理的实践经验，熟悉老年教育的规律和特点。

第十六条 学院、学校老年教育的队伍至少应当包括三部分：教师队伍、管理队伍和技术队伍。

第十七条 学院、学校的教师、管理人员及技术人员培训由广州老年开放大学负责承担。同时，学院、学校负责定期、不定期组织本院和本校专（兼）职教师的培训。

第四章　学院、学校的评估与督导

第十八条　广州老年开放大学每学期定期开展教学检查，对学院、学校的教学与教务管理进行日常业务指导。

第十九条　学院、学校需建立完备的教学检查档案，定期对学生开展教学、服务满意度问卷调查，做好调查数据分析整理并提交总校备案。

第二十条　为规范和促进老年开放大学系统建设，依据《广州老年开放学院、学校建设评估标准（试行）》，广州老年开放大学每学年组织开展学院、学校建设的评估工作。

第二十一条　学院、学校有下列情形之一的，广州老年开放大学视情况做出暂停招生、限期整改，甚至撤销教学点等处理。

1. 违规设点、违规宣传、违规招生、违规收费及其他违规行为的；
2. 出现重大教学质量问题、重大教学责任事故；
3. 学生集体投诉学院、学校不能履行相应职责、不能按规定承担相应义务的；
4. 经常性不参与广州老年开放大学组织的业务培训；
5. 其他违法、违规行为。

第二十二条　广州老年开放大学对学院、学校提出暂停招生、限期整改等处理意见时，将处理原因及结果以文件形式通知到学院、学校。

需要撤销学院、学校的，由广州老年开放大学提出处理意见，并报广州市广播电视大学，由广州市广播电视大学做出处理决定。

第二十三条　暂停招生、限期整改的学院、学校，经整改后，向广州老年开放大学提交整改报告，经广州老年开放大学验收、审核并报广州市广播电视大学批准后，方可恢复招生。

第二十四条　被撤销的学院、学校应拟订方案妥善处理在校学生及其他相关事宜，做出相应安排方案，报广州老年开放大学审核同意，并将处理方案和结果报广州市广播电视大学备案。

第二十五条　学院、学校因其他原因自行停止招生时，也可以提出撤销学院、学校的申请，并提交妥善处理在校学生及其他相关事宜的方案，经广州老年开放大学审核同意，报广州市广播电视大学批准后，可以撤销学院、学校。

第五章 其他

第二十六条 本办法适用于广州老年开放大学办学系统所有学院、学校。
第二十七条 本办法自印发之日起执行。
第二十八条 本办法自印发之日起两年内有效。
第二十九条 本办法由广州老年开放大学负责解释。

国家开放大学（广州）老年开放大学
2018年9月

国家开放大学（广州）老年开放大学专业模块课程建设规划

2018年9月

中老年保健与养生专业模块（三年）专业规划

一、专业规则说明

1. 本专业模块设置6门专业必修课、2门公共选修课（可选用选修课目录，也可选用经总校备案批准的本校自设课），学员在5年内修满8门课程，共计不低于360学时，可以获得广州老年开放大学结业证书。

2. 根据本专业模块的课程特性，要求中医基础理论安排在第一个学期开课。

3. 自我保健按摩需学员具备一定的经络穴位知识，需安排在实用实用中医经络之后开课。

4. 中药与食疗与实用中医经络两门课程为72学时，需安排连续上两个学期。

5. 每个学时为40分钟，考虑到老年人的身体情况及接受能力，原则上要求每次上课不超过2个小时（3个学时）；每学期开设课程不得超过3门，1门课每周上课1次，1学期每门课上课不得少于12次。

6. 分校自设课程由各分校根据自身优势选择课程内容、教材、师资，于开课前3个月报广州老年开放大学备案后自行安排，相关要求参照公共选修课。

7. 课程考核要求学员的出勤率不低于70%，同时结合任课老师教学计划实行学习成果性考核。

二、培养规格

专业培养规格：业余性质，三年制。

三、培养对象

专业培养对象：面向具有独立学习能力的老年人群体。

四、培养目标

专业培养目标：
让广大老年人群体了解基本的保健养生知识，通过学习中医用药、经络穴位、饮食搭配和保健按摩等知识，达到保健与养生的效果。
1. 具有一定的中医常识与药理基础。
2. 了解中医基础理论知识。
3. 了解中老年保健的基本知识。
4. 了解一定的饮食搭配知识。
5. 了解一定的身体经络穴位知识。
6. 了解一定的中药方剂知识。

五、课程板块设置

本专业设置专业必修课、公共选修课两个模块。

六、课程设置

（一）专业必修课

该模块结业学时为 288 学时。
共设 6 门专业必修课：中医基础理论、中医诊断、中医常用方剂、中药与食疗、实用中医经络、自我保健按摩。

（二）公共选修课

该模块结业学时为 72 学时。

共设 26 门公共选修课：茶艺文化、黄帝内经、伤寒论、计算机基础、摄影录像入门、旅游英语、游学、瑜伽、24 式太极拳、八段锦、八式功、五禽戏、气功、民族舞蹈、形体舞、和声基础、中外音乐名作欣赏、隔代教育、邻里关系、老年心理健康与自我调节、老年理财与安全、老年婚恋观、生命教育、书法入门、国画入门、从零开始学粤语。

七、毕业规则

本专业各模块结业学时依次是：专业必修课 288 学时，公共选修课 72 学时。本专业结业最低总学时为 360 学时。

八、课程说明

（一）专业必修课

1. 中医基础理论。

本课程课内学时 36 学时，开设一学期。

本课程为必修课，介绍中医的基础理论和基本知识，包括中医学理论体系的形成和发展、基本特点、阴阳五行学说、藏象学说、精气血津液、经络学说、体质学说、病因病机学说、防治原则等内容。

2. 中医诊断。

本课程课内学时 36 学时，开设一学期。

本课程为必修课，在中医基础理论的指导下，教授诊察病情、辨别病证的基本理论、基本知识和基本技能。

3. 中医常用方剂。

本课程课内学时 36 学时，开设一学期。

本课程为必修课，主要介绍了部分常用药的方剂构成及药理，如保济丸、安宫牛黄丸等。

4. 中药与食疗。

本课程课内学时 72 学时,开设两学期。

本课程为必修课,介绍中药的养生保健作用、食疗方法及中药方剂在养生保健中的运用。

5. 实用中医经络。

本课程课内学时 72 学时,开设两学期。

本课程为必修课,主要教授中医经络穴位知识,包括讲解经脉和穴位、学习用多种手法预防治疗常见病和介绍常见病的饮食方法。

6. 自我保健按摩。

本课程课内学时 36 学时,开设一学期。

本课程为必修课,主要介绍了自我保健按摩的按法、擦法、点法等 16 种基本手法以及太阳穴、印堂穴、环跳穴等 52 个部位的按摩。

(二) 公共选修课

1. 茶艺文化。

本课程课内学时 36 学时,开设一学期。

本课程为选修课,通过介绍中国茶文化的发展,使学员了解茶树的种植、茶叶的分类、茶的冲泡等茶艺知识。

2. 伤寒论。

本课程课内学时 36 学时,开设一学期。

本课程为选修课,以医圣张仲景的《伤寒论》为教材,介绍经典的方剂、医理及因伤寒引起的各种杂症。

3. 黄帝内经。

本课程课内学时 36 学时,开设一学期。

本课程为选修课,通过对《黄帝内经》原文的介绍,教授《黄帝内经》基本的养生保健及防病治病的原则、方法与思路,提高学员的保健意识,并通过互动教学,融入把脉、病案探讨,使学员在师生互动的教学过程中,掌握祖国医学经典著作的核心观点。

4. 计算机基础。

本课程课内学时 36 学时,开设一学期。

本课程为选修课,主要教授计算机基础知识,令学员熟悉计算机的基本操作,掌握上网的方法,学会部分常用软件操作,如音频、视频播放器等。

5. 摄影录像入门。

本课程课内学时 36 学时，开设一学期。

本课程为选修课，主要介绍常用相机（含手机拍照功能）的使用方式、摄录基础知识、摄录基本技能和摄录练习与实操，帮助学员掌握基本的摄录知识。

6. 旅游英语。

本课程课内学时 36 学时，开设一学期。

本课程为选修课，介绍了出国旅游行程编排，课本即为《旅游实用应急手册》，附有常用词汇、短句翻译。老年学员通过学习英语，可以畅游世界。

7. 游学。

本课程课内学时 36 学时，开设一学期。

本课程为选修课，内容包括出入境证照的办理、签证、线上预约交通、酒店、旅游线路攻略和线路设计，通过课程学习让学员掌握旅游生活实操技能，提高生活水平。

8. 瑜伽。

本课程课内学时 36 学时，开设一学期。

本课程为选修课，主要介绍了瑜伽的基本知识，教会学员基本的瑜伽动作和姿势，达到平心静气，改善不良情绪，增强身体抵抗力。

9. 24 式太极拳。

本课程课内学时 36 学时，开设一学期。

本课程为选修课，主要介绍了 24 式太极拳的基本知识，教会学员 24 式太极拳的基本动作与姿势，达到强身健体、健康养生的效果。

10. 八段锦。

本课程课内学时 36 学时，开设一学期。

本课程为选修课，主要介绍了八段锦的基本知识，教会学员八段锦的基本动作与姿势，达到强身健体、健康养生的效果。

11. 八式功。

本课程课内学时 36 学时，开设一学期。

本课程为选修课，主要介绍了八式功的基本知识，教会学员八式功的基本动作与姿势，达到强身健体、健康养生的效果。

12. 五禽戏。

本课程课内学时 36 学时，开设一学期。

本课程为选修课，主要介绍了五禽戏的基本知识，教会学员五禽戏的基本动作与姿势，达到强身健体、健康养生的效果。

13. 气功。

本课程课内学时 36 学时，开设一学期。

本课程为选修课，主要介绍了中国传统气功的基本知识，教导学员中国传统气功的调身、调息、调心"三调合一"的身心锻炼基本知识，有利于中老年人的身心健康。

14. 民族舞蹈。

本课程课内学时 36 学时，开设一学期。

本课程为选修课，介绍了民族舞蹈的基本知识，教会学员多种不同风格的民族舞蹈。

15. 形体舞。

本课程课内学时 36 学时，开设一学期。

本课程为选修课，介绍了形体舞的基本知识，教会学员形体舞基本动作与姿势，让学员在明快、优美的音韵中美化身心、陶冶情操。

16. 和声基础。

本课程课内学时 36 学时，开设一学期。

本课程为选修课，主要介绍了和声中的重属和弦及副属和弦的功能与应用，掌握为歌曲配伴奏、转调及换调等基本技能。

17. 中外音乐名作欣赏。

本课程课内学时 36 学时，开设一学期。

本课程为选修课，主要介绍西方各历史时期的音乐文化背景、风格特征，并通过经典音乐名作欣赏，为学员普及中外音乐的基本知识、提高学员的音乐素养和音乐鉴赏能力。

18. 隔代教育。

本课程课内学时 36 学时，开设一学期。

本课程为选修课，帮助学员认识隔代教育的利弊、传授隔代教育的技巧与策略，合力打造新式的隔代教育，促进家庭和谐美满。

19. 邻里关系。

本课程课内学时 36 学时，开设一学期。

本课程为选修课，帮助学员有效地处理邻里关系，介绍如何避免邻里矛盾。

20. 老年心理健康与自我调节。

本课程课内学时 36 学时，开设一学期。

本课程为选修课，介绍了老年人的多种心理问题，教会学员如何调节自己的心理情绪，使老年人养成健康的心理素质。

21. 老年理财与安全。

本课程课内学时 36 学时，开设一学期。

本课程为选修课，课程内容包括基础理财及安全知识，帮助学员合理规划晚年生活，学会轻松理财，提高老年生活质量；介绍社会上常见的诈骗方式，通过真实案例帮助学员了解各种诈骗手段，增强安全意识，避免经济损失。

22. 老年婚恋观。

本课程课内学时 36 学时，开设一学期。

本课程为选修课，主要分析当今社会老年人婚姻状况，包括老年初婚，也包括老年离婚和丧偶后再婚等，帮助老年人正确认识婚恋问题。

23. 生命教育。

本课程课内学时 36 学时，开设一学期。

本课程为选修课，主要分析当今社会比较突出的老年人临终心理问题，帮助老年人正确认识生命的意义与价值，勇敢地面对临终问题。

24. 书法入门。

本课程课内学时 36 学时，开设一学期。

本课程为选修课，主要介绍了中国毛笔书法的起源，帮助老年人认识毛笔的基本用法，书法的分类等，练习基本的毛笔书法。

25. 国画入门。

本课程课内学时 36 学时，开设一学期。

本课程为选修课，主要介绍了国画的基础入门知识、国画的基本技法，帮助老年人练习基本的国画绘画技巧。

26. 从零开始学粤语。

本课程课内学时 36 学时，开设一学期。

本课程为选修课，课程由暨南大学汉语方言研究中心设计，面向粤语初学者需求，从基础语音、常用词汇到日常生活场景对话学习，配合相关语言学习平台上的在线视频课程和动漫教程，轻松突破粤语会话，帮助学员学会用粤语进行日常生活沟通。

中老年保健与养生专业模块（三年）课程列表

模块名称	模块结业学时	序号	课程代码	课程名称	课程学时	课程性质	开课学期
专业课	288	1	BY0101	中医基础理论	36	必修	1
		2	BY0102	中医诊断	36	必修	1
		3	BY0103	中医常用方剂	36	必修	1
		4	BY0104	中药与食疗	72	必修	2
		5	BY0105	实用中医经络	72	必修	2
		6	BY0106	自我保健按摩	36	必修	1
				小计	288		
公共选修课	72	1	GX0001	茶艺文化	36	选修	1
		2	GX0002	黄帝内经	36	选修	1
		3	GX0003	伤寒论	36	选修	1
		4	GX0004	计算机基础	36	选修	1
		5	GX0005	摄影录像入门	36	选修	1
		6	GX0006	旅游英语	36	选修	1
		7	GX0007	游学	36	选修	1
		8	GX0008	瑜伽	36	选修	1
		9	GX0009	24式太极拳	36	选修	1
		10	GX00010	八段锦	36	选修	1
		11	GX00011	八式功	36	选修	1
		12	GX00012	五禽戏	36	选修	1
		13	GX00013	气功	36	选修	1
		14	GX00014	民族舞蹈	36	选修	1
		15	GX00015	形体舞	36	选修	1
		16	GX00016	和声基础	36	选修	1
		17	GX00017	中外音乐名作欣赏	36	选修	1
		18	GX00018	隔代教育	36	选修	1
		19	GX00019	邻里关系	36	选修	1
		20	GX00020	老年心理健康与自我调节	36	选修	1
		21	GX00021	老年理财与安全	36	选修	1
		22	GX00022	老年婚恋观	36	选修	1
		23	GX00023	生命教育	36	选修	1
		24	GX00024	书法入门	36	选修	1
		25	GX00025	国画入门	36	选修	1
		26	GX00026	从零开始学粤语	36	选修	1
		27	GX00027	分校自设课程	36	选修	1
				小计	972		
毕业学时	360						

智能生活专业模块（两年）专业规则

一、专业规则说明

1. 本专业模块设置 5 门专业必修课、2 门公共选修课（可选用选修课目录，也可选用经总校备案批准的本校自设课），学员在 5 年内修满 7 门课程，共计不低于 324 学时，可以获得广州老年开放大学结业证书。

2. 根据本专业模块的课程特性，智能手机基础需安排在第一个学期开课。

3. 智能日常生活应用、手机摄影与录像两门课程为 72 学时，需安排连续上两个学期。

4. 每个学时为 40 分钟，考虑到老年人的身体情况及接受能力，原则上要求每次上课不超过 2 个小时（3 个学时）；每学期开设课程不得超过 3 门，1 门课每周上课 1 次，1 学期每门课上课不得少于 12 次。

5. 分校自设课程由各分校根据自身优势选择课程内容、教材、师资，于开课前 3 个月报广州老年开放大学备案后自行安排，相关要求参照公共选修课。

6. 课程考核要求学员的出勤率不低于 70%，同时结合任课老师教学计划实行学习成果性考核。

二、培养规格

专业培养规格：两年制业余学习。

三、培养对象

专业培养对象：面向具有独立学习能力的老年人群体。

四、培养目标

专业培养目标：

让广大老年人群体了解当今社会的各类智能生活方式，提高中老年人的生活质量。

1. 学会日常生活中经常使用的政府、交通、医疗等的服务的智能操作方式。
2. 学会智能手机的各项基本操作。
3. 学会智能手机社交软件（微信）的各类操作。
4. 学会智能手机摄影、录像的基本操作及技巧。
5. 学会智能手机的网上购物以及理财的基本操作。

五、课程模块设置

本专业设置专业必修课、公共选修课两个模块。

六、课程设置

（一）专业必修课

该模块结业学时为252学时。

共设5门专业必修课：智能手机基础、智能日常生活应用、智能社交、手机摄影与录像、网上购物与理财。

（二）公共选修课

该模块结业学时为72学时。

共设26门公共选修课：茶艺文化、黄帝内经、伤寒论、计算机基础、摄影录像入门、旅游英语、游学、瑜伽、24式太极拳、八段锦、八式功、五禽戏、气功、民族舞蹈、形体舞、和声基础、中外音乐名作欣赏、隔代教育、邻里关系、老年心理健康与自我调节、老年理财与安全、老年婚恋观、生命教育、书法入门、国画入门、从零开始学粤语。

七、结业规则

本专业各模块结业学时依次是：专业必修课 252 学时，公共选修课 72 学时。本专业结业最低总学时为 324 学时。

八、课程说明

（一）专业必修课

1. 智能手机基础。

本课程课内学时 36 学时，开设一学期。

本课程为必修课，主要介绍智能手机的各类基本操作，常用 APP 的功能、下载、安装及操作方法，让智能手机充分发挥其功能，提高中老年人的智能生活水平。

2. 智能日常生活应用。

本课程课内学时 72 学时，开设两学期。

本课程为必修课，主要介绍各类常用的政府、银行、交通、医疗等公共服务单位的公众号及 APP 的基本操作，如查询、挂号、取号、登记、付费等。

3. 智能社交。

本课程课内学时 36 学时，开设一学期。

本课程为必修课，主要介绍智能社交软件（微信）的基本操作，帮助学员了解除聊天功能外的其他各类操作，如朋友圈、钱包、腾讯服务、第三方服务等功能的基本操作。

4. 手机摄影与录像。

本课程课内学时 72 学时，开设两学期。

本课程为必修课，主要介绍智能手机摄影与录像的基本操作，包括掌握手机摄录参数的设置，利用智能手机进行简单的用光、取景技巧，照片、视频的后期处理等，介绍常用照片、视频 APP 的基本操作。

5. 网上购物与理财。

本课程课内学时 36 学时，开设一学期。

本课程为必修课，主要介绍如何利用智能手机在淘宝、京东等主流购物网站进行网上购物，使用 APP 进行理财，熟悉相关在线支付功能，同时，提高网络安全意识。

（二）公共选修课

1. 茶艺文化。

本课程课内学时 36 学时，开设一学期。

本课程为选修课，通过介绍中国茶文化的发展，使学员了解茶树的种植、茶叶的分类、茶的冲泡等茶艺知识。

2. 伤寒论。

本课程课内学时 36 学时，开设一学期。

本课程为选修课，以医圣张仲景的《伤寒论》为教材，介绍经典的方剂、医理及因伤寒引起的各种杂症。

3. 黄帝内经。

本课程课内学时 36 学时，开设一学期。

本课程为选修课，通过对《黄帝内经》原文的介绍，教授《黄帝内经》基本的养生保健及防病治病的原则、方法与思路，提高学员的保健意识，并通过互动教学，融入把脉、病案探讨，使学员在师生互动的教学过程中，掌握祖国医学经典著作的核心观点。

4. 计算机基础。

本课程课内学时 36 学时，开设一学期。

本课程为选修课，主要教授计算机基础知识，令学员熟悉计算机的基本操作，掌握上网的方法，学会操作部分常用软件，如音频、视频播放器等。

5. 摄影录像入门。

本课程课内学时 36 学时，开设一学期。

本课程为选修课，主要介绍常用相机（含手机拍照功能）的使用方式、摄录基础知识、摄录基本技能和摄录练习与实操，帮助学员掌握基本的摄录知识。

6. 旅游英语。

本课程课内学时 36 学时，开设一学期。

本课程为选修课，介绍了出国旅游行程编排，课本即为《旅游实用应急手册》，附有常用词汇、短句翻译。老年学员通过学习英语，可以畅游世界。

7. 游学。

本课程课内学时36学时，开设一学期。

本课程为选修课，课程内容包括出入境证照的办理、签证、线上预约交通、酒店、旅游线路攻略和线路设计，通过课程学习让学员掌握旅游生活实操技能，提高生活水平。

8. 瑜伽。

本课程课内学时36学时，开设一学期。

本课程为选修课，主要介绍了瑜伽的基本知识，教会学员基本的瑜伽动作和姿势，达到平心静气，改善不良情绪，增强身体抵抗力。

9. 24式太极拳。

本课程课内学时36学时，开设一学期。

本课程为选修课，主要介绍了24式太极拳的基本知识，教会学员24式太极拳的基本动作与姿势，达到强身健体、健康养生的效果。

10. 八段锦。

本课程课内学时36学时，开设一学期。

本课程为选修课，主要介绍了八段锦的基本知识，教会学员八段锦的基本动作与姿势，达到强身健体、健康养生的效果。

11. 八式功。

本课程课内学时36学时，开设一学期。

本课程为选修课，主要介绍了八式功的基本知识，教会学员八式功的基本动作与姿势，达到强身健体、健康养生的效果。

12. 五禽戏。

本课程课内学时36学时，开设一学期。

本课程为选修课，主要介绍了五禽戏的基本知识，教会学员五禽戏的基本动作与姿势，达到强身健体、健康养生的效果。

13. 气功。

本课程课内学时36学时，开设一学期。

本课程为选修课，主要介绍了中国传统气功的基本知识，教导学员中国传统气功的调身、调息、调心"三调合一"的身心锻炼基本知识，有利于中老年人的身心健康。

14. 民族舞蹈。

本课程课内学时 36 学时，开设一学期。

本课程为选修课，介绍了民族舞蹈的基本知识，教会学员多种不同风格的民族舞蹈。

15. 形体舞。

本课程课内学时 36 学时，开设一学期。

本课程为选修课，介绍了形体舞的基本知识，教会学员形体舞的基本动作与姿势，让学员在明快、优美的音韵中愉悦身心、陶冶情操。

16. 和声基础。

本课程课内学时 36 学时，开设一学期。

本课程为选修课，主要介绍了和声中的重属和弦及副属和弦的功能与应用，掌握为歌曲配伴奏、转调及换调等基本技能。

17. 中外音乐名作欣赏。

本课程课内学时 36 学时，开设一学期。

本课程为选修课，主要介绍西方各历史时期的音乐文化背景、风格特征，并通过经典音乐名作欣赏，为学员普及中外音乐的基本知识、提高学员的音乐素养和音乐鉴赏能力。

18. 隔代教育。

本课程课内学时 36 学时，开设一学期。

本课程为选修课，帮助学员认识隔代教育的利弊、传授隔代教育的技巧与策略，合力打造新式的隔代教育，促进家庭的和谐美满。

19. 邻里关系。

本课程课内学时 36 学时，开设一学期。

本课程为选修课，帮助学员有效地处理邻里关系，介绍如何避免邻里矛盾。

20. 老年心理健康与自我调节。

本课程课内学时 36 学时，开设一学期。

本课程为选修课，介绍了老年人的多种心理问题，教会学员如何调节自己的情绪，使老年人养成健康的心理素质。

21. 老年理财与安全。

本课程课内学时 36 学时，开设一学期。

本课程为选修课，课程内容包括基础理财及安全知识，帮助学员合理规划晚年生活，学会轻松理财，提高老年生活质量；介绍社会上常见的诈骗方式，通过真实案例帮助学员了解各种诈骗手段，增强安全意识，避免经济损失。

22. 老年婚恋观。

本课程课内学时 36 学时，开设一学期。

本课程为选修课，主要分析当今社会老年人婚姻状况，包括老年初婚，也包括老年离婚和丧偶后再婚等，帮助老年人正确认识婚恋问题。

23. 生命教育。

本课程课内学时 36 学时，开设一学期。

本课程为选修课，主要分析当今社会比较突出的老年人临终心理问题，帮助老年人正确认识生命的意义与价值，勇敢地去面对临终问题。

24. 书法入门。

本课程课内学时 36 学时，开设一学期。

本课程为选修课，主要介绍了中国毛笔书法的起源，帮助老年人认识毛笔的基本用法，书法的分类等，练习基本的毛笔书法。

25. 国画入门。

本课程课内学时 36 学时，开设一学期。

本课程为选修课，主要介绍了国画的基础入门知识、国画基本技法，帮助老年人练习基本的国画绘画方式。

26. 从零开始学粤语。

本课程课内学时 36 学时，开设一学期。

本课程为选修课，课程由暨南大学汉语方言研究中心设计，面向粤语初学者需求，学习从基础语音、常用词汇到日常生活场景的对话，配合相关语言学习平台上的在线视频课程和动漫教程，轻松突破粤语会话，帮助学员学会用粤语进行日常生活沟通。

智能生活专业模块(两年)课程列表

模块名称	模块结业学时	序号	课程代码	课程名称	课程学时	课程性质	开课学期
专业课	252	1	ZN0101	智能手机基础	36	必修	1
		2	ZN0102	智能日常生活应用	72	必修	2
		3	ZN0103	智能社交	36	必修	1
		4	ZN0104	手机摄影与录像	72	必修	2
		5	ZN0105	网上购物与理财	36	必修	1
				小计	252		
公共选修课	72	1	GX0001	茶艺文化	36	选修	1
		2	GX0002	黄帝内经	36	选修	1
		3	GX0003	伤寒论	36	选修	1
		4	GX0004	计算机基础	36	选修	1
		5	GX0005	摄影录像入门	36	选修	1
		6	GX0006	旅游英语	36	选修	1
		7	GX0007	游学	36	选修	1
		8	GX0008	瑜伽	36	选修	1
		9	GX0009	24式太极拳	36	选修	1
		10	GX00010	八段锦	36	选修	1
		11	GX00011	八式功	36	选修	1
		12	GX00012	五禽戏	36	选修	1
		13	GX00013	气功	36	选修	1
		14	GX00014	民族舞蹈	36	选修	1
		15	GX00015	形体舞	36	选修	1
		16	GX00016	和声基础	36	选修	1
		17	GX00017	中外音乐名作欣赏	36	选修	1
		18	GX00018	隔代教育	36	选修	1
		19	GX00019	邻里关系	36	选修	1
		20	GX00020	老年心理健康与自我调节	36	选修	1
		21	GX00021	老年理财与安全	36	选修	1
		22	GX00022	老年婚恋观	36	选修	1
		23	GX00023	生命教育	36	选修	1
		24	GX00024	书法入门	36	选修	1
		25	GX00025	国画入门	36	选修	1
		26	GX00026	从零开始学粤语	36	选修	1
		27	GX00027	分校自设课程	36	选修	1
				小计	972		
毕业学时	324						

中国文学经典诵读专业模块（两年）专业规则

一、专业规则说明

1. 本专业模块设置 6 门专业必修课、2 门公共选修课（可选用选修课目录或经总校备案批准的本校自设课），学员在 5 年内修满 8 门课程，共计不低于 324 学时，可以获得广州老年开放大学结业证书。

2. 根据本专业模块的课程特性，中国文学史概述、朗读基础与技巧需安排在第一个学期开课。

3. 古典诗词诵读课程为 72 学时，需安排连续上两个学期。

4. 每个学时为 40 分钟，考虑到老年人的身体情况及接受能力，原则上要求每次上课不超过 2 个小时（3 个学时）；每学期开设课程不得超过 3 门，1 门课每周上课 1 次，1 学期每门课上课不得少于 12 次。

5. 分校自设课程由各分校根据自身优势选择课程内容、教材、师资，于开课前 3 个月报广州老年开放大学备案后自行安排，相关要求参照公共选修课。

6. 课程考核要求学员的出勤率不低于 70%，同时结合任课老师教学计划实行学习成果性考核。

二、培养规格

专业培养规格：两年制业余学习。

三、培养对象

专业培养对象：面向具有独立学习能力的老年人群体。

四、培养目标

专业培养目标:

让广大老年人群体了解中国文学发展的历史,培养具有基础诵读能力的学员,提升学员的人文素养与文学鉴赏能力。

1. 了解中国文学史的基本发展历史。
2. 具备一定的诵读能力。
3. 学会部分经典诗词的诵读与鉴赏。
4. 学会部分经典国学的诵读与鉴赏。
5. 学会部分经典白话新诗与散文的诵读与鉴赏。
6. 学会部分经典戏剧的说唱与表演。

五、课程模块设置

本专业设置专业必修课、公共选修课两个模块。

六、课程设置

(一) 专业必修课

该模块结业学时为252学时。

共设6门专业必修课:中国文学史概述、朗读基础与技巧、古典诗词诵读、国学经典诵读、白话新诗与散文诵读和戏剧。

(二) 公共选修课

该模块结业学时为72学时。

共设26门公共选修课:茶艺文化、黄帝内经、伤寒论、计算机基础、摄影录像入门、旅游英语、游学、瑜伽、24式太极拳、八段锦、八式功、五禽戏、气功、民族舞蹈、形体舞、和声基础、中外音乐名作欣赏、隔代教育、邻里关系、老年心理健康与自我调节、老年理财与安全、老年婚恋观、生命教育、书法入门、国画入门、从零开始学粤语。

七、结业规则

本专业各模块结业学时依次是：专业必修课 252 学时，公共选修课 72 学时。本专业结业最低总学时为 324 学时。

八、课程说明

（一）专业必修课

1. 中国文学史概述。

本课程课内学时 36 学时，开设一学期。

本课程为必修课，主要介绍了中国文学的发展历史，帮助学员了解中国从古到今上下 5000 年的经典文学作品。

2. 朗读基础与技巧。

本课程课内学时 36 学时，开设一学期。

本课程为必修课，课程主要介绍了中国古代诗词与现代新诗散文的不同诵读技巧，让学员具备一定的文学诵读能力。

3. 古典诗词诵读。

本课程课内学时 72 学时，开设两学期。

本课程为必修课，课程主要通过对有代表性的唐宋古典诗词进行鉴赏，帮助学员了解古典诗词创作的背景故事，引导学员通过诵读的方式表现出古典诗词中的思想感情。

4. 国学经典诵读。

本课程课内学时 36 学时，开设一学期。

本课程为必修课，课程主要通过对中国国学经典作品的鉴赏，帮助学员了解国学经典作品中的背景故事，让学员通过诵读的方式表现出国学经典中的优美意境。

5. 白话新诗与散文诵读。

本课程课内学时 36 学时，开设一学期。

本课程为必修课，课程主要通过对中国近现代白话新诗与散文中的有代表性的作品进行鉴赏，帮助学员了解作品的创作背景故事，引导学员通过诵读的方式体会白话新诗与散文中的思想感情,并进一步了解白话新诗和散文作品中的背景故事。

6. 戏剧。

本课程课内学时 36 学时,开设一学期。

本课程为必修课,课程主要通过对中国戏剧中有代表性的作品进行鉴赏,帮助学员了解这些作品的创作背景故事,引导学员通过说唱、情景表演的方式亲身体会戏剧作品中的思想感情,并使学员加深理解经典戏剧作品的历史意义和现实意义。

(二) 公共选修课

1. 茶艺文化。

本课程课内学时 36 学时,开设一学期。

本课程为选修课,通过介绍中国茶文化的发展,使学员了解茶树的种植、茶叶的分类、茶的冲泡等茶艺知识。

2. 伤寒论。

本课程课内学时 36 学时,开设一学期。

本课程为选修课,以医圣张仲景的《伤寒论》为教材,介绍经典的方剂、医理及因伤寒引起的各种杂症。

3. 黄帝内经。

本课程课内学时 36 学时,开设一学期。

本课程为选修课,通过对《黄帝内经》原文的介绍,教授《黄帝内经》基本的养生保健及防病治病的原则、方法与思路,提高学员的保健意识,并通过互动教学,融入把脉、病案探讨,使学员在师生互动的教学过程中,掌握祖国医学经典著作的核心观点。

4. 计算机基础。

本课程课内学时 36 学时,开设一学期。

本课程为选修课,主要教授计算机基础知识,令学员熟悉计算机的基本操作,掌握上网的方法,学会部分常用软件操作,如音频、视频播放器等。

5. 摄影录像入门。

本课程课内学时 36 学时,开设一学期。

本课程为选修课,主要介绍常用相机(含手机拍照功能)的使用方式、摄录基础知识、摄录基本技能和摄录练习与实操,帮助学员掌握基本的摄录知识。

6. 旅游英语。

本课程课内学时 36 学时，开设一学期。

本课程为选修课，介绍了出国旅游行程编排，课本即为旅游实用应急手册，附有常用词汇、短句翻译。老年学员通过学习英语，可以畅游世界。

7. 游学。

本课程课内学时 36 学时，开设一学期。

本课程为选修课，课程内容包括出入境证照的办理、签证、线上预约交通、酒店、旅游线路攻略和线路设计，通过课程学习让学员掌握旅游生活实操技能，提高生活水平。

8. 瑜伽。

本课程课内学时 36 学时，开设一学期。

本课程为选修课，主要介绍了瑜伽的基本知识，教会学员基本的瑜伽动作和姿势，达到平心静气的效果，改善不良情绪，增强身体抵抗力。

9. 24 式太极拳。

本课程课内学时 36 学时，开设一学期。

本课程为选修课，主要介绍了 24 式太极拳的基本知识，教会学员 24 式太极拳的基本动作与姿势，达到强身健体、健康养生的效果。

10. 八段锦。

本课程课内学时 36 学时，开设一学期。

本课程为选修课，主要介绍了八段锦的基本知识，教会学员八段锦的基本动作与姿势，达到强身健体、健康养生的效果。

11. 八式功。

本课程课内学时 36 学时，开设一学期。

本课程为选修课，主要介绍了八式功的基本知识，教会学员八式功的基本动作与姿势，达到强身健体、健康养生的效果。

12. 五禽戏。

本课程课内学时 36 学时，开设一学期。

本课程为选修课，主要介绍了五禽戏的基本知识，教会学员五禽戏的基本动作与姿势，达到强身健体、健康养生的效果。

13. 气功。

本课程课内学时 36 学时，开设一学期。

本课程为选修课，主要介绍了中国传统气功的基本知识，教导学员中国传统气功的调身、调息、调心"三调合一"的身心锻炼基本知识,有利于中老年人的身心健康。

14. 民族舞蹈。

本课程课内学时 36 学时,开设一学期。

本课程为选修课,介绍了民族舞蹈的基本知识,教会学员多种不同风格的民族舞蹈。

15. 形体舞。

本课程课内学时 36 学时,开设一学期。

本课程为选修课,介绍了形体舞的基本知识,教会学员形体舞的基本动作与姿势,让学员在明快、优美的音韵中美化身心、陶冶情操。

16. 和声基础。

本课程课内学时 36 学时,开设一学期。

本课程为选修课,主要介绍了和声中的重属和弦及副属和弦的功能与应用,掌握为歌曲配伴奏、转调及换调等基本技能。

17. 中外音乐名作欣赏。

本课程课内学时 36 学时,开设一学期。

本课程为选修课,主要介绍西方各历史时期的音乐文化背景、风格特征,并通过经典音乐名作欣赏,为学员普及中外音乐的基本知识、提高学员的音乐素养和音乐鉴赏能力。

18. 隔代教育。

本课程课内学时 36 学时,开设一学期。

本课程为选修课,帮助学员认识隔代教育的利弊、传授隔代教育的技巧与策略,合力打造新式的隔代教育,促进家庭的和谐美满。

19. 邻里关系。

本课程课内学时 36 学时,开设一学期。

本课程为选修课,帮助学员有效地处理邻里关系,介绍如何避免邻里矛盾。

20. 老年心理健康与自我调节。

本课程课内学时 36 学时,开设一学期。

本课程为选修课,介绍了老年人的多种心理问题,教会学员如何调节自己的情绪,使老年人养成健康的心理素质。

21. 老年理财与安全。

本课程课内学时 36 学时，开设一学期。

本课程为选修课，课程内容包括基础理财及安全知识，帮助学员合理规划晚年生活，学会轻松理财，提高老年生活质量；介绍社会上常见的诈骗方式，通过真实案例帮助学员了解各种诈骗手段，增强安全意识，避免经济损失。

22. 老年婚恋观。

本课程课内学时 36 学时，开设一学期。

本课程为选修课，主要分析当今社会老年人的婚姻状况，包括老年初婚，也包括老年离婚和丧偶后再婚等，帮助老年人正确认识婚恋问题。

23. 生命教育。

本课程课内学时 36 学时，开设一学期。

本课程为选修课，主要分析当今社会比较突出的老年人临终心理问题，帮助老年人正确认识生命的意义与价值，勇敢地去面对临终问题。

24. 书法入门。

本课程课内学时 36 学时，开设一学期。

本课程为选修课，主要介绍了中国毛笔书法的起源，帮助老年人认识毛笔的基本用法，书法的分类等，练习基本的毛笔书法。

25. 国画入门。

本课程课内学时 36 学时，开设一学期。

本课程为选修课，主要介绍了国画的基础入门知识、国画基本技法，帮助老年人练习基本的国画绘画方式。

26. 从零开始学粤语。

本课程课内学时 36 学时，开设一学期。

本课程为选修课，课程由暨南大学汉语方言研究中心设计，面向粤语初学者需求，学习从基础语音、常用词汇到日常生活场景的对话，配合相关语言学习平台上的在线视频课程和动漫教程，轻松突破粤语会话，帮助学员学会用粤语进行日常生活沟通。

中国文学经典诵读专业模块（两年）课程列表

模块名称	模块结业学时	序号	课程代码	课程名称	课程学时	课程性质	开课学期
专业课	252	1	SD0101	中国文学史概述	36	必修	1
		2	SD0102	朗读基础与技巧	36	必修	1
		3	SD0103	古典诗词诵读	72	必修	2
		4	SD0104	国学经典诵读	36	必修	1
		5	SD0105	白话新诗与散文诵读	36	必修	1
		6	SD0106	戏剧	36	必修	1
				小计	252		
公共选修课	72	1	GX0001	茶艺文化	36	选修	1
		2	GX0002	黄帝内经	36	选修	1
		3	GX0003	伤寒论	36	选修	1
		4	GX0004	计算机基础	36	选修	1
		5	GX0005	摄影录像入门	36	选修	1
		6	GX0006	旅游英语	36	选修	1
		7	GX0007	游学	36	选修	1
		8	GX0008	瑜伽	36	选修	1
		9	GX0009	24式太极拳	36	选修	1
		10	GX00010	八段锦	36	选修	1
		11	GX00011	八式功	36	选修	1
		12	GX00012	五禽戏	36	选修	1
		13	GX00013	气功	36	选修	1
		14	GX00014	民族舞蹈	36	选修	1
		15	GX00015	形体舞	36	选修	1
		16	GX00016	和声基础	36	选修	1
		17	GX00017	中外音乐名作欣赏	36	选修	1
		18	GX00018	隔代教育	36	选修	1
		19	GX00019	邻里关系	36	选修	1
		20	GX00020	老年心理健康与自我调节	36	选修	1
		21	GX00021	老年理财与安全	36	选修	1
		22	GX00022	老年婚恋观	36	选修	1
		23	GX00023	生命教育	36	选修	1
		24	GX00024	书法入门	36	选修	1
		25	GX00025	国画入门	36	选修	1
		26	GX00026	从零开始学粤语	36	选修	1
		27	GX00027	分校自设课程	36	选修	1
				小计	972		
毕业学时	324						

声乐专业模块（三年）专业规则

一、专业规则说明

1. 本专业模块设置 5 门专业必修课、2 门公共选修课（可选用选修课目录，也可选用经总校备案批准的本校自设课），学员在 5 年内修满 7 门课程，共计不低于 396 学时，可以获得广州老年开放大学结业证书。

2. 根据本专业模块的课程特性，音乐基础知识需安排在第一个学期开课。

3. 演唱实践要求学员具备一定的声乐演唱基础，需安排在声乐演唱（一）、声乐演唱（二）之后开课。

4. 音乐基础知识、声乐演唱（一）、声乐演唱（二）、演唱实践 4 门课程各为 72 学时，需安排连续上两个学期。

5. 每个学时为 40 分钟，考虑到老年人的身体情况及接受能力，原则上要求每次上课不超过 2 个小时（3 个学时），每学期开设课程不得超过 3 门，1 门课每周上课 1 次，1 学期每门课上课不得少于 12 次。

6. 分校自设课程由各分校根据自身优势选择课程内容、教材、师资，于开课前 3 个月报广州老年开放大学备案后自行安排，相关要求参照公共选修课。

7. 课程考核要求学员的出勤率不低于 70%，同时结合任课老师教学计划实行学习成果性考核。

二、培养规格

专业培养规格：三年制业余学习。

三、培养对象

专业培养对象：面向具有独立学习能力的老年人群体。

四、培养目标

专业培养目标：

让广大老年人群体了解和掌握音乐基本知识并具备一定的声乐演唱能力和音乐鉴赏能力，提升中老年人的音乐素养和生活品质。

1. 掌握基本的音乐基础知识。
2. 了解基本的嗓音保健知识。
3. 掌握基本的声乐演唱知识。
4. 具备一定的声乐演唱与表演的能力。

五、课程模块设置

本专业设置专业必修课、公共选修课两个模块。

六、课程设置

（一）专业必修课

该模块结业学时为 324 学时。

共设 5 门专业必修课：音乐基础知识、嗓音保健、声乐演唱（一）、声乐演唱（二）、演唱实践。

（二）公共选修课

该模块结业学时为 72 学时。

共设 26 门公共选修课：茶艺文化、黄帝内经、伤寒论、计算机基础、摄影录像入门、旅游英语、游学、瑜伽、24 式太极拳、八段锦、八式功、五禽戏、气功、民族舞蹈、形体舞、和声基础、中外音乐名作欣赏、隔代教育、邻里关系、老年心理健康与自我调节、老年理财与安全、老年婚恋观、生命教育、书法入门、国画入门和从零开始学粤语。

七、结业规则

本专业各模块结业学时依次是：专业必修课 324 学时，公共选修课 72 学时。本专业结业最低总学时为 396 学时。

八、课程说明

（一）专业必修课

1. 音乐基础知识。

本课程课内学时 72 学时，开设两学期。

本课程为必修课，课程内容主要包括基本乐理、视唱练耳、简谱记法等。通过简谱记谱法教授学员基础乐理知识，并通过视唱经典的音乐作品片段训练学员视唱练耳的基本技能，让学员能够快速地掌握简谱视唱能力、对音乐的听辨能力，并且通过对各种风格歌曲的赏析提高学员的鉴赏能力。

2. 嗓音保健。

本课程课内学时 36 学时，开设一学期。

本课程为必修课，课程主要从嗓音医学、言语病理学、心理学等方面系统地教导学员了解自然嗓音的发声机制、神经系统控制、嗓音产生的心理状态和嗓音保健的方法。

3. 声乐演唱（一）。

本课程课内学时 72 学时，开设两学期。

本课程为必修课，课程主要内容包括基础发声方法、呼吸方法、歌曲演唱方法等，让学员初步掌握演唱中文歌曲作品时唇齿舌咬字的技巧和歌曲演唱的基本技能。

4. 声乐演唱（二）。

本课程课内学时 72 学时，开设两学期。

本课程为必修课，课程更深入地教学习发声方法和歌曲演唱方法，结合歌曲的风格内容，让学员学会运用不同音色和唱法来表达歌曲的情感内容。

5. 演唱实践。

本课程课内学时 72 学时，开设一学期。

本课程为必修课，课程安排在声乐演唱学习结束后，让学员拥有演唱实践和展现自我的机会，安排学员进行独唱、重唱、小组唱等形式的表演学习，通过排练有代表性的歌曲，增进学员演唱和表演的能力，进而使其有机会参加学校、社区等组织的演唱表演活动。

(二) 公共选修课

1. 茶艺文化。

本课程课内学时 36 学时，开设一学期。

本课程为选修课，通过介绍中国茶文化的发展，使学员了解茶树的种植、茶叶的分类、茶的冲泡等茶艺知识。

2. 伤寒论。

本课程课内学时 36 学时，开设一学期。

本课程为选修课，以医圣张仲景的《伤寒论》为教材，介绍经典的方剂、医理及因伤寒引起的各种杂症。

3. 黄帝内经。

本课程课内学时 36 学时，开设一学期。

本课程为选修课，通过对《黄帝内经》原文的介绍，教授《黄帝内经》基本的养生保健及防病治病的原则、方法与思路，提高学员的保健意识，并通过互动教学，融入把脉、病案探讨，使学员在师生互动的教学过程中掌握祖国医学经典著作的核心观点。

4. 计算机基础。

本课程课内学时 36 学时，开设一学期。

本课程为选修课，主要教授计算机基础知识，令学员熟悉计算机的基本操作，掌握上网的方法，学会部分常用软件操作，如音频、视频播放器等。

5. 摄影录像入门。

本课程课内学时 36 学时，开设一学期。

本课程为选修课，主要介绍常用相机（含手机拍照功能）的使用方式、摄录基础知识、摄录基本技能和摄录练习与实操，帮助学员掌握基本的摄录知识。

6. 旅游英语。

本课程课内学时36学时，开设一学期。

本课程为选修课，介绍了出国旅游行程编排，课本即为旅游实用应急手册，附有常用词汇、短句翻译，老年学员带上它，英语零基础也可以畅游世界。

7. 游学。

本课程课内学时36学时，开设一学期。

本课程为选修课，课程内容包括出入境证照的办理、签证、线上预约交通、酒店、旅游线路攻略和线路设计，通过课程学习让学员掌握旅游生活实操技能，提高生活水平。

8. 瑜伽。

本课程课内学时36学时，开设一学期。

本课程为选修课，主要介绍了瑜伽的基本知识，教会学员基本的瑜伽动作和姿势，达到平心静气的效果，改善不良情绪，增强身体抵抗力。

9. 24式太极拳。

本课程课内学时36学时，开设一学期。

本课程为选修课，主要介绍了24式太极拳的基本知识，教会学员24式太极拳的基本动作与姿势，达到强身健体、健康养生的效果。

10. 八段锦。

本课程课内学时36学时，开设一学期。

本课程为选修课，主要介绍了八段锦的基本知识，教会学员八段锦的基本动作与姿势，达到强身健体、健康养生的效果。

11. 八式功。

本课程课内学时36学时，开设一学期。

本课程为选修课，主要介绍了八式功的基本知识，教会学员八式功的基本动作与姿势，达到强身健体、健康养生的效果。

12. 五禽戏。

本课程课内学时36学时，开设一学期。

本课程为选修课，主要介绍了五禽戏的基本知识，教会学员五禽戏的基本动作与姿势，达到强身健体、健康养生的效果。

13. 气功。

本课程课内学时36学时，开设一学期。

本课程为选修课，主要介绍了中国传统气功的基本知识，教导学员中国传统气功的调身、调息、调心"三调合一"的身心锻炼基本知识,有利于中老年人的身心健康。

14. 民族舞蹈。

本课程课内学时36学时,开设一学期。

本课程为选修课,介绍了民族舞蹈的基本知识,教会学员多种不同风格的民族舞蹈。

15. 形体舞。

本课程课内学时36学时,开设一学期。

本课程为选修课,介绍了形体舞的基本知识,教会学员形体舞基本动作与姿势,让学员在明快、优美的音韵中愉悦身心、陶冶情操。

16. 和声基础。

本课程课内学时36学时,开设一学期。

本课程为选修课,主要介绍了和声中的重属和弦及副属和弦的功能与应用,掌握为歌曲配伴奏、转调及换调等基本技能。

17. 中外音乐名作欣赏。

本课程课内学时36学时,开设一学期。

本课程为选修课,主要介绍西方各历史时期的音乐文化背景、风格特征,并通过经典音乐名作欣赏,普及中外音乐的基本知识,提高学员的音乐素养和音乐鉴赏能力。

18. 隔代教育。

本课程课内学时36学时,开设一学期。

本课程为选修课,帮助学员认识隔代教育的利弊、传授隔代教育的技巧与策略,合力打造新式的隔代教育,促进家庭的和谐美满。

19. 邻里关系。

本课程课内学时36学时,开设一学期。

本课程为选修课,帮助学员有效地处理邻里关系,介绍如何避免邻里矛盾。

20. 老年心理健康与自我调节。

本课程课内学时36学时,开设一学期。

本课程为选修课,介绍了老年人的多种心理问题,教会学员如何调节自己的情绪,使老年人养成健康的心理素质。

21. 老年理财与安全。

本课程课内学时36学时,开设一学期。

本课程为选修课，课程内容包括基础理财及安全知识，帮助学员合理规划晚年生活，学会轻松理财，提高老年生活质量；介绍社会上常见的诈骗方式，通过真实案例帮助学员了解各种诈骗手段，增强安全意识，避免经济损失。

22. 老年婚恋观。

本课程课内学时36学时，开设一学期。

本课程为选修课，主要分析当今社会老年人婚姻状况，包括老年初婚，也包括老年离婚和丧偶后再婚等，帮助老年人正确认识婚恋问题。

23. 生命教育。

本课程课内学时36学时，开设一学期。

本课程为选修课，主要分析当今社会比较突出的老年人临终心理问题，帮助老年人正确认识生命的意义与价值，勇敢地去面对临终问题。

24. 书法入门。

本课程课内学时36学时，开设一学期。

本课程为选修课，主要介绍了中国毛笔书法的起源，帮助老年人认识毛笔的基本用法、书法的分类等，练习基本的毛笔书法。

25. 国画入门。

本课程课内学时36学时，开设一学期。

本课程为选修课，主要介绍了国画的基础入门知识、国画的基本技法，帮助老年人练习基本的国画绘画方式。

26. 从零开始学粤语。

本课程课内学时36学时，开设一学期。

本课程为选修课，课程由暨南大学汉语方言研究中心设计，面向粤语初学者需求，学习从基础语音、常用词汇到日常生活场景的对话，配合相关语言学习平台上的在线视频课程和动漫教程，轻松突破粤语会话，帮助学员学会用粤语进行日常生活沟通。

声乐专业模块（三年）课程列表

模块名称	模块结业学时	序号	课程代码	课程名称	课程学时	课程性质	开课学期
专业课	324	1	SY0101	音乐基础知识	72	必修	2
		2	SY0102	嗓音保健	36	必修	1
		3	SY0103	声乐演唱（一）	72	必修	2
		4	SY0104	声乐演唱（二）	72	必修	2
		5	SY0105	演唱实践	72	必修	2
				小计	324		
公共选修课	72	1	GX0001	茶艺文化	36	选修	1
		2	GX0002	黄帝内经	36	选修	1
		3	GX0003	伤寒论	36	选修	1
		4	GX0004	计算机基础	36	选修	1
		5	GX0005	摄影录像入门	36	选修	1
		6	GX0006	旅游英语	36	选修	1
		7	GX0007	游学	36	选修	1
		8	GX0008	瑜伽	36	选修	1
		9	GX0009	24式太极拳	36	选修	1
		10	GX00010	八段锦	36	选修	1
		11	GX00011	八式功	36	选修	1
		12	GX00012	五禽戏	36	选修	1
		13	GX00013	气功	36	选修	1
		14	GX00014	民族舞蹈	36	选修	1
		15	GX00015	形体舞	36	选修	1
		16	GX00016	和声基础	36	选修	1
		17	GX00017	中外音乐名作欣赏	36	选修	1
		18	GX00018	隔代教育	36	选修	1
		19	GX00019	邻里关系	36	选修	1
		20	GX00020	老年心理健康与自我调节	36	选修	1
		21	GX00021	老年理财与安全	36	选修	1
		22	GX00022	老年婚恋观	36	选修	1
		23	GX00023	生命教育	36	选修	1
		24	GX00024	书法入门	36	选修	1
		25	GX00025	国画入门	36	选修	1
		26	GX00026	从零开始学粤语	36	选修	1
		27	GX00027	分校自设课程	36	选修	1
				小计	972		
毕业学时	396						

国家开放大学（广州）老年开放大学建设特色系列课程项目实施方案

一、建设背景

为落实党的十九大精神，认真贯彻中共中央、国务院《老年教育发展规划（2016—2020年）》和《加快推进教育现代化实施方案（2018—2022年)》，落实《广东省人民政府办公厅关于大力推动老年教育发展的实施意见》和《广州市推进老年教育发展实施方案（2018—2020年）》，坚定老年教育的社会主义办学方向，需要大力开展广州老年开放大学特色系列课程建设。

二、建设目标

根据广州老年开放大学课程体系的发展现状，结合广州老年教育的地域特色、时代特色和岭南传统文化特色，筛选出"粤剧""广彩""广绣""客家山歌"4门课程进行老年教育特色课程打造。

1. 聘请老年教育特色课程的专业教师、非物质文化遗产传承人、手工艺人进行课程开发，拟定教学大纲、出版教材、制作课程资源、课件等。
2. 形成体系完整、主题鲜明、形式新颖、教学资源丰富且具有岭南地域文化特色的课程体系。
3. 在广州老年开放大学办学系统进行试点应用，通过教学对实践后的效果调研、归纳总结，结合相关专业理论知识，进一步完善老年教育课程体系建设。
4. 面向广州老年开放大学办学系统全面推广老年教育特色系列课程。

三、建设时间

序号	时间	完成内容
1	2018年9月—2019年2月	完成老年教育特色系列课程前期调研工作，确定老年教育特色系列课程教学大纲、聘任教师等相关工作；根据各学院情况确定试点单位
2	2019年3月—2020年2月	落实老年教育特色系列课程试点单位的相关教学准备与实施，并进行试点教学成果的论证
3	2020年3月—2020年8月	老年教育特色系列课程成果面向全系统进行推广应用

四、项目实施方案

（一）前期调研

项目实施的前期，项目小组将对"粤剧""广彩""广绣""客家山歌"特色课程的教育现状、教育的发展方向、教育体系、教育课程和教材等方面进行初步的调研，从不同的维度了解特色系列课程的现状，以此为基础来规划老年教育特色系列课程项目的实施。前期的调研还包括了解各老年开放学院的课程情况、课程实施的需求等。

（二）课程规划

结合前期调研以及与广州老年开放大学各学院的沟通结果，对老年教育特色系列课程进行整体规划，主要从课程设置、时间安排、师资以及试点推广等几个方面着手，推动具备开展课程试点条件的单位进行试验教学。

（三）试点成果总结

根据老年教育特色系列课程内容、具体实施情况和反馈资料收集，结合现阶段老年教育特色课程相关的研究，进行教学成果的总结与反思，对试点过程中遇到的问题进行有针对性的调整。

（四）课程实施

课程的实施由项目组成员整体统筹安排与监管，与各老年开放学院的课程教学团队合作，按照老年教育特色系列课程最终的教学方案，包括课程大纲、教材、师资、资源、课件等，面向广州老年开放大学办学系统进行推广应用。

国家开放大学（广州）老年开放大学
2018 年 6 月 25 日

附件：广州市老年教育特色项目（区级）建设指导标准
附件：

广州市老年教育特色项目（区级）建设指导标准
（试行：2019—2020 年）

一级指标	二级指标	三级指标
一、建设目标	（一）基本定位	1. 整合区域内优质特色社会资源，依托承办单位已有资源条件，建设特色鲜明的区域化老年教育品牌，在广东省和全国形成一定影响力
		2. 探索新的老年学习模式
	（二）目标任务	1. 彰显岭南文化特色，融入多种元素，拓宽老年居民学习形式，方便老年居民就近参与学习
		2. 丰富老年居民终身学习内容，满足老年居民多层次、多种类、多形式的学习需求
		3. 拓展老年居民终身学习方式，形成老年居民学习的新方式
二、运行机制	（一）建构模式	1. 区级老年教育××特色项目基地统一名称为"××区老年教育××特色项目基地"
		2. 区级特色项目基地可根据资源特色，下设若干项目中心
		3. 项目中心可根据工作实际，下设若干项目点
	（二）管理职责	1. 区级电大负责统筹规划、站点设立、分级管理、督导评估等工作
		2. 区教育局负责本区域内站点拓展建设及经费管理、工作指导和经验总结等工作，并提供必要的工作经费保障
		3. 特色项目站点负责项目开发、活动组织、居民接待、体验服务等工作

续上表

一级指标	二级指标	三级指标
二、运行机制	（三）运行方式	1. 项目开发。应具有常态化的特色项目，并根据资源特色进行项目的拓展和创新；特色项目应体现学习性、参与性和互动性；实施方案详实，特色项目清晰，方式便捷，具有可操作性，强化指导
		2. 活动组织。应针对老年人群的学习需求，因地制宜开展专题体验活动，应有明确主题、策划方案、过程记录、效果评价、意见反馈等；大型专题体验活动，每季度不少于一次
		3. 宣传推广。区级特色项目基地应统一使用广州老年教育特色项目logo标识；统一制作相关宣传手册、学习卡等宣传资料；统一发布特色项目活动信息，畅通媒体信息发布渠道
三、建设条件	（一）基本要求	1. 特色项目建设申报单位必须主体明确，具有独立的法人资质，体验工作有专人负责，并配备2～3名工作人员
		2. 特色项目建设的选点需在居民较为集中的区域，方便居民学习和体验
		3. 申报单位必须具备至少一项可直接利用的有特色的教育教学资源，需明确特色资源与老年教育的切入点
		4. 申报单位必须具备固定特色项目学习场地，配套设施完备，学习环境整洁，落实安全措施
	（二）基本任务	1. 定期向社会开放，展示和宣传特色项目
		2. 组织老年居民参与体验学习活动，每周至少一次
		3. 组建开发体验项目的团队，明确老年教育特色项目的责任人，配备特色项目的志愿服务队伍
		4. 每个特色项目年接待能力不少于1000人次
	（三）申报程序	1. 申报单位须向广州老年开放大学提出申请，并递交相关材料
		2. 广州老年开放大学组织专家进行认定，向市教育局申报，经立项后，开展建设
		3. 建设运行3个月后，经广州老年开放大学核准后，方可正式挂牌
四、持续发展	（一）形成特色	区级特色项目建设应结合区域经济发展需要和当地人文资源特色，根据老年居民学习需求，因地制宜、因势利导、开拓创新，形成具有区域特色的老年居民学习模式
	（二）培育品牌	及时总结典型经验，主动分享实践成果和成功案例，对具有区域特色的项目和学习模式加以培育，形成学习品牌，并示范、引领和推广，孵化更多的学习品牌，引导本区域老年教育的发展

续上表

一级指标	二级指标	三级指标
四、持续发展	（三）对接社区	区级特色项目基地、站点应主动对接社区老年教育机构，及时将受老年居民喜爱的特色项目、专题活动送到社区，与社区老年教育机构课程融合，转化为多元化课程，实现特色项目基地与社区之间的学习互动

国家开放大学（广州）老年开放大学

2019 年 7 月 4 日

国家开放大学(广州)老年开放大学
特色基地建设管理办法(试行)

为了明确老年教育特色基地建设的相关要求,确保挂牌成立特色基地的相关单位能够规范地开展老年教育相关工作,特制定本管理办法。

一、适用范围

本办法适用于国家开放大学(广州)老年开放大学办学系统各学院。

二、准入标准

1. 学院对申请备案挂牌成立的"老年教育特色基地"的单位要具有一定的管理或协调职能,能积极配合总校开展相关的老年教育活动。
2. 学院主管领导重视老年教育工作,将特色基地建设列入本单位工作的重要议程,制订有特色的基地工作规划,有良好的运转机制和可持续发展模式。
3. 该基地具有典型作用,有创新点,在市内、省内和国内处于领先地位。
4. 学院老年教育工作基础广泛、扎实,成效显著。
5. 学院开展以场所为基础的经常性老年教育相关工作,引导社会各界及公众广泛参与和关注老年教育。

三、工作要求

1. 学院能切实加强对老年教育特色基地的领导,明确职责,规范管理。
2. 加强多方协调,参与老年教育特色基地建设,贯彻老年教育事业的康养学游政策,营造老年教育的支持性环境。

3. 坚持科学精神，推广特色文化，引领老年教育发展。

4. 积极探索老年教育特色基地建设的新思路、新方法，努力开拓创新，积累老年教育工作经验，不断提高工作水平。

四、申报程序

1. 根据《准入标准》，由学院对拟成立老年教育特色基地的单位进行实地考察。

2. 实地考察通过后，学院填写《广州老年开放大学特色基地备案表》（以下简称《备案表》）和《广州老年开放大学特色基地信息采集表》（以下简称《信息采集表》）。

3. 学院以书面形式向总校申请对考察通过的单位进行备案，《申请表》《备案表》《信息采集表》各一式三份，需加盖公章。

4. 总校对学院提交的相关表格的内容进行审核，通过后予以备案，并出具文件批复。

5. 由学院与老年教育特色基地单位签订合作协议，并上交给总校进行备案。

6. 挂牌成立"广州老年开放大学××学院××特色基地"。

7. 老年教育特色基地单位严格按照相关规定开展业务。

五、退出标准

1. 出现违规宣传、违规收费及其他违规行为的。

2. 出现重大责任事故的。

3. 出现群众集体投诉老年教育特色基地不能履行相应职责、不能按规定承担相应义务的。

4. 经常性不参与广州老年开放大学组织的活动的。

5. 不能按照合作协议要求完成相关老年教育推广、公益活动的。

6. 被相关主管部门、注册机构取消办学资格、营业资格的。

国家开放大学（广州）老年开放大学

2020 年 8 月 5 日

第四编

广州老年教育特色项目案例

基于乡村振兴的区域特色老年游学基地建设
——以广州市从化区为例

国家开放大学（广州）老年开放大学从化学院

课题"基于乡村振兴的区域特色老年游学基地建设——以广州市从化区为例"于 2020 年被列为广州市教育局"老年教育特色基地与学习团队培育"项目的子课题。该课题的阶段性总结如下。

一、课题研究方案

（一）研究意义

基于乡村振兴特色小镇旅游景区（点），挖掘区域特色老年游学服务内容，有利于满足老年群体的学习需求、丰富老年群体的精神世界。同时，联合企业和协会等各种社会力量合作开发老年教育游学项目服务，既有利于发挥本地旅游资源的优势，又能促进多方社会力量参与老年教育事业。

（二）研究目标

坚持突出老年游学项目区域特色的原则，研究制定老年游学项目的服务措施，探索工作日老年游学活动与节假日普通旅游活动的错峰实施机制，形成基于乡村振兴战略的区域特色老年游学基地建设模式。

（三）研究内容

1. 研究从化区老年游学资源的现状。基于从化区丰富的山水文化自然资源和红色文化人文资源，坚持老年教育游学项目的知识性、故事性、参与性和融合性原则，深入挖掘老年游学的核心资源，科学规划人力、经费、设施等老年游学项目要素。

2. 研究老年学员对从化区老年游学项目的需求。通过问卷法和访谈法，调查老年学员对从化区老年游学服务的实际需求，主要内容包括老年人在游学方面的学习兴趣、学习目标、学习内容、学习形式等，为科学合理地设计老年游学服务项目提供参考依据。

3. 研究从化区老年游学项目的规划设计。针对不同老年群体的差异，设计出多层次、多类型的老年游学项目课程内容，编制出老年学员可以自由选择的老年游学项目"菜单"，提供让老年学员满意的优质教学服务。

4. 研究从化区老年游学项目的运营管理。围绕人群因素、资源因素、制度因素、平台因素4个主要因素，统筹各种本地特色资源开展游学业务，并广泛联合多方社会力量，对构建工作日和节假日老年游学的错峰实施机制进行研究。

二、课题初步的研究过程

（一）提炼了从化特色老年教育资源

依托特色小镇，本课题组深入提炼本地老年教育资源。其中，有形资源包括自然风光、古村落遗址、旧经济生活见证物、抗日游击队活动基地、革命旧址纪念馆、解放战争战役旧址、中共党史重要事件发生地和新时代乡村振兴成果等；无形资源包括农耕文化、口述历史、地方风俗、特色饮食和红色文化等。

（二）开发了特色游学线路

本课题组以政治性、知识性、故事性和参与性为原则，开展老年教育游学线路设计。老年游学项目的教学设计要体现老年教育课程的知识点，通过讲好当地的历史文化故事和红色文化故事，使老年学员获得参与感和体验感，实现"在实践中学习、在学习中实践""在学习中游览、在游览中学习"的目标。例如，本课题组所实施的流溪游学项目，就是以流溪河为纽带，利用特色小镇绿色资源，融入穗北红色文化，串联非遗项目和乡土风情，通过精心选址布点和挖掘文化内涵，打造流溪游学项目品牌特色。

（三）开发了特色游学课程

本课题组根据游学点的季节情况和老年学员的基本情况确定了不同的主题，

从看、听、触、演等不同角度激发老年人的想象力。首先,开发了专线游学项目,主要包括枇杷游线路、青梅游线路、樱桃游线路、杨梅游线路、三华李游线路、火龙果游线路、鸡心黄皮游线路、无核红柿游线路、砂糖橘游线路和番石榴游线路等。其次,开发了综合性的游学项目,主要包括踏春赏花,体验岭南春色;稻田风光,体验丰收喜悦;温泉保健,体验休闲养生。此外,在游学活动过程中还融合了红色文化、绿色生态和乡村振兴等相关内容,开发建设出从化区穗北红色户外课堂系列精品课程,如黄沙坑革命旧址纪念馆、小杉村、广州蓄能电站、米埗小镇、生态设计小镇、老温泉新活力实践馆和云台山战斗场遗址等具有红色文化景点,让老年学员在青山绿水之中传承"红色基因",以"红色引擎"为乡村振兴凝聚精神力量。

三、课题初步的研究成效

(一)构建了服务全民终身学习教育体系的政治保障

游学项目创新了老年教育学习形式,更加凸显老年教育对象自主性的特征,吸引了更多老年学习者积极参与终身学习。例如,流溪游学充分发挥了特色小镇基层党组织的领导作用和服务功能,挖掘了区域文化资源的特色,丰富了老年教育服务内容,设计了多层次的老年教育互动体验内容。在游学路线、教学内容中融入了红色文化,既满足了老年人群的学习需求,也确保了全民终身教育体系沿着正确的政治方向发展。

(二)促进了社区治理体系建设和治理能力的提升

在老年大学思想政治教育中合理运用红色文化资源,可以帮助老年朋友了解党和国家的发展历史,坚定老年人的理想信念,做党和国家方针、政策的坚定执行者。以老年游学为载体讲好红色故事,发挥了老年人在传承中华优秀传统文化、践行社会主义核心价值观等方面的积极作用,彰显了长者风范。同时,鼓励老年人利用所学所长,在科学普及、环境保护、社区服务和治安维稳等方面积极服务社会、奉献社会,实现社区老年教育主动服务社区治理,让社区老年教育成为推进社区治理体系和治理能力现代化的积极力量。

（三）助力脱贫攻坚与乡村振兴

流溪游学项目致力于整合当地特色的历史人文资源、红色文化资源、自然景观与乡村旅游资源，优化老年教育资源供给。多元主体合作开发老年教育服务项目，以不同年龄段老年人群为服务对象，构建了老年教育工作日和节假日旅游的错峰实施机制，提高了资源的利用效能，整合更多社会力量参与开发老年教育服务，带动了穗北红色文化产业带建设，并打造出穗北红色户外精品课堂，擦亮了流溪游学品牌，从而达到加强党的领导、提高企业营收、增加农民收入和促进乡村振兴的目的。

（执笔人：黎潮钦、黄镇潮、高静娟、陈舟驰、巢伟泉、凌育暖、李玉玲、曾彦斐）

老年教育游学项目开发设计与实施研究
——以广州市花都区炭步镇为例

国家开放大学（广州）老年开放大学花都学院

课题"老年教育游学项目开发设计与实施研究——以广州市花都区炭步镇为例"于 2020 年获得广州市广播电视大学"老年教育研究暨老年教育特色品牌培育"项目立项。该课题的阶段性总结如下。

一、课题研究方案

（一）研究意义

依托古村落文化开发老年教育游学项目，第一，能够满足老年人多样化的学习需求，提高老年人的生活质量；第二，能够进一步激发老年人的学习兴趣，巩固老年人的学习成果；第三，能够促进本地区古村落优秀传统文化的保护与传承，产生较好的社会效益和经济效益。

（二）研究目标

围绕花都区炭步镇塱头村、茶塘村、藏书院村、华岭村 4 个古村落，设计出以古村落文化为主题的老年游学活动路线和课程模块。同时，与花都区文化旅游部门展开合作，开发古村落文化老年教育游学体验学习基地，达到既能提升古村落的社会效益和经济效益，又能促进基层老年教育的内涵发展的目标。

（三）研究内容

1. 构建老年教育游学活动理论框架，探讨老年游学活动的理论基础、本质含义、社会效益和经济效益等问题，厘清古村落文化与老年教育的结合点。

2. 依据老年人游学需求，设计出以古村落文化为主题的游学课程，探寻蕴藏在古村落之中的历史沿革、建筑特色、民风民俗等传统文化特色，甄别出古村落历史和文化信息中的积极成分，将其有机融入老年游学路线设计和课程建设之中，让老年人通过古村落文化游学活动积极参与社会生活，从而提升幸福感和获得感。

二、课题初步的研究过程与成效

（一）发掘古村落文化基础

古村落文化老年游学项目以广州市花都区塱头村、茶塘村、藏书院村、华岭村4个古村落为共建基础。当地镇政府与村委会高度重视对古村落文化的保护与发展，强化了科学规划设计和日常管理制度。例如，塱头村在古村古镇危房拆迁改造中另辟蹊径，划地新建民房安置群众，完整地保留了原有古村，村内旅游资源由政府统筹规划运营，日常的管理、维修资金由政府划拨，不过度追求商业化，最大限度地保留历史文化特色，传承发扬优秀传统文化，促进新时代乡村治理与乡村振兴。

（二）汇聚多方建设力量

广州老年开放大学与花都老年学院经过多次联合调研，深入镇、村、社区，充分挖掘了花都区在老年游学养基地建设方面的资源优势和制度优势，培育打造出全国性的花都区老年游学养基地样板工程。

1. 积极争取政府关注，申报财政资金支持。老年教育事业以公益性为主，建设游学养基地工作只有得到政府的关注和资金支持，才能规划、落实老年游学的景点线路、学习体验活动和条件。花都区老年教育发展具有3个优势：有人员编制、有场地设备、有专项工作经费。2019年，区财政专项划拨了社区教育和成人教育专项工作经费合计230万元，同时，市教育局提供了相关项目经费，支持并保障了老年教育工作顺利开展。

2. 深入展开调研工作，摸清基层实情。在打造花都古村落文化游学基地过程中，广州老年开放大学与花都老年学院重视老年教育游学体验式、适老化的特点，从课程板块、景点线路等方面谋细节、巧安排、抓服务，多次组织专题调研活动，深入基层入村走访，为更好地推动游学养基地建设提供了意见，提炼出塱头村、茶塘村、藏书院村、华岭村4个古村落的发展特色，并融入老年教育元素，开发出了适合不同老年人群的老年游学实施方案。

3. 培养实干型建设队伍。第一，班子成员扎根基层办实事。面对现行体制机制不顺畅的问题，花都老年学院领导班子带头积极联系区卫健委、民政、文广新、体育等相关部门，整合各部门、各层次的老年教育办学资源。第二，培养游学基地专业解说人才。在古村落文化游学基地建立志愿者队伍，并对志愿者进行统一培训，让每一位志愿讲解者对村史文化、发展故事了然于心。同时，聘请当地古村落的老年人进行讲解，负责讲解的老年人乐在其中，讲解过程叙述生动，分析深刻，反响良好。

4. 因地制宜，凸显"体验"式游学特色。游学养基地的建设需要综合旅游、学习、体验等因素，因地制宜，突出特色。"体验式"学习主要包括环境的熏陶与亲身参与两个过程。例如，塱头古村已挖掘的"体验式"学习资源包括：传统文化氛围方面的教学资源（塱头村内曲艺社、楹联社、传统书院、岭南农耕文化博物馆、国学传习馆、民俗茶馆等）以及亲身参与方面的教学资源（中老年合唱团、艺术团、农民诗社、书画协会、楹联协会等）。

（三）落实共商共建共享

2019年11月，广州市花都区获得全国首批"游学养十大目的地"称号。在完善老年游学示范点过程中，各方贯彻落实了共商、共建、共享的理念。例如，尊重老年自主型学习组织中老年人的需求，培育更多能承担讲解任务的老年人，走可持续发展之路；进行游学项目设计时，合理分配游与学比例，减少集中讲授知识时间，创设文化氛围烘托，增加教学互动设计，做到寓学于活动过程之中；充分发挥老年自主型学习组织的作用，让能讲、善讲、乐讲的老人家现身说法，参与其中，带动讨论，体现了基层村（居）老年人的自我价值。

（执笔人：余大生、奉美凤、邓静宜、卢福汉）

岭南水乡疍家文化特色老年教育体验学习基地建设研究
——以广州市南沙区东涌镇为例

国家开放大学（广州）老年开放大学南沙学院

课题"岭南水乡疍家文化特色老年教育体验学习基地建设研究——以广州市南沙区东涌镇为例"于2020年获得广州市广播电视大学"老年教育研究暨老年教育特色品牌培育"项目立项（编号：2020KYYB008）。该课题的阶段性总结如下。

一、课题研究方案

（一）研究意义

通过开发疍家文化特色老年教育课程资源，结合疍家水乡的游学体验基地建设，探索将优秀传统文化融入老年教育的路径，既有利于丰富老年人的文化生活，又可以促进优秀本土文化的传承与发展。

（二）研究目标

开发建设一个环境优美、场地设备齐全、管理机制完善以及具有岭南水乡疍家文化特色的老年教育体验学习基地；开发适合本地及外地来穗老年人欣赏与学唱的"咸水歌欣赏""咸水歌学唱"等特色课程资源；总结适合老年人学习咸水歌的教学方式；在东涌镇岭河涌两岸文明村建设的基础上，以"一道多村""一村一特色"为框架，打造系列化、品牌化的传统文化与现代文明交融的老年人游学体验活动。

（三）研究内容

1. 老年教育体验学习基地的学习资源开发研究。第一，利用广东省省级非物质文化遗产"疍家文化咸水歌"、东涌镇水乡文化风情街、水乡文化河涌游和26千米水乡绿道等资源，开发适合老年人学习的"咸水歌欣赏"等系列特色课程。第二，编制老年教育体验学习基地活动课程方案和学习材料，开发专属于老年学员使用的学习软件，利用智能手机实现教育信息传播，创新老年教育体验学习基地的学习方式。

2. 老年教育体验学习基地建设的实施方案研究。借助南沙水乡优势，整合南沙社会主义新农村建设的成果，发挥东涌镇疍家文化非物质文化遗产传承基地的作用，融合传统文化与现代文明，建设适合本地和外地老年人开展体验式学习的老年教育基地。

3. 老年教育体验学习基地的管理运行机制研究。老年大学需要协调政府相关部门、社会机构和群众团体，整合多方资源，充分利用现有的人力、财力、物力以及场地设备等条件，研究出具有岭南水乡疍家文化特色的老年教育体验学习基地的多部门协作运行管理机制，形成具有推广性的老年教育体验学习基地建设方案。

二、课题初步的研究过程与成效

2016年国务院办公厅印发的《老年教育发展规划（2016—2020年)》指出要"建设不同主题、富有特色的老年教育学习体验基地""整合一批优秀传统文化、非物质文化遗产、地方特色老年教育资源""推动有条件的省（区、市）老年大学、开放大学和广播电视大学建设具有地方特色的示范性老年教育体验基地"。为了进一步推动南沙老年教育工作，广州市南沙区教育局印发的《南沙区2020年老年教育工作计划》指出"为加强南沙区的课程开发，要开发高龄老人特色课程、疍家水乡文化特色老年教育学习课程，组织专家编写教材，来培育老年教育特色品牌项目"。

南沙老年开放大学通过与政府有关部门、社会组织和群众协会之间的协同合作，创建整合各方资源服务于老年教育体验学习基地的建设。东涌老年教育以东涌水乡文化为引领，围绕南沙老年开放大学发展老年教育的中心工作，依托东涌老年学校，积极挖掘地方特色，重点打造咸水歌队伍、粤曲私伙局、"疍家渔歌"

舞蹈队和旗袍秀队伍等老年自主型学习组织，带动了当地老年教育特色发展。

（一）游学资源开发

南沙区60岁以上的老人数量约7.2万人，文化程度普遍不高，多数为疍家人，对疍家传统文化具有深厚的感情，是学习与传承疍家文化的主要潜在对象。东涌镇作为南沙区文化名镇，具有丰富的游学资源基础，例如，咸水歌、水乡舞、疍家美食等，种类多元、特色突出、可开发性强。

1. 咸水歌游学资源基础：咸水歌是属于疍民的一种民间歌曲，演唱灵活，有即兴性特点，被评为"终身学习品牌项目"，可用于多种场合表演，具有较好的普适性，适用于具备一定学习能力的老年人群学习。

2. 水乡舞游学资源基础：水乡舞是围绕沙田水乡自然风光、人民劳动和生活场景创作的舞蹈，以柔和唯美的舞姿向人们讲述一个个美好的东涌故事。因此，将水乡舞资源融入老年学习体验活动中，可以陶冶老年人艺术情操，提升老年人艺术修养。

3. 疍家美食游学资源基础：几百年来，疍家人关于鱼、虾、螃蟹和贝类的吃法有数十种，疍家风情美食至今仍备受欢迎。在老年游学中加入美食体验，不仅可以给老年学员带来愉悦，而且可以让老年学员更深入地了解疍家水乡文化。

（二）师资队伍建设

在南沙区教育局以及党委镇政府的支持下，南沙老年开放大学不断挖掘东涌镇各个领域的优秀人才，并邀请他们加入老年教育师资队伍。目前，东涌镇的老年教育师资共有15人，并且在社会上都有一定的知名度。例如，东涌镇教育指导中心主任、东涌文联副主席、东涌摄影学会副会长黎国仪；东涌镇文体中心主任、南沙区作家协会主席何霖；南沙区"曲艺协会"主席、广州市市级非物质文化遗产项目咸水歌传承人张健仔等。

（三）游学基地建设

疍家水乡老年游学基地建设包含党群机关、老年学校和特色小镇等。

1. 东涌镇文化体育服务中心。

南沙区东涌镇文化体育服务中心已挂牌"广东散文诗学会东涌创作基地""南沙区东涌镇文学艺术界联合会""南沙区东涌镇书画学会""南沙区东涌镇咸水歌会""南沙区东涌镇摄影学会"等。

2. 东涌镇老年学校。

东涌镇老年学校设在东涌党群服务中心,场地主要包括图书室、国学室、电脑室以及多媒体讲堂等,中心周边为东涌敬老院、东涌水乡风情街、东涌农耕渔猎展览馆、东涌大戏台等,环境适合于老年人休闲学习。各村老年人活动中心均配有多媒体设备,老年人只要打开手机、电脑或数字电视即可以进行自主学习。

3. 广州种业小镇。

为发挥南沙新区和自贸试验区"双区"叠加优势,南沙区遵循以种业为依托、以产业融合为发展方向、以建设特色小镇为主要发展模式的策略,致力于打造国际种业小镇。小镇区域主要为南沙区东涌镇,具有种业科技创新、农业观光休闲等功能。

4. 农业采摘生态园。

东涌镇依托"一村一果"工程发展,在官坦村、太石村、大稳村、长莫村、小乌村、石基村和南涌村培育了水果采摘园 20 个,种植面积达到 800 亩,引进了释迦、三红蜜柚、蓝莓、皇帝柑等多个新品种水果。其中,有适合老年人养生保健的水果,如血橙果、正月红柑等。

(四)课程读本开发

根据其自身人文历史资源,东涌镇开发了老年地方特色课程,并配套编写了老年人读本,例如,《这里是南沙东涌》《咸水歌创作和演唱技巧》《粤曲新唱》《疍家渔舞》等,并且已将特色课程读本编写工作纳入了老年学校教师工作计划。

(执笔人:李宝华、陈泽丰、肖剑英、钟德标、郭锦锡、林仕琴、张健仔、李玉萍)

培育基层老年学习团体的实践研究
——以广州市花都区为例

国家开放大学（广州）老年开放大学花都学院

课题"培育基层老年学习团体的实践研究——以广州市花都区为例"于 2020 年获得广州市广播电视大学"老年教育研究暨老年教育特色品牌培育"项目立项。该课题的阶段性总结如下。

一、课题研究方案

（一）研究意义

老年学习团体是适合老年人开展学习活动的群众组织，具有自主性、包容性、灵活性、实用性、便捷性和创新性等特点。因此，研究探索培育基层老年学习团体的体制机制，有助于进一步激发老年学员的学习动力，提高老年教育活动的效果，也有助于整合多方社会资源融入老年教育，破解老年教育经费少、师资少、场地少等难题。

（二）研究目标

构建一套符合本土化地方特色的老年学习团体培育策略并开展实践活动，满足老年群体多样化、个性化、便捷化的学习需求。

（三）研究内容

1. 老年学习团体的现状研究。在花都区老年开放大学及各老年学校、教学点、社区学院等各级各类老年教育办学机构中，选取部分老年学习团体进行跟踪研究，并将调查研究结果作为制订下一步老年学习团队培育方案的依据。

2. 老年学习团体的师资队伍建设研究。发掘一批优秀的民间教学能手，并通过专业培训和实践锻炼，打造一支高质量、接地气的师资队伍，培养一批自主学习团队管理能手，壮大自主学习团队的管理队伍。

3. 老年学习团体的培育方案研究。通过整合各社区老年自主学习组织的资源，逐步探索出一套符合本土文化的老年学习团队培育方案。

二、课题初步的研究过程与成效

（一）加强组织引导，提供硬件资源

花都区一方面利用老年开放大学的办学资源，为老年学习团体提供师资队伍、教学设备等支持；另一方面通过整合政府和社会的资源，联系街（镇）的党群服务中心、市民文体活动中心等单位为老年学习团体提供多元化和便利化的资源支持。例如，花都老年开放大学为这些团体成员及队长提供定期的师资指导；花都区新华街党群服务中心利用空置的活动场室，为2支腰鼓秧歌队、3支形体舞蹈队、3支旗袍模特队、4支葫芦丝演奏队、5支合唱队共计17个老年学习团体提供场地。由于社会各方提供了比较充分的资源保障，花都区老年学习团体参与活动的人数大幅度上升，如有55个老年学习团体在花都区老年开放大学、新华街群体科和文广旅游体育局体育科的支持下参与了花都区"庆祝中秋迎国庆"文艺庆祝活动。

（二）培育组织结构，稳定团体发展

老年学习团体的运行呈现出了不同的结构。按照组织结构稳定性可大致将这些团体分为萌芽期、发展期、稳定期三个阶段。第一阶段是萌芽期的老年学习团体。这类团体的结构相对简单，主要是以队长为核心，团体结构为：队长－成员。人数一般在15人以内，属于自发组建型的团体，如儒林村第一健身队、金都健身队、骏威粤韵舞蹈队、花之韵旗袍队等表演类的小型团体。其中，队长在团队中既是组织管理者，也是技术引领者，主导着整个团体的活动。在跟踪观察的102个团体中，这类型团体有63个，占比为61.7%。第二阶段是发展期的老年学习团体。这类团体对加入团队的成员有一定的知识和技能要求，以队长为核心，结构为队长－发展骨干（分队长）－成员。一般是50人以上的团体，例如，南航彩虹艺术团、歌唱祖国合唱团、向阳气功队等类型的中型团体，队长仍是团体组织管理者和技术指导者，但具体组织工作会由骨干成员（分队长）来协助完成，即使队长离开团队，接任队长也会从骨干成员或分队长中产生，因此，团队成员的流动性相对较低。第三阶段是稳定期的老年学习团体。这类的队长和指导分别对应团队的组织管理和技术指导，主要是对技术水平要求较高的文化团队，如塱头村诗词吟楹联团队、客家山歌团队、工笔水墨书画社、老体协葫芦丝队等团队。这类团体的成立时间一般较长，团体结构稳定，人员流动性少，教学经验丰富，教学方法比较专业。以上3个类型的团队都体现了队长在团队里的重要性。因此，在培育老年学习团队的过程中，花都区老年开放大学十分注重对队长、骨干等核心成员的引导培育。在萌芽期阶段使用"骨干培育法"，定期组织各老年学习团体的骨干成员到区老年开放大学进行座谈交流，并在各教学点安排专业人员协助对萌芽期的团队进行组织结构分析。随着团体不断壮大发展，队长或骨干的知识技能已难以满足团体的需求，需要专业教师进行专门的指导。

（三）建立规章制度，帮组实现"四自"型管理

为了增强老年学习团体自主、自治、自学、自管的能力，提高学习成效，花都区老年开放大学采用"专人介入法"的方法，即派专人介入老年团体，帮助老年学习团体制订相关学习计划、学习目标和学习内容，引导团队成员共同协商团队内部事务，使老年学习团体从无章程、无方向、无流程的状态，逐渐形成一个规范化的老年学习团体。例如，2020年，国家体育总局办公厅号召开展以"全民健身、活力中国、居家共舞、共抗疫情"为主题的线上公益展演活动。在骨干团队队长胡天伶和江小莺的带领下，富力金港舞蹈队、商南红叶荣队、红月亮交谊舞队等近百支队伍共提交上传了276个展演视频，每位团队成员都获得了由中华全国体育总局颁发的"爱心公益证书"。

（四）有效利用"互联网+"，组建现代老年学习团体

目前，花都区老年开放大学所有班级都建立了班级微信群和QQ群，并依据老年学员的文化水平、特长爱好、住所区域等建立了各种形式的联系渠道。每个学习团队委托专人来进行教学课程全程视频录像或拷贝课件，在学习团队微信群里转发相关学习内容，有助于共同提高团体队员的知识水平。同时，还利用"互联网+"，在群里相互交流学习经验，共享学习资源，从而共同进步、共同提高。同时，老年开放大学教师利用"互联网+"进行远程教学，实现了虚拟的线上学习共同体。由于受到疫情的影响，葫芦丝队便通过线上开展学习活动。例如，李

松荣老师在家里录制教学视频,在规定的时间将教学内容发布在群里,通过直播指导学员如何识谱、如何吹奏等。在老师的悉心指导下,学员先后学习了李松荣老师的原创歌曲《一品茶》等各种练习曲,并在"庆中秋迎国庆"大型文艺活动中展演了《婚誓》《一品茶》《映山红》等曲目,获得了广泛好评。

(执笔人:刘丽斯、谭耀邦、陈丽霞)

基于地域民俗文化的老年教育课程协同开发与应用
——以广州市天河区为例

国家开放大学（广州）老年开放大学天河学院

课题"基于地域民俗文化的老年教育课程协同开发与应用——以广州市天河区为例"于2020年获得广州市广播电视大学"老年教育研究暨老年教育特色品牌培育"项目立项。该课题的阶段性总结如下。

一、课题研究方案

（一）研究意义

将具有浓郁天河地域特色的民俗文化与老年教育进行有机融合，并通过天河老年开放大学、街道文化站、社区家庭综合服务中心和民间协会组织等多方主体的协同合作，形成老年教育特色课程开发与实施的协同工作模式，因地制宜地开发具有地域民俗文化特色的老年教育课程，有利于丰富老年教育教学资源中的地域民俗文化内容，进一步拓展老年教育课程建设的视野。

（二）研究目标

利用天河区本地历史人文资源和传统民俗民风的优势，根据老年教育的特点及各街道和村（居）的现有条件，开发出具有地域民俗文化特色的老年教育校本教材，探索出校本教材组织实施教学活动的教学方法，构建地域民俗文化特色老年教育课程建设中多方主体协同的机制与路径。

（三）研究内容

1. 了解天河区地域民俗文化的现状。通过查阅文献资料和调研，全面了解天河区现有民俗文化的呈现类型、特色优势、地区分布、实践活动、保护宣传和传承发展等方面的情况,并从中总结出天河区地域民俗文化与老年教育的结合点。

2. 研究天河区老年学员对地域民俗文化类课程的学习需求以及现有的学习基础。通过访谈和问卷调查等方法,了解天河区老年教育学员在地域民俗文化方面的学习动机、兴趣爱好、技能特长、学习方式和现有知识水平等,并将其作为开发地域民俗文化特色老年教育课程的一个重要的依据。

3. 研究天河区地域民俗文化特色老年教育课程的构成体系。该体系主要包括课程目标、课程大纲、课程学习读本、课程配套信息化资源等。

4. 研究天河区地域民俗文化特色老年教育课程的开发机制与路径。结合天河区的实际情况,充分发挥老年开放大学、街道文化站、各街道家庭综合中心和社会民间力量的优势,探索多方协同开发老年教育课程特色课程的运作机制。

二、课题初步的研究过程与成效

国务院办公厅颁布的《老年教育发展规划(2016—2020年)》指出:鼓励结合当地历史、人文资源和民俗民风等特点,推动老年教育特色化发展。岭南文化是中华优秀传统文化的一部分,天河区在历史发展过程中,积淀了一批优秀的岭南民俗文化项目,例如凤凰街客家山歌、珠吉街乞巧文化、车陂街龙舟文化和员村街的翰墨文化等,为开展老年教育提供了宝贵的学习资源。

(一)开展实地考察,做好课题调研

1. 走进客家人群,了解客家山歌。客家山歌是中国民歌体裁中的一种,被称为"有《诗经》遗风的天籁之音",至今已有1000多年的历史。天河区凤凰街99%的居民是客家人,客家山歌是客家人的口头文学,内容广泛,语言朴素生动。2006年5月,经国务院批准,客家山歌被列入第一批国家级非物质文化遗产名录。同时,凤凰街文化站扶持本地文化,成立了客家山歌民间协会。该协会经常组织成员参加省、市、区的文艺汇演,已产生了广泛的影响力。广州市老年开放大学天河学院课题组成员积极与凤凰街文化站联系,学习、借鉴其在推广客家山歌方面的成功经验,并且得到了凤凰街道文化站、客家山歌民间协会和当地很多客家老年人的大力支持。

2. 参观乞巧博物馆,学习乞巧文化。自汉代以来,乞巧节在广东人生活中占据着重要的地位。天河区珠村是目前广州乞巧活动最集中、规模最大的村落，珠村东南社"良潘公祠"是全国闻名的乞巧文化博物馆，该博物馆以实物与视频相结合的形式，生动地再现了乞巧文化的历史与传承。2020年9月，课题组组织了天河老年学院的一批老年学员集体参观珠村乞巧博物馆，了解乞巧文化的发展历史，观摩馆内的艺术作品，体验了乞巧手工工艺作品的样式形态和制作工艺，激发了老年学员深入学习乞巧文化的兴趣，为课题组的后续研究奠定了基础。

（二）编制课程读本，组织教学活动

广州市老年开放大学天河分院以岭南传统文化实践为契机，利用区内凤凰街客家山歌和珠吉街乞巧文化优质资源，积极向社会老年群体普及非物质文化遗产知识、传承非物质文化遗产技艺。

2020年10月28日，天河区老年学院首届客家山歌班和乞巧手工艺制作班顺利开班。课题组聘请了广东舞蹈戏剧职业学院高级讲师曾焕仁讲解客家山歌。曾老师毕业于星海音乐学院民乐系，长期致力于民族音乐研究，退休后热心推广客家山歌文化，对弘扬民族文化、推动客家山歌的普及与发展做出了重要贡献。课堂上，鹤发童颜的曾老师生动地展示了客家山歌的价值和魅力，受到学员的高度好评。同时，课题组聘请了珠村乞巧文化非遗传承人潘慧君开设系列手工课程。在手工课上，潘老师耐心地向学员们演示和传授制作方法，使得在场的学员们瞬间化身为"巧姐"，兴致勃勃地投入到学习活动之中，将一张张水果保护薄膜变为精美的乞巧工艺品。

（三）加强多方联动，形成协作机制

天河区积极打造了新岭南文化中心区，编制了民俗文化传承发展规划，搭建了非物质文化遗产展示平台，天河区凤凰街（客家山歌）、珠吉街（乞巧文化）已成功入选广州市非物质文化遗产传承基地并且挂牌。

2020年9月至今，课题组积极与区教育局、街道、社区等行政部门沟通，在协同开发区域老年特色课程方面达成了共识。天河老年开放大学聘请凤凰街文化站王文革站长和珠吉街文化站杨文静站长为老年学员分别开设了客家山歌和乞巧文化的专题讲座，并且充分利用两个街道前期积累的丰富教学资源，组织学员参加实地观摩学习。通过天河老年学院、街道文化站、社区家庭综合服务中心和民间协会组织等单位多方协作，区域民俗文化特色老年教育课程开发与实施的协同工作模式逐步形成。

目前，天河老年开放大学每周三定期开设客家山歌、乞巧文化课程，参与学习的学员有200余人。曾焕仁老师编写的老年教育读本《广东客家山歌》被免费印发给老年学员学习。在曾老师的悉心教导下，学员已按教学进度掌握了数首山歌的演唱技巧。潘慧君老师每节课都给学员准备了不同类型的废旧材料，指导学员制作出大量精美绝伦的乞巧文化手工作品。此外，课题组成员精心组织了各种区域民俗文化特色课程的教学活动，全面搜集过程性影像资料，为后续研发课题积累了有价值的素材。

（执笔人：曾东辉、刘艾珍）

推动老年人维权和参与社区治理的法律课程建设研究
——以广州市番禺区为例

国家开放大学（广州）老年开放大学番禺学院

课题"推动老年人维权和参与社区治理的法律课程建设研究——以广州市番禺区为例"于 2020 年获得广州市广播电视大学"老年教育研究暨老年教育特色品牌培育"项目立项。课题的阶段性总结如下。

一、课题研究方案

（一）研究意义

本课题立足于老年人身心特点，结合社区共建共治共享理念，以"护老有法"课程作为切入点，基于番禺区开展老年教育的实践基础，加强对老年人的法律维权教育，有利于提升老年人的法律意识，帮助老年人融入社会。同时，依托"护老有法"课程，构建老年人协商议事机制，有利于老年人充分感受到自身的价值，推动老年人更广泛地参与社区治理活动。

（二）研究目标

依托"护老有法"课程建设，与相关企业和社会机构协同合作，探索老年教育促进老年人参与社区治理的机制，使老年人自觉主动地参与社区治理，从而实现社区治理的共建共享。

（三）研究内容

1. 老年学员对法律知识的学习需求研究。通过问卷法和访谈法了解番禺区老年学员的基本情况以及对法律知识的学习需求，主要包括老年学员对法律知识的了解程度以及对学习内容和学习方式的需求。

2. "护老有法"课程的教学研究。该教学研究具体包括教学目标、教学内容、教学方法、教学评价和课程应用的研究，并深入探讨"护老有法"课程教学与老年人参与社区治理之间的关系。

3. 依托"护老有法"课程促进老年人参与社区治理的方式研究。以需求学习理论、参与式学习理论为依据，结合老年人身心特点，利用信息化资源平台，研究老年人通过学习"护老有法"课程参与社区治理的有效方式。

二、课题初步的研究过程与成效

（一）"护老有法"课程的建设

通过问卷法与访谈法，调查老年人对法律知识需求的现状，并结合当前社会上老年人比较集中的涉法维权问题。首先，确定了提高老年人法律维权意识的教学目标，编写了"护老有法"课程的教学大纲，并于2020年在广东人民出版社正式出版了《护老有法》读本，共分为12个单元内容，主要包括：第一章"法的一般知识"；第二章"老年人维权的法律法规"；第三章"公共场合摔倒法律纠纷"；第四章"动物伤人法律纠纷"；第五章"老年人的隐私权和名誉权"；第六章"民间借贷法律纠纷"；第七章"防范诈骗的法律手段"；第八章"老年婚姻关系法律纠纷"；第九章"赡养协议法律纠纷"；第十章"遗产继承法律纠纷"；第十一章"人民调解制度及法律诉讼程序"；第十二章"社会责任与服务"。其次，配套制作了"护老有法"课程对应的10节微课。最后，结合社区治理的实际需要，在相关社区和企事业单位设立"护老有法"实践基地；定期组织学员到相关法律事务所走访学习；组建由番禺老年学院教师和专业法律事务所律师组成的"护老有法"师资团队，并针对老年人开展法律课程教学与法律咨询活动。

（二）依托"护老有法"课程，促进老年人参与社区治理

2019—2020年，在线上线下参与"护老有法"课程学习的老年人约2000人次。目前，在"护老有法"课程的建设过程中，能够有效促进老年人参与社区治理的途径主要有以下4个。

一是组建老年教育学习团队。目前，番禺区已建有老年教育学习团队近百个，主要分布在各镇（街）和村（居），老年教育学习团体在法律知识学习和应用方面，发挥了互帮互助的作用，尤其是老年人之间能够针对有关法律问题适时有效地开展交流，共同探讨如何运用法律知识维护老年人权益。

二是加强与各种社会组织的联系。广州老年开放大学番禺学院加强了与爱心企业以及法务专业机构的合作，通过企业与机构为社区老年人的日常法律维权提供了免费支持服务，同时，相关企业与机构在参与老年教育活动的过程中也树立了良好的社会形象，从而达到多方共赢的效果。

三是构建数字化学习平台。广州老年开放大学番禺学院建立了线上线下融合的老年教育服务体系，充分利用文字教材、网络平台、广播电视和移动终端等方式，帮助老年学员更便捷高效地参与法律知识学习，提升老年教育课程的教学效果。同时，构建了法律在线互助学习平台，老年人可以将在线上互相交流中遇到的法律问题，在网络平台向专业法务顾问咨询。

四是精选课程案例。通过"护老有法"课程的案例分析，培养社区老年人的现代公民精神和素质，拓展教学实施空间，打通了学校与社区的沟通渠道，使老年人从"自助"到"助人"，再到参与社区融合发展，发挥了老年人参与社区治理的主体作用。

2020年，"护老有法，老有所为——助力老年人有效参与社区治理模式探析"被纳入中国致公党广州市委员会研究课题。同年，"护老有法，老有所为"老年教育项目被评为番禺区"终身学习活动品牌"。

（执笔人：符敏妍、钟石林、刘路莎、谭丽华、郭杰文、赖容伟、刘洋、卢翠兰）

养教结合理念下高龄老年教育特色课程的实践研究
——以广州市南沙区为例

国家开放大学（广州）老年开放大学南沙学院

课题"养教结合理念下高龄老年教育特色课程的实践研究——以广州市南沙区为例"于2020年获得广州市广播电视大学"老年教育研究暨老年教育特色品牌培育"项目立项（编号：2020KYYB007）。该课题阶段性总结如下。

一、课题研究方案

（一）研究意义

开发出具有特色的高龄老年教育课程及相关信息化教学资源，形成适合高龄老年人身体和心理特点的教学方式和教学管理制度，有利于进一步完善养教结合理念，弘扬"时时能学、处处可学、人人皆学"的终身教育理念。通过探索老年大学与养老机构整合资源的途径，完善协同开展高龄老年教育的实践方案。

（二）研究目标

在养教结合理念的指导下，为高龄老人提供终身学习服务，并基于不同类型高龄老人身心状况与学习需求，开发出适合的课程资源与教学方式，丰富高龄老人的生活，增加高龄老人的生活乐趣和幸福感。

（三）研究内容

1. 对南沙区养老院以及其他9个街（镇）敬老院的高龄老年人开展学习需求的调研活动，掌握入住养老机构高龄老人的基本情况、学习状况以及学习需求,作为开展高龄老年教育的依据。

2. 以对高龄老人生命教育和临终关怀为核心,深入挖掘高龄老人精神层面上的需求,开发适合养老机构高龄老人的特色课程资源与教学方式,提升高龄老人的生活乐趣和生命幸福感。

3. 研究老年大学与各级各类养老机构合作开展高龄老年教育的运行方式与管理机制。

二、课题初步研究的过程与成效

《老年教育发展规划(2016—2020年)》提出,要"积极探索在老年养护院、城市社会福利院、农村敬老院等养老服务机构中设立固定的学习场所,配备教学设施设备,通过开设课程、举办讲座、展示学习成果等形式,推进养教一体化,推动老年教育融入养老服务体系,丰富住养老人的精神文化生活"。文件还要求各省(区、市)选取若干个养老服务机构,开展养教结合试点。《老年教育发展规划(2016—2020年)》正式将"养教结合"作为试点工作提出,要求在养老服务机构内设置固定的学习场所,并提供相应的设施和课程,推动养教一体化。

"养教结合"理念满足了老年人养老与教育的双重需求,为扩大老年教育资源供给提供了新思路。南沙区教育局和广州老年开放大学南沙学院将南沙区各镇街的11所养老院和敬老院纳入南沙区老年教学点,做到送课到养老院、敬老院,让更多高龄老年人能得到更好的关怀,实现了"老有所学"的目标。

(一) 实地调研,了解需求

2020年5—8月,课题组选取广州市南沙区养老院进行了实地观察和调研。该养老院为区一级养老院,有较好的办学条件和基础。

根据调研数据显示,目前,南沙区养老院入院老人有252人,其中男性76人,女性176人;60～70周岁老人21名,占8.3%,70～79周岁老人53名,占20.9%,80周岁及以上的高龄老人有180名,占70.9%。南沙区养老院内高龄老人比例远远高于中低龄老人,且退休前的职业基本为农民,文化程度低,多为文盲、半文盲。根据南沙区养老院《护理分级服务规范》对长者的分级,评定为自理(三级)的老年人只有25人,评定为介助(轻度失能或重度失能,二级)的有21人,评定为介护(失能老人,一级)的有206人。因此,南沙区养老院的康复、医疗和护理工作是重中之重。

(二) 突破障碍，开发课程

1. 养老机构高龄老人学习的生理障碍。

养老机构的高龄老人基本存在视力、听力、记忆衰退以及行动不便等问题，大部分文化程度不高，随着年龄的增长，生理上器官功能也逐渐退化。养老院的老年人起初都会对老年教育表现出一定程度上的抗拒和自卑感，需要工作人员对其耐心解说老年教育的含义，并对其予以鼓励和肯定。因此，在设置课程的形式和课程时长时应尽可能考虑高龄老年人群较为普遍的疾病，降低课程对视力、记忆力和行动力的要求。

2. 养老机构高龄老人学习的心理障碍。

在养老机构内的老年人由于与家人分离，与院内其他老人也缺乏互动交流而倍感孤独。在访谈中，大多数老年人都觉得现在的生活陌生、无趣，并且在学习方式上都渴望班级授课、集体活动，而老年教育是一种能让老年人相互建立关系、感受集体的重要方式和途径。因此，在老年教育的课程设计上要关注老年人更深层次的精神需求，帮助老年人与社会、与他人建立友好和谐的关系，满足老年人对爱与归属感的需求。

3. 养老机构高龄老人学习内容偏好。

从访谈及观察结果可以看出，在老年教育课程内容的选择上，文化程度较高或者生活经历较丰富的老年人比较喜欢需要动脑的文化类课程，如历史、书法等；文化程度较低的老年人则倾向于肢体活动类的课程，如唱歌、跳舞等。其次，大部分受访老人都提到想了解目前社会的发展情况，尤其是与其以往的工作经历和生活经历相关的社会发展情况。

（执笔人：张祖、李宝华、陈文娟、卢永红）

基于幸福感提升的老年教育教学模式探索
——以广州市番禺区为例

国家开放大学（广州）老年开放大学番禺学院

课题"基于幸福感提升的老年教育教学模式探索——以广州市番禺区为例"于 2020 年获得广州市广播电视大学"老年教育研究暨老年教育特色品牌培育"项目立项。该课题的阶段性总结如下。

一、课题研究方案

（一）研究意义

本课题基于积极心理学的相关理念，以提升老年学员的幸福感为宗旨，开展老年教育服务活动；通过创建 3 个具有特色的学习共同体，让老年人积极投身到社会活动和社区服务中，有利于提升老年人在社会生活中的主体地位。

（二）研究目标

本课题尝试通过老年教育提高老年群体的生活质量，提升老年人的幸福感；让参与"幸福大课堂"课程的老年人体验"乐享学习　乐享生活"的美好愿景，探索"幸福大课堂"课程的运作方式，创建 3 个具有特色的学习共同体。

（三）研究内容

1. 老年人学习需求调查研究。对番禺区老年人的学习需求进行调查分析，着重了解老年人对中国传统文化以及和谐家庭方面的学习需求。

2. "幸福课堂"的教学设计研究。该教学设计研究主要研究"幸福课堂"

综合型老年教育课程的教学理念、教学内容、教学组织实施和教学管理安排等。

3. 老年教育特色教学方式的研究。组建3个特色学习共同体，分别是：乐享读书会（诵读中国传统文化经典的团队）、乐艺团（以颂唱古文为主的表演团队）和乐志队（老年人志愿者队伍）。将"幸福大课堂"和3个特色学习共同体相结合，形成"1+3"的老年人幸福教育实践方式。

二、课题初步的研究过程

1. 联合多方主体共同开展"幸福课堂"教学。通过区妇联、广东孔子文化研究专业委员会选聘专业教师，并协同区妇联、镇（街）、村（居）的党委、村委会和居委会等单位以及社团协会、律师事务所等民间组织，面向老年人（不限户籍、不限地域、不限身份）广泛开展公益教学服务。

2. 探索"幸福课堂"老年教育课程规范化建设路径。设计一体化教学实施方案，对从课程标准规划、教师队伍建设、教学组织形式、教学资源建设到教学服务跟踪等方面都制订了明确可行的计划。

3. 帮助老年人重塑积极的社会角色。"幸福课堂"通过学习共同体促进老年人在各种社会活动中发挥主体作用，让老年人认识到自己不仅是教育服务的对象，而且是文化传承与社区治理的主体。

三、课题初步的研究成效

1. 本课题开设了1门常规课"幸福课堂"，举办了20多场老年学习大讲堂、1200多人次的面授教学。通过跟踪访谈，老年学员们一致表示，参与"幸福课堂"及相关公益活动使自己获得了"乐享学习 乐享生活"的美好体验，并且对生活拥有了更加强烈的幸福感。

2. "幸福课堂"荣获"广州老年开放大学优秀课程"，"幸福课堂"任课教师获评广州地区老年教育、广州老年开放大学的优秀工作者和优秀教师称号，"幸福课堂"学员分别获评广州老年开放大学的优秀学员奖和社区防控疫情工作无私奉献奖，学员作品获评"乐学防疫 我学我精彩"活动最佳人气奖。

（执笔人：谭丽华、钟石林、符敏妍、蔡衡、刘路莎）

融合社会组织共建老年教育特色基地的实践与探索
——以广州市海珠区为例

国家开放大学（广州）老年开放大学海珠学院

课题"融合社会组织共建老人教育特色基地的实践与探索——以广州市海珠区为例"于 2020 年获得广州市广播电视大学"老年教育研究暨老年教育特色品牌培育"项目立项。该课题的阶段性总结如下。

一、课题研究方案

（一）研究意义

政府主导、市场调节、社会组织协同共建老年教育传统文化体验学习基地，促进老年教育与相关产业发展互相融合，满足老年人多样化的学习需求，丰富老年人的精神文化生活。

（二）研究目标

联合"茶文化"品牌企业，打造具有海珠特色的"国茶荟老年教育传统文化体验学习基地"，探索出与社会组织共建合作的有效机制，让更多的社会组织主动参与共建老年教育。

（三）研究内容

1. 校企协同开展老年教育的机制研究。以品牌企业海珠区琶洲国茶荟作为老年教育基地，依托广州幸福晚晴网络科技有限公司的技术平台，共同研究开发相关的老年教育课程，打造具有"传统文化＋现代信息技术"的老年教育特色基地。将课堂学习和茶文化活动相结合，形成"体验学习＋远程学习＋汇报展演"相结合的教学方式，高品位、高质量、高效益地推进老年教育基地建设，为老年人过上幸福的晚年生活提供保障。

2. 围绕传统文化中的"茶文化"开展老年教育相关课程研究。通过建设国茶荟老年教育传统文化体验学习基地，让老年人在基地进行学习、交流和交友活动，在体验学习基地内为老年人打造欢乐温馨的学习氛围。

二、课题初步的研究过程与成效

2019年，海珠区电大与品牌企业益武集团琶洲"国茶荟"合作，进行了一系列老年教育实践，组织多批次老年人在"国茶荟"开展了终身教育学习活动。"国茶荟"是广州国茶荟文化策划有限公司的简称。"国茶荟"在广州CBD（中央商务区）珠江新城区域全力打造了中国首个茶文化主题购物商城，总占地面积28000平方米，从中洲中心负一层到三层，相应设有茶品牌旗舰店、茶文化博物馆、小剧院、中心展厅、益武茶学院、"子衿"新中式服装区、名人茶室和茶主题餐厅；该商城使"国茶荟"成为隐身于繁华都市之中的一个人文品茶空间。

广州幸福晚晴网络科技有限公司致力于建立一个全国范围的中老年移动互联网网络社区。目前，该公司旗下上线的"幸福晚晴"公众号是华南地区最活跃的中老年人文化社区之一；由幸福晚晴策划、制作和运营的"G4·幸福晚晴春晚"是时尚的中老年人文化品牌之一。

本课题组以"国茶荟"为基地，依托广州幸福晚晴网络科技有限公司的技术平台，开设了一系列老年教育课程，包括拉丁舞、旗袍模特、书画、茶艺、手机摄影、形体舞、民族舞、陶艺基础、旅游英语、咖啡生活和彩色铅笔画等。

2020年1月，海珠区电大正式被批准加挂"广州老年开放大学琶洲国茶荟学校"牌子，旨在协同社会组织，整合社会资源，为老年人提供更具有实用性、多样性和针对性的服务，实现了走进社区和企业办老年大学的目标。

（执笔人：郭翠镦、王宇、罗吉平、张文娟、余焕才、吴卉源、黄馥佳）

"中西融合，时尚饮食"老年教育特色课程的探索与研究
——以广州市增城区为例

广州市增城区老年教育学习体验基地

课题"'中西融合，时尚饮食'老年教育特色课程的探索与研究——以广州市增城区为例"于2020年被列为广州市教育局"老年教育特色基地与学习团队培育"项目的子课题。该课题的阶段性总结如下。

一、课题研究方案

（一）研究意义

开发具有增城特色的"中西融合，时尚饮食"老年教育品牌课程，打造一个可推广、易复制的区域性老年人饮食文化教学模式，帮助老年人进一步了解并掌握中西饮食文化知识，锻炼老年人对中西烹调、中西面点、茶道、咖啡的实操技能，提升老年人的精神文化生活水平。

（二）研究目标

针对老年人在学习中西烹调、中西面点、茶道、咖啡时遇到的资源分散、内容枯燥、形式单一等问题，探索研究解决问题的思路和方法，进一步丰富"中西融合，时尚饮食"老年教育品牌项目的理论基础，并形成系统化的运作模式。

（三）研究内容

1. 通过访谈和问卷调查等方式，深入了解增城区老年学员在区域饮食文化

方面的学习动机、兴趣爱好、技能特长以及学习方式等，以此作为开发"中西融合，时尚饮食"老年教育特色课程的重要依据。

2. 精准筛选、梳理适合老年人学习的中西融合时尚饮食教学内容。

3. 研究适合区域老年人的"中西融合，时尚饮食"课程体系和教学模式。

二、课题初步的研究过程与成效

让老年人深入了解中西方饮食文化特点及差异，懂得中西方饮食文化礼仪，养成良好的中西饮食行为习惯，便于与远在国外的亲朋好友沟通联系，增进与家人和朋友之间的情感，进一步促进家庭和睦、社会和谐。

（一）资源整合，精心组织

为整合资源，基地完善了茶道、咖啡教学实训室建设，并添置和完善中西烹调及中西面点教学实训室的设备，共投入170.3万元，形成中西烹调、中西面点、茶道、咖啡中西饮食文化老年教育课程一体化教学实训场室，给老年人学习培训提供了一个优质的学习环境和平台。基地专门成立以学院负责人为组长的老年人中西饮食文化特色课程研究领导小组，为老年教育特色课程的探索与研究提供了组织保障。

（二）选聘与培育教师，着力打造优质师资队伍

基地遴选和聘请了一批职业道德高尚、教学经验丰富的专家及专业老师，组成一支老年教育特色课程培训师资队伍，并定期组织教师开展业务交流及相关教研活动。为促进教职工适应对基地的老年人教学工作，着力打造一支过硬的"双师型"师资队伍，近几年累计派出8位在职在编教师分别参加中西烹调、中西面点、茶道、咖啡等师资培训项目，而且他们都获取相应的中高级技能证书，同时肩负起中西饮食课程教学工作。进一步完善基地师资管理库和个人教学档案，建立师资培训、上岗、教学质量评估制度及激励机制，着力打造优质师资队伍。

（三）建立"政校企行"联动机制，创新老年教育培训模式

增城区委和区政府非常重视老年教育工作，逐年加大经费投入，并在组织生源上给予政策支持，为基地开发中西烹调、中西面点、茶道、咖啡老年教育特色课程提供了政策保障。基地加强与增城区奥麦居西饼连锁店等知名企业合作共

享,并与企业合作共建老年人中西饮食文化教育体验中心,定期组织老年学员到体验中心参观、体验,既拓宽了老年学员视野,又使老年学员加深了对中西饮食文化的认识。积极组织老年学员参加本区域行业举办的饮食文化成果展示活动,为老年学员提供了一个才艺展示的平台。目前,基地在"中西融合,时尚饮食"老年教育特色课程实践研究中着力探索区域老年教育创新模式,基本建立了"政校企行"四方联动的运作机制及培训系统。

(四)"一核心、三融入",着力提升培训效果

树立"一核心、三融入"教育培训理念,着力提升培训效果。"一核心":以动手实操教学为核心。"三融入":一是教师讲授过程融入中西饮食文化知识;二是课堂体验式学习过程融入中西饮食礼仪教育;三是现场直观体验学习过程融入企业现代化中西饮食产品生产流程。基地的饮食文化培训课程深受老年学员的欢迎和喜爱,自2018年以来,参加饮食中西饮食文化课程学习的学员有1100多人。通过培训的老年学员普遍反映:现在自己可以在家制作出美味的点心、色香味俱全的菜式供家人品尝;家里小孙子生日或六一儿童节,可亲手给孩子制作爱心小蛋糕、创意比萨、精美牛排,既能展示自身的烹调技艺,又能促进家庭和睦。

(执笔人:李道崇、马耀宗)

第五编

老年教育理论研究

携手共创广州老年教育的新辉煌

李善培

摘 要：广州地区初步形成了多渠道、多层次经办老年教育的格局。该教育格局的基本经验是坚持用无私奉献和敬业的精神来办学，坚持服务老年社会的办学理念，坚持勤俭办学和艰苦创业的作风，坚持特色办学和品牌办学的思路，注重展示教学成果。广州地区各个老年大学之间应该加快实现资源共享和教学业务协作。

关键词：老年教育；老年大学；老年学习

一、广州地区老年教育发展的总体情况

广州地区老年教育起步于20世纪80年代中期，扩展于90年代，迅猛发展于21世纪之初。目前，有场地、有管理、有师资、有生源的各级各类老年大学共21所，从教师资约420人，在校老年学员约2.2万人。多渠道、多层次经办老年教育的格局已初步形成，以老同志为学校领导和教学管理骨干的模式在各校普遍运用，以非营利办学为鲜明特色。

总体上看，各校的办学规模不断扩大，办学条件不断改善，办学理念不断创新，办学思路不断拓宽。许多学校的教学正在进行"四个转变"：由娱乐休闲型专业教学为主转变为并列开展益智型专业教学；由松散型管理转变为规范管理；由单层次或少层次专业班设置转变为多层次班别设置；由单纯用传统的粉笔加黑板上课转变为使用多媒体设备讲课。广州的老年教育已经初具现代教育的雏形。

老年教育应是建设"和谐广东"和"文化广州"的重要内容。广州地区老年教育的发展，对于实现健康老龄化、构建学习型社会、推动广州全面建设小康社会和率先实现现代化，都有不可低估的作用。

当然，我们必须对广州地区的老年教育相对滞后的情况有清醒的认识。与老年教育总体发展水平比较先进的其他城市来比，我们有明显的差距。广州地区现有60岁以上的老人约90万人，占总人口的12.5%，进入老年大学学习的老人只占老龄人口的2.4%；另外，老年教育学校还没有形成多级网络，甚至有的区（县）还没有一间老年大学，老年学校的覆盖面窄，老年教育的普及率低。此外，老年教育发展不平衡、理论研究滞后、宏观协调缺乏、场地普遍窄小、经费不足等问题还没有得到根本解决。

二、广州地区老年大学发展的经验和启示

2004年4月，广州市老年干部大学调研组分别到广州地区的14间老年大学学习开展调研，各兄弟院校也提供了相关的总结材料。通过综合分析，发现广州地区老年大学发展主要有以下的经验和启示。

第一，坚持用无私奉献和全心敬业的精神来办学。目前，广州地区从事老年教育的工作人员，主要是离退休的干部，他们只领取一点微薄的补贴，却全身心地投入工作，广州地区老年教育的发展成果，正是他们辛勤耕耘、默默付出创建出来的。像广州军区老干部大学的曲长君校长、岭海老人大学的赵不亿校长、文苑老年大学的芦苇校长、越秀区老人大学的蒋守规校长等，他们老有所为、余热生辉，都是我们学习的好榜样。

第二，坚持服务老年社会的办学理念。这方面最突出的是岭海老人大学，这是广州市最早创办的民办学校，20年来面向社区普通的老年人办学，现在是硕果众口赞、桃李遍五羊；区办和部门办的老年大学也都坚持了为老年人服务的宗旨，属地招生，就近施教；文苑老年大学提出的口号就是"立足本系统，面向全社会"。

第三，坚持勤俭办学、艰苦创业的作风。几乎所有的老年大学都有一个艰难开创、勤俭经办、克服困难、逐步发展的过程。例如，越秀区老人大学，至今还是租场地办学；广钢老年大学学员的舞蹈服装，是校长和另一名工作人员自己用缝纫机做出来的。

第四，坚持特色办学和品牌办学的思路。由于师资、生源、地缘各异，各兄

弟院校都有自己的办学优势,坚持打出自己的优良品牌,这对我们是有益的启示。像广州军区老干部大学的京剧课程拥有众多的票友;铁路老年大学的轻骑艺术团队活跃于铁路沿线;岭海老人大学与一些港澳老年机构联合办班;白云区老干部大学聘请名教授开设古典文学欣赏课程;海珠区老年大学的粤曲课程在专门的茶艺馆上课;广钢老年大学的腰鼓队有声有色。

第五,注重展示教学成果。广州地区各老年大学都组织学员自费出版了不少书法、国画彩页文集和诗词作品集,并经常性地举办书画展览,重视组织老年学员文艺演出以现场展示教学成果。

三、尽快实现资源共享和业务协作

广州地区各老年大学的兴起和发展,虽然是各自为政、各走各路,但是相互影响、相互借鉴、相互依存是必然的。今后应该加强交流和合作,实现资源共享和开展教学业务协作。

第一,师资的科学使用和管理。广州有从事老年教学工作的教师群体,高校在职或退休的教师群体成为这支队伍的主体,部分自由职业师资也成为重要角色,各校也有一些长聘人员成为教师队伍骨干。但是,没有教学规范和教学过程控制是普遍现象,教师施教纯属个体行为。为提高师资水平,是否可以建立师资数据库?是否可以组织跨校的师资培训、师资学术讨论和讲座?是否可以在师资考核和认证、课酬等方面达成某些共识?

第二,教材的统编和教研。教材是课堂活动最重要的载体,而广州地区老年教育中教材工作是薄弱环节,基本上是无序状态,教材不适用导致生源流失、教学质量欠佳。我们可不可以在对广州地区老年教材做调查摸底的基础上协作开发新的系列教材?可不可以组织相关专家研究和统编热门专业的老年教材?

第三,资料刊物的交流。老年教育需要沟通有关信息。从目前情况看,各校之间交换的资料多数是学员学习成果资料和少数情况简报,理论动态和研究成果交流很少。因此,我们除了交换各校的资料外,是否要合办一份广州地区老年教育的内部刊物?

第四,联谊协作机制。英国第三年龄大学的三大指导原则之一就是"互助原则",这也是最近在上海召开的国际第三年龄大学协会第22届代表大会所强调和遵循的国际惯例,对建立非政府组织的协调合作机制,我们是否需要提出一个联谊会议方案?

四、创造广州地区老年教育新辉煌

虽然广州地区老年教育已经取得了较大的进展,但是与广州的经济社会发展的显著成就还不相适应,与积极老龄化、健康老龄化的目标也不相适应,我们肩负的工作任务还很重很艰巨,需要我们携起手来,积极进取、奋发开拓,打开新局面,提高新水平。

第一,应进一步深化对老年教育的地位和作用的认识,从全局的战略高度来思考老年教育问题,尽我们的能力去做好工作。

第二,应加强老年教育的理论探讨,提出和形成具有广州特色的老年教育的新观念、新思路。

第三,应加强老年教育的教学创新,在教学管理机制、学制、专业设置、教学手段等方面要大胆试验,形成独特的广州现代老年教育教学体系。

第四,我们应努力提高管理水平,在坚持以人为本的科学发展观指导下,不断完善和改进多元化的自主教学机制,同时,加强教学管理的规范化、科学化、制度化、人性化建设。

老年教育是利在当代的夕阳工程,也是功在千秋的朝阳事业。老年教育是非常有意义的事业,我们相信,广州的老年教育事业必然会更加辉煌!

(本文是李善培同志于 2004 年 11 月 18 日在广州地区老年大学工作协作会议上的讲话,收入本书时格式和内容略有调整。)

[作者简介]

李善培:广州市人大常委会原代主任、原党组书记,广州市老年干部大学原校长。

从刻苦学习到享受学习

林元和

摘　要：老年大学教育理应为老年人开创享受学习的新境界。享受学习是老年学习的特征；国家为老年人享受学习提供了制度保障；老年人只有享受学习，才能更好地融入社会；享受学习应成为老年大学办学的最终追求。

关键词：老年大学；老年教育；老年学习

记述中国伟大教育家孔子教育思想的著作《论语》中说："学而时习之，不亦乐乎。"可见中国传统文化中认为学习应该是人生中快乐的体验。

当前，中国开始全面建设小康社会，提倡终身学习。老年教育蓬勃发展，更多的老年人再次走进学堂，老年大学教育理应为老年人开创享受学习的新境界。

一、享受学习是老年学习的特征

人到老年，退休了，学习的根本目的也改变了，不再为生活工作所累，学已所想学，目的是丰富精神世界，学习过更好的生活的本领。因此，学习成为一种自觉自愿的享受型生活模式。

老年人从刻苦学习到享受学习的转变也必然带来思想意识方面、心理与生理方面和行为举止上的转变，老年大学要主动为老年人提供"在学习中享受、在享受中学习"的氛围和条件，让老年人积极应对老龄生活，创造快乐人生！

二、国家为老年人享受学习提供了制度保障

国家大力发展老年教育，在全面建设小康社会的现阶段，国家要满足近 2 亿老年人的物质生活需求和精神文化需求，提供了相应的基本公共服务，办老年大学以满足老年人享受学习的需求，这是一种社会管理创新。2001 年 6 月 22 日，国家五部委发出《关于加强老年教育工作的通知》，要求"培育和树立一批条件较好、质量较高、制度较全、颇具规模的规范化老年大学示范校"，"在本世纪前 10 年，建立健全具有中国特色的老年教育事业体系"。至今，中国的各级各类老年大学已有 4 万多所，在校学员约 500 万人。正像马德里《2002 年老龄问题国际行动计划》中所描绘的一样，老年教育在中国成为了"国家行动"，国家为广大老年人学习提供了便捷的平台和物质支撑，享受学习的宏观环境基本形成。2012 年 12 月 28 日，修订后的《中华人民共和国老年人权益保障法》规定："老年人有继续受教育的权利。国家发展老年教育，把老年教育纳入终身教育体系，鼓励社会办好各类老年学校。"国家从立法层面为老年人享受学习奠定了基础，提供了制度保障。发展老年教育，体现了社会的文明与进步，提高了人民生活的幸福指数。

三、老年人享受学习才能更好地融入社会

我们正处在知识经济和信息时代，以互联网为代表的当代信息技术正以惊人的速度改变着人们的思维方式、工作方式、学习方式和生活方式。网络文化也全面渗透、影响着各类人群的生活方式。

社会的深刻变化强烈呼唤和改变着老年人的学习自觉。虽然国家在制度上保障了老年人的权利，但是，老年人必须通过自身积极的继续学习，不断提高过更好的生活的本领，才能更好地融入社会。正如英国哲学家、历史学家罗素所说："一个老年人如果能有广泛的兴趣，学会关心他人，使自己的生活汇入到整个世界的生活中去，他就会像一滴水归入大海。"

当代老年人如果不能使用计算机和网络工具，不能适应新的生活方式，就会逐渐游离于社会之外，必将被社会边缘化。相反，掌握网络信息技术可以极大地丰富老年人生活，唤起了老年人学习分享社会进步的本能。老年人可以通过网络

获得便利的社会服务,分享最新的社会资讯,拓展社会交往的范围。老年人的生活质量得以提高,他们自然、流畅地融入了社会,尊严、健康和幸福将重回他们身边。

老年人把学习当作享受,有了更高的精神追求就会越活越年轻。老年大学没有升学率的压力,学员更无就业、升职的后顾之忧。千百万老年人在校园里自由地学习自己想要学的东西,畅快地交流着各自的人生经历和感悟,民主和谐的校园文化荡涤着灵魂,温馨恬静的学习氛围陶冶着情操,团结友爱的同学情谊温暖着心灵,老年人重新回到"恰同学少年"的年代,有了新的社交平台和网络,结交新的同学朋友,这是一个幸福快乐的享受人生的过程。

四、享受学习应成为老年大学办学的最终追求

我们为什么要办老年大学?根本目的就是让老年人享受学习、创造快乐人生。这个观点对我们的办学理念、办学实践都有指导意义。

为此,我们应营造轻松的学习环境,同时适度调整可能因为荣誉感、成就感而产生的无形压力,舒缓老年人从求学阶段到职业阶段所经历的竞争压力,让老年人轻松地享受学习。

为此,我们应不断创新课程设置,用现代化的课程来拓展享受学习的平台。要根据老年人对学习的享受需求,加以兴趣引导,对已有专业课程结构不断调整优化;对受欢迎的传统课程不断充实,融入当代思想和科学内容;加大开发现代科技知识含量高的课程,尤其是计算机和网络技术应成为老年大学的必修课。

老年大学的本质是教育,而不是单纯的老年人活动中心,要"以学为主,乐在学中"。享受学习是高层次的精神享受,需要提供高质量的教学才能真正实现,所以,老年大学管理的重心还是教学质量,抓好教师队伍管理,提高教师的责任感和教学热情,提升教师的教学技能,显得尤为重要。

我们应注重校园文化建设。享受学习需要老年大学民主、和谐、互助的校园文化和氛围;享受学习也需要提供平台以展示交流学员的学习成果。老年大学要支持学员委员会成为校园文化建设的主体,使学员社团活跃,校内外经常性的联欢、文艺演出、诗书朗诵、书画展览、友谊比赛等活动有序开展;高尚雅致的人文环境深得学员喜爱,花草清新怡人,课室、走廊、活动场所干净整齐,必要的保障设施布置整洁方便,环境友好,绿色校园,都是老年人享受学习的温馨家

园。

因此，我们需要大力提倡老年大学应助力老年人"在学习中享受，在享受中学习"，让老年人永远有新的追求，创造完美快乐人生。

（本文是林元和同志于 2013 年在第 92 届国际老年大学协会理事会议上的讲话，收入本书时格式和内容略有调整。）

[作者简介]

林元和：广州市政协原主席，现任广州市老年干部大学校长、中国老年大学协会副会长、广州地区老年大学协会会长。

论无压力教学

王友农

摘 要：无压力教学是由老年教育的基本特性决定的。无压力教学可以更实际和更好地实现老年教育的教学目标。无压力教学既是教学理念，也是管理理念，实施无压力教学关键在于教师。学校需要建设与无压力教学相适应的校园文化。

关键词：老年大学；老年教育；无压力教学

无压力教学是笔者针对老年大学教学必须遵循的规律、内在要求和教学基本状态提出来的老年大学教学理念。在2005年6月广州地区老年教育理论研讨会上，笔者发表了《论无压力教学》的论文。《上海老年教育研究》杂志转载此文，并加了编者按，随后组织了专题讨论，几篇争鸣文章随之发表，持异议者为多。随后，山东《老年教育》也刊登了几篇讨论文章。在广东省梅州召开的广东省全省老干部活动中心与老干部大学工作座谈会上，省委老干部局明确要求全省老干部大学积极推行"无压力教学"模式。《老年日报》综合这个问题的争鸣情况也发了专稿。

一、无压力教学内涵辨析

从老年教育学术界内对无压力教学讨论的观点，我们可以看到关于无压力教学的概念定义、内涵在理解和阐释上有不少分歧。例如，老年人学习内在动力推动自我发展的观点；化解压力或调适压力的观点；无压力教学条件下教师压力更大的观点；既无压力又要有压力的辩证压力观；等等。

笔者赞同对无压力教学一定要用辩证的方法去看待。从本质上、总体上、主流上看，老年教育是无压力的，但不排除在无压力状态下教育对象个体自发的内在的适度压力的存在，这种适度压力不是校方和教师刻意施加的，没有任何有损老年人身心健康的因素，而是老年人自愿地、愉快地产生的，我们可以称之为"良性压力""自为动力"。自为动力是个人可以自控的，所以老年人可以自我调压，想学什么就学什么，想多学点就用功点，不想学就不学，没必要有学习的心理负担。至于有的老年人提出"我就是来找压力的""我喜欢有压力""感谢压力"，实际上并非普遍现象，而且老年人肯定是选择感兴趣的、适度的、可自调的压力，这是一种复杂的心理现象。心理学研究揭示了部分老年人从繁忙的工作环境下突然退休，在一段时间内有"压力上瘾症"，没有任何压力反而会不舒适，因此，他们多选择来老年学校充实自我。老年人这种内在的可调压力的存在，与学校的无压力氛围并不矛盾，与教师教学不施压也不矛盾，恰好是互补互动的。

当然，老年学校实行无压力教育，并不是不要教学目标和教学秩序。作为一所学校，老年大学有办学宗旨、校纪约束和各种规范要求，才能办出特色和效果。老年大学上课不许喧闹、不准抽烟，这也是常识。老年大学不是自由市场，更不是俱乐部，这也是必须明确的。无压力教学与科学管理并不矛盾，放任自流不是无压力管理的本义。

在老年大学倡导无压力教学，也不能否认校园人文氛围下由于荣誉感和成就感、接受知识程度、理解快慢的不同而无形中产生的压力存在，这种压力往往是自然形成的。依据无压力教学理念，校方的责任是疏导或减轻这种压力，使这种压力成为正面的适度的学习动力。

无压力教学作为一种基本的教育理念与其他许多老年教育理念相互关联，例如，以按需施教为基础的层次施教方针；以普及为基础的精品意识和品牌战略；以情感管理为基础的关爱管理、互学管理观念；以因人施教为基础的兴趣教学；以信息网络技术手段为基础的现代教学方法；以互补和开放为基础的校际沟通、协作观念和联谊机制；以自主教育为基础的学员委员会机制；等等。

二、无压力教学与老年教育目标

对无压力教学持不同看法的论者认为，没有压力难以实现老年教学的目标。倡导无压力教学究竟能否实现老年教学目标？关键在于如何理解、确定这种目标。我们现在确立的老年大学办学宗旨是"增长知识、丰富生活、促进健康、陶冶情操、服务社会",这其实就是对老年教育目标的完整科学阐述。

几乎所有其他类型的教育的主要目标(或称其核心目标)都是为了培养人才,而老年教育的目标主要不是培养职业型人才,而是让老年人健康长寿、晚年幸福。通过教育手段提高老年人文化、科技、心理、身体素质,让其参与和共享社会进步,最终目的还是让老年人生命全程长久而完美。当然,造就老年人才也会成为这种老年教育的附加价值。只要通过教育手段促进了老年人的身心愉快,促进了老年人健康长寿,提高了老年人幸福指数,老年教育的目标就已经实现了。至于老年人能学有所成、大器晚成,甚至能重新主动服务社会,都不是老年教育要追寻的主要目标。老年人通过上老年大学,精神有了寄托,情操得到熏陶,心理和身体因愉快而无病或少病,家庭和社会因此而少了牵挂和负担,这本身就是对社会的重大贡献,更何况老年人在校读书,形成一种老年文化,成为社会文化建设的组成部分,成为影响社会和稳定社会的有利因素,这些都是老年教育的实际目标。

我们理解老年教育的目标应该更务实一些,不要把老年教育的目标拔高到其他类型教育的目标层面上来看待,因为老年教育与其他类型的教育存在着根本不同。同时,老年教育目标有整体系统性,又是可以分解的,各项子目标可以因人而异、因校而异。老年人在就学中的学习行为,只要与老年教育总体目标不背道而驰,都可以接受,没有必要以压力来让每个入学的老年人都实现统一的教学目标要求。

所以,无压力教学可以更实际和更好地实现老年教育的教学目标。

三、无压力教学取决于老年教育的基本特性

老年教育的性质究竟是什么?怎样表述才科学?目前仍然未有定论。这种教育是福利,还是休闲娱乐?是文化素质教育,还是健身益寿活动?众说纷纭。老年教育显然同时兼备以上这几个基本特性,而正是这几个基本特征,决定了老年大学的教学过程必然是无压力教育。

关于老年教育是一种特殊类型的教育已经基本达成共识。教育的本质是传授知识或技能,使受教育者得到德、智、体等方面的提高,由此决定了教育的宗旨是培养全面发展的现代人。老年教育在根本性质和宗旨与一般教育有共性。通过教学手段使老年学员在德、智、体等方面得以发展,从而提高老年人的生命质量

和生活质量，实现积极老龄化，这就是老年教育的真谛和价值。老年教育与其他类型的教育既具有共性，也具有个性。老年教育有别于学历教育、职业教育、上岗技能教育等类型的教育活动，决定了老年大学的教学过程是无压力的。

尽管对中小学减负的呼声日增，但谁都明白，对于青少年学生，教学不施以考勤、考试、考查、提问、作业等压力，往往较难达到教学效果；对于成年人学员，即使他们工作和生活压力已经很大，也必须承受种种学习压力，不及格则拿不到学历证书。但是，要顺利实现老年教育的价值，套用一般教育中普遍使用的应试教育模式是绝对不行的。首先，老年人的入学动机不是为了再就业，不是为生活所迫，不是要拿文凭或就业资格证书，他们如果入学后承受应试压力，造成心理负担或情绪紧张，大可以退出老年学校，没必要自寻烦恼，所以，学习压力会导致生源流失；其次，老年人饱经风霜，阅尽社会人生，来学校读书完全是自觉自愿，主要是追求个人身心健康，不需要施以压力迫使其用功，他们学多少算多少，指望每个老年学员学而优成材是不现实的；最后，在老年学校使用压力教学，不利于老年学员的心理和生理健康，也有悖于老年教育的宗旨。

四、无压力教学既是教学理念，也是管理理念

在老年大学，无压力教学不但应是教学理念，也应是管理理念。从事老年教育的领导者，在学校发展规划、专业设置、管理程序、师资队伍建设、校园文化建设、完善教学场所设施等所有重大决策方面，都应该考虑到老年教育工作是无压力教育，决策过程中要重视和尊重这一规律；在学校日常运作方面，更要养成无压力教学的观念，致力于温馨和谐的教学氛围的营造，注重师生互帮互学、相互尊重、友爱亲情的形成，在管理中体现人本思想，坚持自主原则，创设宽容环境。

学校维护教学秩序，确保教学正常运行，当然有各种规章制度，有对学员规范行为的守则，但最关键的还不是硬性规定的校纪，而是强调学员自律和自主管理，校方遵循的是信任、宽松、和谐的原则。因此，考勤制度应以学员自记自考为主；课余会议到会与否不作强求；作业原则上取消，各种特殊作业也应以自愿缴交为准；组织外出活动完全自由参加；文娱演出活动凭个人爱好参与。学校管理人员不管原来是做什么工作的都应转变观念，确立无压力管理的观点，原来的命出必行、有禁必止的工作习惯和作风不能搬到老年大学来。首先，无压力管理是爱老的情感管理，"老吾老以及人之老"，情感交融才能温馨和气；其次，无压

力管理是敬老的尊重管理，敬老则老亦敬你；最后，无压力管理是学老的互学管理，"三人行必有我师"，何况老年人知识阅历渊博更可为师；最后，无压力管理是助老的关爱管理，嘘寒问暖，端茶递水，有事必帮，则可以让老年学员以校为家。

五、实施无压力教学关键在教师

学校教学的主导因素是教师，老年学校也一样。目前，国内老年大学的师资主要是外聘的，而且大部分来自高等学校，其中一部分是已退休的教师。教师到老年大学任教，既要做到无压力施教，又要有传授效果，都有个摸索适应的过程。

第一，教师首先要了解教学对象，了解老年学员的特点，注重因人教学。老年人入学动机各异，文化程度参差不齐，社会阅历不同，而自尊心强、个性强、理解力强、记忆力减弱又是老年人的共性。这些特点具有成人教育的色彩而又不同于一般青壮年成人教育的特点。有很多老年学员在社交处事方面、知识的广博和专长方面，都比教师还要强。因此，习惯于应试教育教学的教师不能漠视教学对象的特点，一定要因人施教、循循善诱。在老年大学的教学过程中，过高要求、过急要求、过分要求都会对老年学员造成压力，反而适得其反。在教学实践中，我们发现，讲授太快、板书太快都会对老年学员造成压力，使学员精神紧张而不利于老年人健康。

第二，教师要善于营造轻松幽默而又高雅宜人的课堂气氛，形成兴趣教学。兴趣是读书学习最直接的动力源泉。引发兴趣施教是所有学校课堂教学的法宝，对于老年大学的无压力教学来讲，显得尤为重要。从心理学揭示的规律来看，兴趣没有任何压力，兴趣能让人身心投入而精神愉快，让人思维敏捷而记忆强化，对老年人健康老龄化有百益而无一害。老年人的兴趣会因各人情况不同而不同，但课堂上对于同专业同问题，老年人的兴趣会大体趋同，教师要透过教育心理学的视角，发现和挖掘老年学员的兴趣，找到每堂课的若干兴奋点，调动老年学员的思维，把握老年学员的情绪波动情况，把教学变成欢快的、娱乐的享受过程。须知对老年学员而言，浅薄的插科打诨、无聊低俗的玩笑、道听途说的传言以及耸人听闻的流言并不能调动起兴趣，即使堂上一阵笑声，但无以正人传道，没有任何好处，只会降低老年大学的声誉和教师自己的师德及修养。所以，调动老年人兴趣是一门艺术，需要教师认真加以研究。

第三，教师要善于灵活运用各种各类的教学方法，形成现代教学。现代信息技术目前已广泛应用于老年大学课堂教学，如音像制品、实物投影、网络投影、声像及文字课件等，日益取代传统的黑板、粉笔，这些电教化设施既可以帮助老年学员克服视力和听力衰退的困难，又可以实现图文声像并茂，大大地吸引老年学员。教师应尽快学会掌握和使用各种先进的教学设施，并动手根据课程来制作教学课件，会使用模拟情景教学软件，把整个课堂变成模拟案例的现场，使教学内容尽量都案例化和游戏化。

第四，教师要关爱尊重老年学员，形成情感教学。本文前面提出的无压力教育管理理念包含的"情感、尊重、互学、关爱"四要素，同样适用于老年教学过程。根据笔者对广州地区老年教育现状的调研分析可见，老年学员从师流动、慕名求学的现象很普遍，主要原因是师者德才兼备，而且善于情感教学和兴趣教学，师生情感交融。传统的师道尊严在老年大学没有任何意义，平等互重、教学相长是师生共同的基本守则，教师一定要明确这一守则，在教学过程中摆正自己的位置，严谨治学而虚心待人，奉献智慧和心血而不骄不躁。如果面对老年学员总是居高临下，诸多指责批评，或是流露出歧视神情，或是不耐烦于形色，则会形成隐性压力，伤害师生情感，无压力教学就成了空话。

六、建设与无压力教学相适应的校园文化

老年大学在许多方面不同于普通高等学校，但是，独具特色的、活跃的校园文化一般来说毫不逊色于普通高校，而这正是学、乐、为相结合的具体体现。无压力教学不但重在课堂教学过程，也重在校园文化建设。广义的老年大学校园文化涵盖第二课堂、第三课堂的所有教学活动和课外活动，包括外出采风、调研、文艺演出、书画展或义卖、体育比赛、时装展示、诗词朗诵、演讲、办报、出版文集等。校园文化是老年教学的继续和延伸，正是因为有了老年校园文化，老年教育才体现出自身价值，老年人能在老年大学里焕发出人生第二个春天。老年大学校园文化构成和谐社会的一个亮点。

老年大学校园文化必须要有利于老年人身心健康。因此，在校园文化活动中贯彻无压力的教学观念很重要。首先，发展校园文化的目的应是使老年学员受益，满足学员身心健康的需要，而不是使学校出名或者获得什么好处，这种目的的确立决定了校园文化的组织、操作、展示成果等过程的无压力性（自娱自乐性）；其次，发展校园文化要有精品意识，更要有普及观念，要注意引发兴趣、

开辟渠道、充分肯定个性表现，让更多的老年人投入、参与校园文化活动，学校不要打击任何老年人的积极性，不要有意或无意伤害老年人的自尊心和表演欲；再次，校园文化要倡导集体荣誉主义精神，引导老年学员正确对待个人与集体的关系，让老年人既能摆脱离退休后的孤独感并重新社会化，又能在一种团体精神中感受超越家庭的温暖和满足，享受滋润心灵的温情和精神乐趣。

七、结语

正如《上海老年教育研究》"编者按"指出的一样，无压力教学是一个有价值的话题。在坚持老年教育无压力教学观点的前提下，同时，也要修正把这个问题绝对化的个别提法。这次争鸣和讨论活跃了老年教育理论研究，愿老年教育理论研究随着我国老年教育实践的发展迎来一个百花齐放的春天。

（本文是在作者已公开发表的两篇论文的基础上整合而成的。）

[作者简介]
　　王友农：广州市老年干部大学副校长、研究员、中国老年大学协会国际联络部主任。

构建"数量、质量、特色"三维并举的广州老年教育公共服务供给体系实践研究

熊 军 孙朝霞 谢 宇 陈翼翀 崔珍珍

摘 要： 随着老龄化程度的日益加深，老年教育成为我国积极应对人口老龄化的重要举措。广州市广播电视大学主动担当，为发展社区老年教育和建设学习型城市积极开展实践探索。针对当前老年教育公共服务存在供给数量不足、质量不高、特色不强等问题，确立"数量、质量、特色"三维并举的老年教育公共服务供给体系构建思路：创新办学形式和教学形式，快速增量供给，促进老年教育均衡发展；回归教育属性，强化规范和标准建设，促进老年教育质量发展；依托区域优质资源，彰显教育社会价值，促进老年教育特色发展。这有效推动了广州老年教育全面快速发展，服务于广州经济社会发展，助力"共建共治共享"社会治理格局的构建。

关键词： 老年教育；供给体系；公共服务

人口老龄化是贯穿我国21世纪的基本国情。预计到2050年前后，我国老年人口数将达到峰值4.87亿，占总人口的34.9%。[1]国家高度重视老龄化社会发展问题，2016年，国务院办公厅印发了《老年教育发展规划（2016—2020年）》。2019年，中共中央国务院印发的《中国教育现代化2035》明确指出全面推进发展老年教育是积极应对人口老龄化社会的战略定位和目标要求。广州市印发了《广州市推进老年教育发展实施方案（2018—2020年）》，明确了"到2020年，各区至少建立一所老年大学，50%以上的街（镇）建有老年学校，30%以上的居（村）建有老年站（点）"及"参与教育活动的老年人占全市老年人口总数的比例达到30%以上"的规划目标。

2011年，依据《国家中长期教育改革和发展规划纲要（2010—2020年）》精神，广州市向国家教育部申请立项了"推进广州学习型社会建设"教育体制改革项目。积极参与和推进广州老年教育的发展，是新时代赋予广州市广播电视大学（以下简称"广州电大"）的新使命和新担当。广州电大于2012年承担了广州市学习型社会建设（远程教育部分），2014年制定了《广州终身教育供给体系建设方案（试行）》，2017年制定了《广州电大推进老年教育实施方案（2018—2020年）》，积极开展以老年教育、社区教育等为主体的终身教育公共服务体系构建的实践探索与研究。2018年1月，广州电大正式挂牌成立了广州老年开放大学，面向全市提供老年教育公共服务。

一、文献综述

国外学者对老年教育供给的研究主要从老年参与教育的权利保障和供给模式两个维度开展研究。一是教育权利保障的维度。在老年人参与教育权利保障上，权利理论主张以立法形式保障老年人享有教育的权利，尤其关注老年弱势群体教育权保障问题。在国外实践中，如德国、美国从立法的高度保障了老年人的受教育权利、经费等方面，并成立了相应的管理机构推进落实[2][3]；英国、日本等国家通过各层面的立法，指明了老年教育发展方向，明确了要重视老年人职业发展教育，确定了老年教育经费补助与学费减免[4][5]。二是老年供给模式的维度。国外老年教育已形成多种供给模式。相关学者研究表明，国外老年教育供给模式主要有学校式、社区式、自助团体式、远程网络式、图书馆式、旅游式6种老年教育实践供给模式[6][7]。其中，自助式老年教育以英国为代表，是一种自下而上的办学形式，学员自主参与管理，经费以会费和社会捐助为主；社区式老年教育以美国为代表，依托社区开展老年教育，经费除政府资助外，来源多元化；政府主导型老年教育以法国为代表，政府主导开办老年大学，承担部分经费并纳入财政预算，政府在老年教育的发展中起着重要的作用，是政府投资老年教育的典范[8]，这为我国老年教育发展提供了较好的借鉴。

近年来，国内学者们对老年教育供给的研究同样主要是从老年人参与教育的权利保障、增量供给促进老年教育公平等维度开展。一是教育权利保障的维度。我国老年教育在1982年干部终身制废除后开始，老年教育定位为"休闲娱乐"教育[9]，在很长一段时期，老年教育供给对象主要面向退（离）休干部。有学者从终身教育理论及促进终身教育立法等方面探讨对老年人受教育权益的保护。[10][11][12]二是增量供给促进老年教育公平的维度。针对我国老年教育供给总量不足的现状，有学者提出老年教育供给侧改革，加强供给保障机制等措施增量供给[13]；有学者提出改革管理体制，促进多元主体参与，扩大老年教育供给等[14][15][16]；从而进一步扩大老年教育覆盖面，促进老年教育均衡发展。

综上所述，当前国内外学者已从不同角度对老年教育供给问题进行了诸多有价值的研究，但在研究中对老年教育供给质量与供给特色问题极少给予关注。2017年1月颁布的《国家教育事业发展"十三五"规划》则明确要求"推进老年教育机构逐步纳入地方公共服务体系，完善老年人学习服务体系，办好老年大学，有效扩大老年教育资源供给"[17]，说明老年教育公共服务供给是我国公共服务体系的重要构成部分。本文以广州老年开放大学老年教育供给为研究对象，从老年教育供给的"数量、质量、特色"三维并举发展的角度开展研究，具有重要的实践意义和理论意义，为我国老年教育发展提供有益的借鉴。

二、广州老年教育发展现状及供给存在的主要问题

（一）广州老年教育发展现状

自1984年广州市第一所老年大学——广州市岭海老人大学创办以来，广州市老年教育经历了30多年的发展，形成了多主体推动、多元化发展的格局。办学主体主要由老干部局、民政局、文广新局、驻穗部队、企业、高校等构成。老年教育形式多样，包含学制教育、养教结合课程、讲座、文化娱乐活动等多种形式。老年教育覆盖人群逐步由退（离）休老干部向基层老年人群推进，受众面不断扩大。广州市老年干部大学是广州地区目前办学规模最大的老年大学，2017年秋季正式面向社会老年人开放，有3万个学位。2013年1月，广州地区老年大学协会成立，同年11月，中国老年大学协会国际联络部设在广州市老年干部大学，为广州地区老年教育向纵深发展和内涵发展构建了新的平台。广州市现有11个行政区，街（镇）168个，居（村）2795个。据广州市民政局《2017年广州老龄事业发展报告和老年人口数据手册》，截至2017年年底，广州共有老年大学38所，老年学校70所（占41.6%），老年教学点213个（占7.6%）。2017年年底，广州全市户籍60岁以上老年人口为161.85万，占户籍人口比重为18.03%，呈现出老龄化程度高、老龄人口增长加快的特点。预测到2020年广州市老年人口将超过185万人，并且每年按照5%的速度增长，进入中度老龄化社

会。[18]据不完全统计,截至2017年年底,广州市各级各类老年学校的老年学员约10万人,入学率约为6.18%。

(二)广州老年教育供给存在的主要问题

1. 供给数量不足。

(1)老年人参与教育的机会不均等。老年教育供给总量严重不足。从统计数据来看,仅有6.18%的老年人参与教育,学位"一位难求"现象普遍存在,大部分老年人参与教育的机会难以保障。老干部局、本科院校(如中山大学、华南师范大学、华南理工大学、暨南大学等院校)、军队(如广州军区)、大型国营企业集团(如广州钢铁集团、南方航空公司、广州铁路集团)等单位主办的老年大学,服务对象通常为本单位老年人群,并依照退休前的身份设定入学门槛。因此,老年教育供给对象基本上为特定人群。不同层次老年人群参与教育的机会明显不均等,城乡基层居(村)老年人群参与教育的机会不均等现象尤其突出。

(2)城乡老年教育供给不均等。据统计,广州市70所街(镇)老年学校中约60%集中在天河区;其次是海珠区和南沙区,合计共占约22%;黄埔、从化、增城3区没有老年学校。213个居(村)老年教学点中约47.5%集中在白云区;其次是海珠区,占35%;天河、花都、南沙、从化、增城5个区没有教学点。广州老年教育资源集中在天河区、海珠区等老城区,区域间资源配置不均等问题凸显,城乡老年教育资源不均等问题更为突出,基层老年教育供给难以得到保障。

2. 供给质量不高。

(1)老年教育学科属性缺失。老年教育属于继续教育的构成部分,是终身教育体系的最后部分和重要组成部分。[19]成人发展心理学表明,老年期是成人发展的第三阶段,老年教育即为成人教育第三阶段,属于国民教育系列范畴。[20]因此,老年教育有着其自身特有的学科规律和属性,在老年教育教学中需严格遵循其教学规律和特点。从当前老年教育教学形式来看,仅有以老干部大学为主体的老年大学在老年教育教学中开展了课程开发建设,在一定程度体现了老年教育的学科属性。但其课程开发建设仍缺少建设标准和规范,课程建设未形成体系,难以实现高质量供给。而民政局、文广新局等部门老年教育以文化娱乐活动为主体,基本上未能体现老年教育学科属性。广州老年教育尚未严格遵循老年教育学科规律开展教学活动,整体供给质量不高。

(2)老年教育缺乏差异化、层次化供给。通过调研发现,当前,广州老年教育课程主要为普适性课程,以文化娱乐、健康养生为主,缺少差异化、层次化的课程。老年教育未能依据"因材施教"原则，实施分类分层教育，难以满足不同年龄层次、文化程度、收入水平、健康状况的老年人的学习需求。新时代的老年人在自我素质成长、精神文化需求等方面趋向于高层次、多元化发展，尤其对实现老年阶段的人生价值等社会参与的需求更突出。老年教育供给要从以"老年人为本"出发，逐步开发高质量、差异化、内容丰富的课程，与老年人实现自我人生价值的社会参与需求相契合，在拓宽其社会参与平台的同时，激发和引导老年人至更高层次的社会参与和学习。

3. 供给特色不强。

（1）老年教育未凸显岭南文化特色。广州地处岭南大地，岭南文化是老年教育发展的优秀传统文化资源宝库。当前，广州老年教育资源建设未能与优秀的岭南特色传统文化资源紧密结合，不能较好地彰显岭南文化特色。岭南文化的传承与彰显仅仅停留于标志性的呈现，未能充分融入老年教育。广州老年人在生活习性、健康养身、文化理念等方面有着鲜明的岭南特色，对岭南传统文化学习有较强的需求。因此，需要增强广州老年教育特色建设，深入挖掘优质的岭南特色传统文化，开发特色化、本土化课程，形成特色供给。

（2）老年教育的社会价值未得到有效彰显。老年教育有着重要社会价值：一是促进老年人终身全面发展，二是促进社会可持续发展。通过老年教育增强老年人的社会参与意识和社会责任感，提升老年人为社会可持续发展服务的能力；通过老年教育整合老年人认同感，推进社会可持续发展。[21]当前，广州老年教育处于全面发展的起步阶段，老年教育课程等资源建设未与社会治理充分结合，未全面开发社区服务、专业技能提升、团队管理等促进老年人社会参与的课程资源。老年教育供给仍停留在文化娱乐、养生保健等层面。老年教育尚未发挥老年人的代际交流和文化传承功能，支持老年人充分参与社会活动的力度不足、措施不够到位，老年教育的社会价值未能得到有效彰显。

三、"数量、质量、特色"三维并举的广州老年教育公共服务供给体系构建路径

针对广州老年教育供给存在的问题，依托广州电大办学系统化的优势，广州老年开放大学确定了"数量、质量、特色"三维并举的广州老年教育公共服务供给体系发展路径（见图1），全面快速推动了广州老年教育发展，并以课程建设为核心，充分融入现代信息技术，实现广州老年教育增量供给，促进广州老年教育高质化、特色化发展。

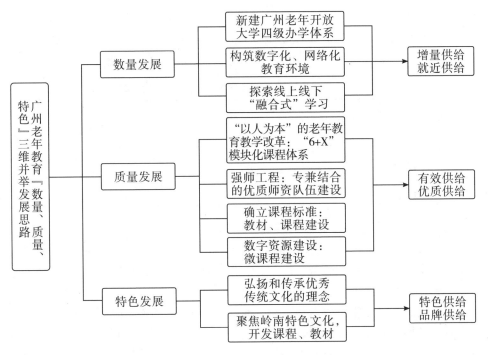

图 1 "数量、质量、特色"三维并举发展路径

（一）创新办学形式和教学形式，快速增量供给，促进老年教育均衡发展

1. 创新体系化办学，有效促进老年人参与教育权益的落实。

广州老年开放大学以"开放、共建、共享"为理念，整合公办电大、行业企业、社会力量构建广州老年开放大学办学体系，形成了老年教育供给在全市"点、线、面"的全面覆盖，创新了老年教育体系化的办学形式，并在较短时间内建成覆盖全市 11 区的"市（大学）—区（学院）—街（镇）（学校）—村（居）（教学点）"四级老年教育网络化办学体系，建成老年开放大学 1 所、学院 22 所、学校 14 个、教学点 34 个。老年教育系统化办学，充分运用市场运作机制，创新了以公办电大为主体，多元参与的四层级网络化办学体系建设。广东省家庭服务业协会、广州港集团等一批行业协会、企业集团的加入，有效增强了供给体系活力，实现了从"公办电大"主体向"混合多元"主体、从"点状"供给到"网状"供给、从"单一政府"资源向"多元融合"资源的转变和增量的突破;并且实现了老年教育供给渠道下沉、有效供给增量(见表1),推动了广州老年教育均衡化发展,促进了老年人参与教育的权力和机会均等。

表1 广州老年开放大学体系老年教育供给增量

广州的基础数据	广州的规划标准	现状(2016年)	差距	广州老年开放大学 2018年建设成效	增量
街(镇)168个	50%(84所)	41.6%(70所)	14所	建学校13所	约7.8%
居(村)2795个	30%(839个)	7.6%(213个)	626个	建设教学点34个	约1.2%
常住老年人口200万	30%(60万)	约6.0%(10万)	50万	学员约22.3万	约11.15%

2. 构筑办学体系数字化学习环境,促进城乡老年教育资源均衡配置。

一是加大对"广州终身学习网"平台(PC端和手机APP)的功能升级改造,打造集招生、报班、缴费、教学、数据统计、管理与服务等功能于一体的老年教育服务平台,为办学体系提供了"教、学、督、管、服"一条龙的便捷式服务。二是定制广州老年开放大学"学习地图"小程序,建设老年教育资源线上搜索平台,老年学员可通过搜索,选择合适的课程资源(课程内容、师资、授课地点、授课模式等)进行学习;在吸引老年人学习的同时,提供用户学习的反馈信息,包括课程的选择和受众群体的信息。"学习地图"小程序将链接广州老年开放大学教育线上资源,扩大老年群体线上受众面。积极运用现代信息技术,构筑了办学体系数字化学习环境,从而促进各类优质老年教育资源面向全市城乡社区无差别的覆盖,有效促进城乡资源配置的均衡,保障城乡各层次老年人群均等享有优质教育资源。

3. 创新"融合式"教学形式,有效扩大老年教育覆盖面。

针对传统课堂面授的老年教育形式,积极运用触电直播、云直播课堂等新技术手段创新学习形式。线下:教学载体集大讲堂、课程班、游学、评展演等实践活动于一体;线上:以广州终身学习网及APP为基础,创建老年开放大学公众号、"学习地图"小程序等。将线下教学活动与线上平台相结合,创建"融合式"老年教育学习形式(见图2),有效促进老年教育的覆盖面。以老年公益课堂为例:现场讲座与触电直播相结合,通过触电直播技术将课堂进行直播,并且在直播后也可以通过APP随时观看。学员通过打开分享的直播链接来观看或是直接在触电新闻APP上搜索关键词找到直播的课程进行观看,在直播的过程中还可以进行实时互动。以触电直播技术消除了课程学习在时间上的限制,并极大地扩大了学习受众面。截至 2019 年 5 月,学习平台注册老年学员有 2.57 万人,触电直播课堂培训累计达 93.4 万人次,有效扩大了老年教育的覆盖面。

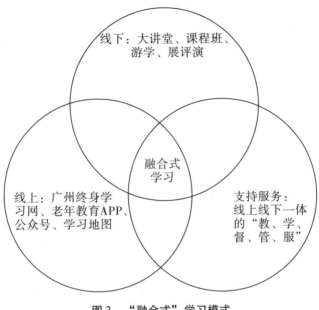

图 2 "融合式"学习模式

(二)回归教育属性,强化标准和规范建设,促进老年教育质量发展

1. 建设课程标准,构建层次化、差异化课程体系。

党的十九大报告提出了"坚持以人民为中心"的发展思想。[22] 2018 年 9 月 10 日全国教育大会上,习近平总书记提出了"坚持以人民为中心发展教育"[23]。老年教育需科学定位,回归教育属性。因此,在遵循老年教育教学规律的基础上,广州老年开放大学教育教学改革立足于"以老年人为本"。一是从老年人多层次、多元化的学习需求和特点出发,创建了"6+X"的课程模块化体系("6"指 6 门必修课,"X"指多门选修课),包括课程标准、教材、微课程、数字化资源等内容。二是建设层次化、差异化课程体系,并根据老年人群不同层次的学习特点和需求,实施分层次教学,增强供给的针对性。目前,广州老年开放大学已建成"中老年保健与养生课程模块""智能生活课程模块""中国文学经典诵读课程模块""声乐课程模块"等第一批课程模块,开发教材 25 本,线下课程 86

门,线上11大类1466门微课程。广州老年开放大学初步建成了符合老年教育规律和老年人学习需求的结构化、层次化和体系化的老年教育课程资源,推动了广州老年教育内涵发展,提升了供给质量。

2. 制定管理规范,构筑老年教育质量发展的制度基础。

广州老年开放大学在不断吸纳各类优质资源扩大办学体系的同时,强化规范管理。广州老年开放大学先后制定了《广州数字化学习系统管理办法(试行)》《广州老年开放大学办学系统管理办法(试行)》《广州老年开放大学办学准入及选点建设标准(试行)》《广州老年开放大学老年教育特色项目建设标准(试行)》《关于规范老年兴趣班办班的通知》等相关管理制度和规定,并在办学体系内实施,通过制定办学准入标准和退出机制,严格监管办学体系建设质量,对于办学不规范的机构给予退出办学体系的处理。各类管理规范的制定,构建了老年教育良好发展的制度基础,以科学、规范、严谨的教学管理,促进了办学体系有序化、质量化的发展,从而进一步提高了老年教育供给质量。

3. 以科研为引领,建立老年教育质量发展平台。

一是广州电大通过设立科研基金项目及征文活动,组织办学体系教师、管理人员等参与老年教育学科研究,有效培育全员参与老年教育工作的素质和能力。二是以市教育局立项决策咨询课题"广州老年教育发展与对策研究"和国家开放大学重点立项课题"以开放大学(电大)为依托的中心城市老年开放教育发展模式研究"为依托,促进全面研究广州老年教育发展问题,提升内涵建设。三是对老年教育专项课题以横向委托等形式委托高校专家开展研究,提升办学体系学科建设水平,增强引领作用。四是定期组织办学体系骨干教师和管理人员的培训、交流会议、教学研讨会议等,多方面促进老年教育队伍建设。五是增强对外联系,拓宽内涵建设平台。广州老年开放大学通过积极参与各级老年大学协会、高校第三年龄大学联盟、国家开放大学系统等组织和机构,增强对外的纵、横向沟通与交流,拓宽资源渠道与交流平台。

(三)依托区域优质资源,彰显教育社会价值,促进老年教育特色发展

广州老年开放大学在开发通识性老年教育课程资源的同时,注重依托区域优质传统文化资源,打造老年教育特色品牌。广州老年开放大学通过各项老年教育活动,充分发挥老年人的人力资源优势,弘扬和传承优秀传统文化,促使老年人广泛参与社区治理,促进共建、共治、共享社会治理格局的构建。

1. 依托广州岭南文化优势,打造老年教育岭南特色课程。

广州是具有 2200 多年历史的文化名城,广州的历史文化优势可以概括为"四地":岭南文化的中心地、古代海上丝绸之路的出发地、近代中国民主革命的发源地和中国当代经济改革开放的前沿地。以"创新、开放、包容、敢为天下先"为主要特征的岭南文化,具有浓郁的岭南地方特色,诸如粤语、粤菜、粤剧、粤绣、骑楼和风俗习惯等具有明显的地方文化元素。[24]广州老年开放大学在课程建设中,聚焦粤剧、广彩、广绣、榄雕、醒狮等岭南传统文化优质资源,开发出了"广彩""广绣""榄雕""客家山歌"等课程,配套微课程 181 门、教材 4 套,形成了岭南特色系列的老年教育品牌。老年教育将岭南特色文化融入百姓生活,通过老年人代际交流、社会参与等形式,将积极发挥教育对弘扬和传承岭南特色文化的社会功能。

2. 加强自主型学习组织培育,彰显老年教育社会价值。

据调研,广州各社区有着形式多样、内容丰富且数量众多的学习团队。例如,唱歌、太极拳、书画、舞蹈、旗袍秀、摄影、器乐等学习活动团队,由老年人根据兴趣爱好自主自发组织在一起学习,他们活跃在大小公园、社区、绿地、校园等场所。这些散落在各个居(村)基层的老年自主型学习组织的自我管理与服务,是社区治理乃至社会治理的重要基础。通过增强对各类自主型学习组织的引导与培育,促进组织自我管理与自助服务能力和水平的提升,将有效地实现其自我治理,为社区治理打下坚实的基础。同时,自主型学习组织的主要活动场所为社区,在参与社区治理、和谐社会建设中发挥积极作用,从而充分彰显老年教育的社会价值。

3. 抓牢粤港澳大湾区建设机遇,打造老年教育区域化品牌。

广州市是广东省的省会城市,是广东省的政治、经济、文化和交通的中心,也是重要的国家中心城市之一,其地理位置毗邻港澳,是粤港澳大湾区建设的核心引擎。目前,粤港澳大湾区建设已经成为国家的重要战略,这为广州老年教育发展带来空前机遇。正如习近平总书记在 2018 年 10 月 22—25 日广东视察时强调指出:"要把粤港澳大湾区建设作为广东改革开放的大机遇、大文章,抓紧抓实办好。"[25]在广州老年开放大学的建设中,应加强与港澳地区和国际老年教育组织的交流与合作,努力讲好广州老年教育的故事,争当粤港澳大湾区老年教育的示范点。

参考文献：

[1] 2050年，我国老年人口数将达到峰值4.87亿[EB/OL]. (2018-04-25)[2019-10-09] http://www.sohu.com/a/229442921_550962.

[2] 冯佳. 德国老年教育政策综述[J]. 语文学刊（外语教育教学），2015 (1)：96-98.

[3] 赵如钦. 美日两国老年教育对我国老年教育发展的启示[J]. 中国成人教育，2018 (5)：124-127.

[4] 张国翔. 西方国家老年教育政策分析及启示[J]. 中国成人教育，2016 (21)：117-119.

[5] 娄峥嵘. 国外老年教育政策的分析与启示[J]. 继续教育研究，2012 (8)：101-103.

[6] 叶忠海. 国际老年教育发展的特点、模式和未来取向[J]. 当代继续教育，2017 (10)：46-49.

[7] 王英. 中外老年教育比较研究[J]. 学术论坛，2009 (1)：201-205.

[8] 王梦云，翟洁. 英、美、法老年教育模式比较研究[J]. 中国成人教育，2017 (7)：114-116.

[9] 桑宁霞，高迪. 中国老年教育从边缘走向中心[J]. 中国成人教育，2018 (15)：21-25.

[10] 段世江，张辉. 老年人社会参与的概念和理论基础研究[J]. 河北大学成人教育学院学报，2008 (3)：82-84.

[11] 彭川宇，曾珍. 老年教育与老年人社会参与之关系及其对策探究[J]. 老龄科学研究，2017 (8)：35-42.

[12] 兰岚. 我国终身教育立法与公民学习权保障路径探析[J]. 河北师范大学学报（教育科学版），2019 (4)：86-94.

[13] 赵文君，钱荷娣. 老年教育供给侧改革的方向、路径及保障机制探索[J]. 继续教育，2018 (6)：127-132.

[14] 刘晴. 供给侧改革视角下无锡老年教育发展研究[J]. 高等继续教育学报，2017 (4)：72-75.

[15] 杨淑珺. 老年教育供给侧改革与发展研究——以浙江省为例[J]. 职教论坛，2016 (5)：61-65.

[16] 姜燕. 从积极老龄化看我国老年教育的供给侧结构性改革[J]. 河北能源职业技术学院学报，2017 (9)：44-46.

[17] 国务院关于印发国家教育事业发展"十三五"规划的通知[EB/OL]. (2017-01-10)[2019-10-09]. http://www.gov.cn/zhengce/content/2017-01/19/content_5161341.htm.

[18] 广州市发布2017年老年人口和老龄事业数据[EB/OL]. (2018-08-06)[2019-10-09]. http://www.gzmz.gov.cn/gzsmzj/tjxx/201808/b955183ba2174a6aa387e4cb789e16e8.shtml.

[19] 吴遵民. 当前终身教育面临的重大理论与实践问题研究[J]. 广东开放大学学报，2017 (1)：11-20.

[20] [21] 叶忠海. 老年教育若干基本理论问题 [J]. 现代远程教育, 2013 (6): 11-16.
[22] 十九大报告全文 [EB/OL]. (2018-03-13) [2019-10-09]. http://sh.people.com.cn/n2/2018/0313/c134768-31338145.html.
[23] 全国教育大会召开, 习近平发表重要讲话 [EB/OL]. (2018-09-10) [2019-10-09]. https://www.sohu.com/a/253090054_99902078.
[24] 谢宇. 广州电大老年教育办学实践探索研究 [J]. 高等继续教育学报, 2019 (1): 68-73.
[25] 习近平: 高举新时代改革开放旗帜把改革开放不断推向深入 [EB/OL]. (2018-10-25) [2019-10-09]. https://www.chinanews.com/gn/2018/10-25/8659914.shtml.

(本文为2019年广东省教育教学奖"社区教育与老年教育类"一等奖获奖成果的总结报告,曾于《广州广播电视大学学报》2019年第5期发表,收入本书时格式和内容略有调整。)

[作者简介]

熊军:广州市广播电视大学校长;孙朝霞:广州市广播电视大学终身教育学院副院长;谢宇:广州市广播电视大学助理研究员;陈翼翀:广州市广播电视大学教师;崔珍珍:广州市广播电视大学终身教育学院副院长。

基于"五同促五感"教学理念的来穗老年人融入教育的探索与实践

刘路莎　马福胜　张国杰　符敏妍　谭丽华

摘　要：为了满足老年人的精神文化和学习需求，进一步推进广州学习型社会的良性发展，推动广州老年教育的持续健康发展，番禺电大展开基于"五同促五感"教学理念的来穗老年人融入教育的探索与实践。以"粤讲粤好""隔代教育""护老有法""岭南文化大讲堂""幸福课堂"等培训课程为切入点的"五同促五感"教学理念，具体包括"语言趋同、价值认同、制度认同、文化认同、心理认同"和"获得感、价值感、安全感、归属感、幸福感"。

关键词：来穗老年人；融入教育；老年教育课程

一、来穗老年人融入广州的需求分析

广州自古就以开放、包容和敢为人先的姿态吸引着全国乃至世界各地一代又一代有志之士来投资、经商、创业、务工。近年来，广州实施更加积极主动的开放战略，着力建设枢纽型城市，国家重要中心城市职能和城市国际化水平不断提升，来穗人员在经济社会发展的各个领域发挥着生力军作用。如今，"漂"在广州的不仅是年轻人，还有不少老年人。广州市民政局的数据统计显示，2014年，广州60岁以上的流动人口达到13.12万人。[1] 来穗老年人初到广州，往往会出现语言不通、缺乏科学育儿方法、法律意识不强、对本地文化了解不足以及饱受孤独感和焦虑感困扰等实际问题。因此，针对来穗老年人开展融入教育是一项重要的战略任务，对积极应对人口老龄化，推动老年教育持续健康发展，维护社会和谐稳定具有重要的意义。

广州市政府先后推出了《广州市来穗人员融合行动计划》和《创建"广州市来穗人员服务管理示范区"工作方案》，计划用两年时间将番禺区创建为"广州市来穗人员服务管理示范区"[2]。"示范区"的建设，标志着"融合计划"进入实操层面，也是高层次融合开始的重要标志之一。番禺区广播电视大学承担了来穗人员融合行动计划中融入教育的相关工作，在实践过程中，发现来穗老年人融入教育存在着可及性不强、教学内容缺乏针对性和适用性、课程资源不够系统等问题，同时来穗老年人多层次、全方位的学习需求难以得到满足，亟待构建一个完善的针对老年人的融入教育课程体系。

二、推动来穗老年人融入广州的策略

全面贯彻《国家中长期教育改革和发展规划纲要（2010—2020年）》的任务和要求[3]，整合社会资源、激发社会活力，坚持以扩大老年教育供给为重点，以创新老年教育体制机制为关键，以提高来穗老年人群的生命质量和生活质量为目的，通过开展不同层次的专业化、个性化、优质化融合项目培训，加快推进来穗老年人群在思想认同、人文关怀、心理悦纳等方面全方位融入广州社会，进一步实现老有所教、老有所学、老有所为、老有所乐，努力形成具有广州特色的老年教育发展新格局。

（一）基本原则

1. 课程-认同。

外来老年人来到广州后遇到的困难和问题是多方面的，无法通过单一的老年教育培训或课程满足其身心各方面融入的需求。通过建立专业化、个性化、优质的来穗老年人融入教育课程体系，促进来穗老年人对广州社会的语言、价值、制度、文化、心理等多方面的认同，实现综合素质和总体感受的提升，进而打破融入广州的"首道屏障"。为了给来穗老年人带来良好的学习体验，促进他们对广州社会的广泛认同，计划开发形式多样、内容丰富的老年教育课程，课程目标明确，课程资源针对性强，为全体来穗老年人创造学习条件、提供学习机会、做好学习服务。

2. 认同-感受。

针对来穗老年人融入教育可及性不强、教学内容缺乏针对性和适用性、课程资源不够系统化等问题，从来穗老年人的语言趋同、价值认同、制度认同、文化认同、心理认同这五个方面着手,以"认同"促进"感受",建立全方位的来穗老年人融入教育课程体系,促进来穗老年人的获得感、价值感、安全感、归属感、幸福感普遍提升,社会参与程度进一步提高。

3. 感受-融入。

来穗老年人根据自己的学习需求,通过不同类型、不同层次的课程增进知识、获得认同、保障权利,实现心理归属,体会人生价值,从而在思想、文化、心理等方面全方位融入广州社会。在此过程中,既提高了来穗老年人的生活品质,丰富了他们的精神文化生活,又推动了老年教育融合体系的建设。

(二) 实施策略

2011—2013年,番禺区广播电视大学聚焦于来穗老年人这一特殊群体,分析将其融入广州的必要性和可行性,提出项目的基本原则和总体目标。2014—2015年,针对来穗老年人语言不通、缺乏科学育儿方法、法律意识不强、对本地文化了解不足以及饱受孤独感和焦虑感困扰等实际问题,确定了以"粤讲粤好""隔代教育""护老有法""岭南文化大讲堂""幸福课堂"等培训课程为切入点的"五同促五感"教学理念(五同:语言趋同、价值认同、制度认同、文化认同、心理认同;五感:获得感、价值感、安全感、归属感、幸福感)。2016年,出台《基于"五同促五感"教学理念的来穗老年人融入教育实施方案》,教学改革进入深化实践阶段。

在参考相关的老年教育理论和实践基础上,将来穗老年人作为目标群体,形成以"粤讲粤好""隔代教育""护老有法""岭南文化大讲堂""幸福课堂"等课程为核心的课程体系,从促进来穗老年人语言趋同、价值认同、制度认同、文化认同、心理认同入手,建立基于现代信息技术的来穗老年人融入教育O2O(线上-线下)教学模式,以促进来穗老年人获得感、价值感、安全感、归属感、幸福感的提升,从而深度融入广州社会。基于"五同促五感"教学理念的来穗老年人融入教育体系如图1所示。

图1 基于"五同促五感"教学理念的来穗老年人融入教育体系

三、在广州市番禺区的实践情况

(一)"粤讲粤好"——形成语言趋同

2016年6月24日,来自番禺区教育局、番禺区来穗局、番禺电大、广东人民出版社、暨南大学汉语方言研究中心、番禺社区教育各级学校等单位的100余名代表参加了"粤讲粤好"——粤语公益培训项目启动仪式。"粤讲粤好"老年公益课程以番禺社区教育系统的各级学校为培训基地,在全区范围内开展粤语公益培训。"粤讲粤好"项目在番禺电大开设多个课程班的同时,在来穗老年人群较为密集的街(镇)、社区实行"送教上门"。该项目每个培训班的学员约为50人,安排4次课,每次3个小时;采取"面授学习+自主学习"的模式,充分利用数字化资源和全媒体的优势,为老年学习者提供了全新的学习体验。

截至2017年,参加粤语面授学习的老年学员达3200多人次,微信群内老年学员960多人,通过触电新闻APP观看直播的学员达16万人次(其中来穗中老年人群占大多数),"粤讲粤好"微信公众号内数字化学习资源的使用量持续上升。通过培训,老年学员们的粤语听力水平大幅提高,掌握了"问路""租房""饮早茶"等日常对话。更为重要的是,学员对于掌握粤语充满信心,乐于使用粤语与身边的人进行交流,既方便了生活,也拉近了与本地人的距离。

2018年,为了满足老年群体学习粤语的个性化需求,"粤讲粤好"课程采取分层教学的模式,由原来单一的"一刀切"班级转变为基础班和提高班并存的班级模式。基础班和提高班同时开班,老年学员们在报名之前可以通过公众号内的"粤语水平测试"检测自己的现有水平,再根据自身情况选择相应的班级。老年学员之前反映的"跟不上""太简单"等问题得到一定程度的解决。同时,授课教师根据不同学员的情况自定步调、因材施教,实施个性化教学。

(二)"隔代教育"——建立价值认同

目前,祖辈带孩子是较为普遍的现象,隔代教育作为一种客观存在的家庭教育方式,对孩子的个性发展和健康成长有着极大的影响。由于年龄、时代、教育背景、经济背景等方面的差异,祖辈和父辈在育儿观念与方式上存在分歧,容易造成家庭纷争。2016年9月,针对当前老年教育师资欠缺、课程不足的问题,以常见的家庭问题——隔代教育为切入点,开展"带好孙,教好孙——隔代教育好方法"培训项目。隔代教育系列课程以案例教学为主,向老年学员传递科学的育儿理念,推广正确的隔代教育观念和知识,发挥祖辈育儿优势,对促进孩子的健康成长和家庭的和睦相处有着重要的意义。

2017年,番禺电大组织教师深入社区、公园等老年人密集的区域,通过问卷调查、实地访谈等方式,收集老年人的学习需求,多次走访区民政局、区委老干局、区老年干部大学和各街(镇)的家庭综合服务中心,了解番禺区老年教育资源的实际情况,参与撰写关于番禺区养老事业的提案,上交区政协。为改善老年教育课程资源供给短缺的状况,学校组织教职员工开展了"基于老年教育的微课资源开发与应用"项目的研究,制作了"轻松用微信"等微课,开发了《带好孙,教好孙——隔代教育好方法》教材,推动了番禺区老年教育的规范化发展。2017年10月,《带好孙,教好孙——隔代教育好方法》教材入选国家新闻出版广电总局和全国老龄工作委员会办公室联合向全国老年人推荐的优秀读物(全国共45本)。

截至2018年,以番禺电大、街(镇)社区学校、居(村)学习室为基地,在全区共开办超过20场"隔代教育"讲座,规模为2000人以上。同时,结合《带好孙,教好孙——隔代教育好方法》教材的内容,建设并整合了一批隔代教育的数字化资源,包括10个配套的教学视频,通过番禺终身学习网、番禺社区教育微信公众号、《番禺日报》、番禺电台、番禺电视台和番禺网等媒体进行传播,形成立体式的推广,产生了较大的社会效益。

(三)"护老有法"——增强制度认同

关注老年人的权益保护,通过分析现实中涉老典型案例,解读相关法律条文,增强老年人的法律意识和应对各种侵权的能力,提升老年人的生活质量。从2017年开始,番禺电大法学专业教师联合专业律师团队开展老年教育"我的权利我做主"系列教材和微课的设计与制作工作。同时,进行"护老有法"课程教学实施的规划,开展线上线下的教学组织实施设计工作。例如,组成微信学习群互助团队,定期发送法律资讯,回复老年学员提出的法律问题。培训内容主要围绕"财产侵权"和"人身侵权"两大部分展开,通过学习,让老年学员们提高维权意识,并学会如何预防上当受骗。2018—2019年,"护老有法"老年课程班开班,专业律师团队授课,学员按季度报名,一个季度共16次课,每次课两个小时。课程根据来穗老年人的身心特点,结合现行法律法规,从人身、财产、婚姻、子女等社会热点问题为老年人讲授专业法律知识,提供专业法律服务平台,深受来穗老年人的欢迎。

(四)"岭南文化大讲堂"——培育文化认同

为了促进来穗老年群体进一步融入广州,番禺电大以岭南文化为桥梁,通过公益大讲堂的开展,增强老年学员的归属感和自豪感。广彩是南粤传统文化的璀璨明珠,为使来穗老年居民领略广彩的魅力,番禺电大携手广彩非遗传承人开设广彩系列讲座。授课教师通过讲述广彩的故事,展示精美的广彩作品,详细地讲解广彩制作流程,亲手展示广彩的制作技艺,使老年学员们获取了独特的艺术体验,领略了岭南非遗文化的魅力。广绣属于中国四大名绣之一,以构图饱满、肌理细腻、色彩浓艳、装饰性强见长。番禺电大通过开办广绣特色课程,引领老年学员欣赏广绣佳作,体验广绣针法,参加广绣研学等活动,体悟岭南传统工艺之美。

除此之外,番禺电大的"岭南文化大讲堂"还涵盖了"粤式靓汤""编珠艺术"和"沙湾飘色"等独具区域特色的课程,为来穗老年人提供了内容丰富、形式多样的文化盛宴。

（五）"幸福课堂"——实现心理认同

按照国务院办公厅《老年教育发展规划（2016—2020年）》中提出的相关要求，全社会应该高度重视老年群体的情感和心理需求，番禺电大从积极心理学的角度出发，鼓励老年人结交朋友、投身社区活动，减少老年人的孤独感，增强幸福感和获得感。因此，构建了综合型的"幸福课堂"老年教育项目，以提升社区老年群体的生活质量为目标，通过丰富的课程设计促进老年人的身心健康，引导学员形成社区学习共同体，鼓励老年人再次积极参与家庭教育和社会活动，重现自身价值，同时增强自身的幸福感。

老年人群的精神生活质量不高，主要有健康问题困扰、家庭关系摩擦和社会地位下降等原因。将老年教育与幸福养老结合起来，主要从三个不同层次设计幸福养老课程，第一个层次是"健康养生"，第二个层次是"内外修心"，第三个层次是"价值提升"。课程以"乐享系列课堂（乐学班）"命名，以参与体验式的学习方式展开，引导成员自发管理，形成社区学习共同体。

通过该项目的实践，已经基本构建了一个可行的社区幸福养老实践模式，开发出了具有一定应用价值的课程资源。通过做好老年学员的教育服务，让老年学员获得良好的学习体验，从而带来学员所在家庭和朋友群体良好的社会效应。在实践课堂结束后，管理人员进一步完善社区学习共同体的跟踪工作，为社区老年群体搭建长期交流的学习平台，并引导他们进入服务社会的志愿者行列，构建了提升老年人幸福感的综合型路径。

四、总结与展望

经过理论探索和实践应用，番禺电大围绕来穗老年人的终身学习需求，整合多方资源，发挥自身优势，提供了一系列特色鲜明的教学活动和服务，优先化解来穗老年人群与户籍人群之间在语言差异、价值认知、制度体系、文化习俗、心理隔阂等方面的"地域沟壑"，探索出基于"五同促五感"教学理念的来穗老年人融入教育体系，打通了来穗老年人深度融入广州社会的"首道屏障"。在开展来穗老年人融入教育的过程中，注重教学质量和学员体验，充分发挥数字化学习的优势，提升教学效果，涌现出一大批学习积极分子，获得了良好的社会效应，对同类型学校及教育机构开展老年融入教育具有启示作用。同时，基于"五同促五感"教学理念的来穗老年人融入教育体系的相关研究可以推广到老年教育和社区教育其他领域。

(一) 解决的教学问题

1. 解决了来穗老年人融入教育的教学内容缺乏针对性和适用性的问题。

根据来穗老年人的身心特点和实际需求,考量来穗老年人群与户籍人群之间在语言、价值、制度、文化、心理等方面的差异,设计开发了"粤讲粤好""隔代教育""护老有法""岭南文化大讲堂""幸福课堂"等目标明确、富有成效的培训课程。

2. 弥补了来穗老年人融入教育的可及性不强的问题。

充分开发线上线下学习资源,构建了来穗老年人融入教育O2O（线上-线下）新型教学模式,实现了学习准备、学习环境、学习支持以及学习评价等方面的融合,有效扩展教学时空,让来穗老年人充分利用时时能学、处处可学的便利条件,进一步提升教学效果。

3. 解决了来穗老年人融入教育的课程资源系统化程度不高的问题。

从来穗老年人语言趋同、价值认同、制度认同、文化认同、心理认同这五个方面着手,以"认同"促进"感受",建立规范的来穗老年人融入教育课程体系,课程目标明确,课程资源针对性强,以促进来穗老年人全方位、有深度地融入广州。

(二) 创新点

1. 创建了全方位的来穗老年人融入教育课程体系,是全国老年教育领域的首创。

基于现存的问题,结合学校实际,通过建立专业化、个性化、优质化的来穗老年人融入教育课程体系,促进来穗老年人对广州社会的语言、价值、制度、文化、心理等多方面的认同,从而实现综合素质的提升。番禺电大主持编写并正式出版的老年教育教材2本,发行量达到7000册。其中,《带好孙,教好孙——隔代教育好方法》教材入选国家新闻出版广电总局和全国老龄工作委员会办公室联合向全国老年人推荐的优秀读物。

2. 创立了基于现代信息技术的来穗老年人融入教育O2O（线上-线下）教学模式,在全国处于前列。

充分利用计算机技术和网络技术,在开设多个面授培训班的同时,通过APP

和微信公众号及时发布学习资源、微信学习群随时交流互动、直播平台同步播放课堂实况。来穗老年人可以通过线上线下多种方式巩固学习，形成泛在学习的氛围。据统计，参与线下课程的来穗老年人每堂课达到 50 人以上，线上同步直播每堂课惠及 2 万～3 万人，其中大部分是老年人。

3. 创新了来穗老年人融入教育分类分层的教学方式，为全国老年教育开辟有效路径。

鉴于来穗老年人多种多样的学习需求，设置了包括"粤讲粤好""隔代教育""护老有法"等丰富多彩的课程，让来穗老年人根据自己的兴趣和需求进行自主选择，实行分类教学。对于来穗老年人现有基础差异较大的实际状况，根据来穗老年人已有水平分设基础班和提高班，因材施教，实施分层教学。

（三）推广应用效果

1. 在广州市范围内开展教学活动 140 多场，同时借助"全民终身学习活动周"等推广活动，持续扩大影响力。参与面授课程的来穗老年人总数达到 5600 人次，其中 72% 的来穗老年人全程参与了 5 类课程。根据满意调查结果显示，来穗老年人对课程表示非常满意的比例达到 96%。在此过程中，他们的获得感、价值感、安全感、归属感、幸福感的程度较之前普遍有所提升，并表示愿意更多地参与社会公益事业和志愿服务活动。

2. 2015—2018 年的番禺区政府年度工作报告中，多次提及番禺电大社区教育（老年教育）的成果。在番禺区政协第十四届第三次会议上，《广州市番禺区多种主体参与推动老年教育的探索与研究》以提案形式提交，并被批准立案。同年，该提案参与广州市"献一策"活动，得到市政府高度重视。2017 年，番禺电大被评为番禺区社区教育先进单位；《粤讲粤好——粤语培训》获评为番禺区"终身学习活动品牌"、广州数字化社区学习三星精品项目。2018 年，《带好孙，教好孙——隔代教育好方法》获评为番禺区"终身学习活动品牌"。

3. 本成果引起同行的广泛关注和积极反响，合肥市电大、无锡市开放大学、天河电大、花都电大、增城电大等 10 多所市内外电大专程向其学习和借鉴成果经验；研究团队连续两年在"中国社区教育数字化资源论坛"上进行成果汇报，获得广泛认可。

4. 在省级以上学术刊物发表论文共 8 篇，单篇论文下载量为 800 次以上。完成校区级课题 6 项，并顺利结题。

5. 本成果受到主流媒体的广泛关注。番禺终身学习网、番禺社区教育微信公众号、《番禺日报》、番禺电台、番禺电视台和番禺网等媒体对番禺电大老年教育工作进行了专题报道。

老年人融入教育的研究是一个庞大的工程，需要在实践中不断完善。基层电大、上级电大和社区教育委员会关系非常紧密，需要开门办学；在课程体系构建的过程中需要政府部门的大力支持和相关部门的协调联动；来穗老年人融入教育的研究是一个多方位的研究，教材的研发、师资队伍的建设、培训场地的建立等等，需要在实践中进一步深入探索。所以，期待着基于"五同促五感"教学理念的来穗老年人融入教育的研究应用能更进一步，使其在实践中发挥巨大作用，指导全国老年人群的融入教育，真正形成老年群体"乐学、乐享、乐融"的老年教育格局，让老年人的晚年生活更加幸福。

参考文献：

[1] 广东省总工会. 超13万老年人"漂"在广州大部分人来穗是为照顾孙辈[EB/OL]. http://www.gdftu.org.cn/xw/rd/201610/t20161010_797471.htm.

[2] 广州市人民政府. 羊城晚报：广州"融入计划"展示大城之范[EB/OL]. http://zwgk.gz.gov.cn/088221675/5/201607/f964ccb106a24153b24f56af37fadcb5.shtml.

[3] 中华人民共和国教育部. 国家中长期教育改革和发展规划纲要（2010—2020年）[EB/OL]. http://old.moe.gov.cn/publicfiles/business/htmlfiles/moe/info_list/201407/xxgk_171904.html.

（本文为2019年广东省教育教学奖"社区教育与老年教育类"二等奖获奖成果的总结报告，曾于《广州广播电视大学学报》2019年5期发表，收入本书时格式和内容略有调整。）

[作者简介]

刘路莎：广州市番禺区广播电视大学助教；马福胜：广州市番禺区广播电视大学校长；张国杰：广州市广播电视大学讲师；符敏妍：广州市番禺区广播电视大学讲师；谭丽华：广州市番禺区广播电视大学讲师。

多主体参与推动老年教育的探索与实践
——以广州市番禺区为例

马福胜　刘路莎　张国杰　符敏妍

摘　要：资源供给数量不足和质量不高的问题制约着社区老年教育的发展。本文结合广州市番禺区老年教育的开展，探索行政部门、办学机构以及学习者群体等多种主体在推动社区老年教育发展过程中的定位与作用，提出"行政部门统筹""办学机构参与"和"学习者自发组织"的发展策略，为提高社区老年人口的生活质量、促进社区和社会的持续发展提供对策和建议。

关键词：老年教育；老年教育主体；教育服务

一、引言

当前，我国已进入人口老龄化的快速发展期，退休人员不断增加，老年人群不断扩大。根据中华人民共和国2016年国民经济和社会发展统计公报（见表1）[1]，2016年年末我国60周岁及以上人口已达2.31亿，占总人口的16.7%，其中65周岁及以上人口占总人口的10.8%。2016年10月5日，国务院办公厅发布了《老年教育发展规划（2016—2020年）》，明确提出了"发展老年教育，是积极应对人口老龄化、实现教育现代化、建设学习型社会的重要举措，是满足老年人多样化学习需求、提升老年人生活品质、促进社会和谐的必然要求"[2]。时代呼吁全社会共同努力，以实现全体老年人老有所教、老有所学、老有所为、老有所乐的幸福晚年之梦。

表1　2016年年末人口数及其构成

指标	年末数（万人）	比重（%）
全国总人口	138271	100.0
其中：城镇	79298	57.35
乡村	58973	42.65
其中：男性	70815	51.2
女性	67456	48.8
其中：0～15岁（含不满16周岁）	24438	17.7
16～59岁（含不满60周岁）	90747	65.6
60周岁及以上	23086	16.7
其中：65周岁及以上	15003	10.8

广州市番禺区作为"全国社区教育示范区"和"全国数字化学习先行区"，为推动社区老年教育良性发展做出了有益探索。行政部门作为老年教育的官方组织者，教育系统的社区学校、老干局的老干大学以及民政系统的老年之家仍是老年公民参与教育的主要途径。多种主体参与推动老年教育的研究，提倡召集社会各方力量参与到老年教育事业中来，促使老年教育的形式和内容更加丰富，以满足不同层次老年人的身心发展需求。

二、广州市番禺区老年教育现状及问题

为了在新形势下更好地推进老年教育事业的发展，进一步了解广州市番禺区老年教育的发展现状，课题组对老干部大学、社区教育学校以及养老服务机构等相关单位进行了深入调研。通过研究发现，在社区老年教育的实施过程中还有很多实际问题亟待解决。

（一）高速增长的学习需求与有限的教育资源矛盾突出

根据广州市老龄工作委员会办公室发布的2015年及2016年广州市老年人口数据摘要[3]，番禺区老年人数增长迅猛，具体情况如表2所示，表中数据根据广州市老龄工作委员会办公室发布的数据摘要转载并换算而得。

表2　2015年和2016年广州市老年人口及番禺区老年人口数据

年份	广州市60岁及以上老年人口数量（万人）	广州市户籍人口总数（万人）	广州市老年人口占总人口比例（%）	番禺区60岁及以上老年人口数量（万人）	番禺区老年人口占广州市老年人口比例（%）
2015	147.53	854.50	17.27	11.60	7.86
2016	154.61	870.49	17.76	12.21	7.90

从全市老年人口数量增长的情况计算，广州市老年人口在2016年比2015年增长了4.80%。单从番禺区老年人口数量增长的情况计算，一年时间内番禺区老年人口就增长了5.26%，比全市的增长速度快。2015年，全市老年人口数量达到147.53万人。截至2015年年底，广州市完善了老年教育的市、区、街（镇）、村（居）四级网络，老年大学、老年学校、老年教学点分别有19所、70所和208个，在校学员有6.4万人。较小的教育规模以及有限的教育资源只能为少数老年居民服务，远远满足不了广大老年居民"老有所学"的迫切愿望。

（二）办学形式单一，教学模式僵化

各社区的老人活动中心只能满足老年人日常普及性的娱乐活动，社区学校的老年教育教学内容基本上以书法、绘画、摄影、戏曲、烹饪等的兴趣班为主，没有制订符合老年人身心健康发展的系统性教学计划，没有形成专业的师资队伍和专业教材读本，难以满足老人更高品质的学习需要。社区老年教育模式大多以单一讲授为主，对空中讲堂、多媒体和网络智能设备等现代教育手段的应用不够。

（三）老年人参与度不高，老年教育服务亟待完善

根据广州日报大洋网公布的老龄问题调查结果发现[4]，虽然近年广州养老服务得到较大提升，但与市民所期待的老年教育仍有差距。相关的民意调查结果显示，多达58%的市民认为养老服务"不足够"，远多于认为"足够"的25%。在广州各项公共服务中，多至39%的市民认为养老服务是最需要改善的，比例仅次于医疗服务。对最需要加强的养老服务，市民期待集中在"推进政府的社区居家养老服务"，比例高达76%。而在社区养老服务中，重要的一项内容应该定位在完善老人教育服务工作上。

三、多主体参与开展老年教育的发展策略

针对广州市番禺区老年教育现存的问题，结合广州市教育局印发的《广州市推进老年教育发展实施方案（2018—2020年）》的要求，番禺区力求通过"行政部门统筹""办学机构参与"和"学习者自发组织"的发展策略，探索推广与普及老年教育的新路径。

（一）行政部门统筹

行政部门承担老年教育的组织责任。教育系统的社区学校、老干局的老干大学以及民政系统的老年之家是老年居民参与教育的主要途径，这是由老年教育的公益属性决定的。但由于管辖部门不同，场地、课程、师资和经费等资源相互割裂，没有实现共享，同时，对民办老年学校及各类教育场所的建设缺乏相应的政策扶持及制度管理，老年教育资源在总量不多的情况下还存在利用率不高的问题。对照上级的文件要求和番禺区实际，明确教育部门代表政府主管和统筹全区老年教育的职责，制订老年教育发展规划，对人员编制、经费投入、师资队伍和场地建设等有明确的计划，同时鼓励民办机构和社会团体开展老年教育。

（二）办学机构参与

社区教育既需要强有力的政府保障，更需要广泛的社会共识与合作，形成跨部门合作网络，整合社会各方面的资源，增强教育资源的整合度，促进各类教育互相融合。当前，我国逐步形成了政府主导－社会参与－公办民办并举的公共服务供给模式，并采用了公开招标、邀请招标、竞争性谈判、单一来源、询价等方式确定承接主体，由政府付费，委托社会力量为政府直接向社会公众提供公共服务事项。老年教育本质上也是一种公共服务，通过政府购买服务的形式，有助于提高资金使用的效率，促使更多的办学主体参与到老年教育。番禺区老年教育培训经费通过政府购买服务的形式使用，鼓励多种办学主体参与项目实施，对于特色项目和品牌有专门的扶持和奖励。

（三）学习者自发组织

老年居民散居在各个社区（村），对学习有着个性化的需求，同时也积累了丰富的社会经验和专业知识，具备成为知识传授者的能力。基于共同的兴趣爱好

和学习需求，在平等、互助的原则下，许多老年居民自发组成各种各样的学习团体，如合唱队、舞蹈队、曲艺社等，这些学习团体有一定的组织管理制度，成员能为团体带来场地、设施、设备和师资等资源，能较为持续地开展学习活动。番禺区鼓励各种各类老年学习团队的运作，通过组织比赛、评比和展示等方式，在活动场地和经费等方面给予扶持和奖励。

四、多主体参与开展老年教育的实践

依据"行政部门统筹""办学机构参与"和"学习者自发组织"的发展策略，围绕整合各方资源，扩大老年教育供给，番禺区积极开展了老年教育的实践，下面以"带好孙，教好孙——隔代教育好方法"项目的实施为例进行阐述。

（一）需求导向，资源配套

结合番禺区老年学习者的需求，针对较为普遍的隔代教育现象，确定开展"带好孙，教好孙——隔代教育好方法"项目，旨在通过系列教学活动，向老年人介绍先进的育儿理念和方法，提高育儿水平，促进和谐家庭的建设。番禺区教育局委托属下的番禺区广播电视大学统筹项目的实施，配套的项目启动经费10万元，用于课程建设与教学实施。

（二）多方合作，共同推进

"带好孙，教好孙——隔代教育好方法"由番禺区广播电视大学统筹，番禺区民政局、老干部大学、广州市广播电视大学、广东人民出版社和镇（街）社区学校等单位积极配合，在需求分析、课程开发、教材出版、课程实施，推广宣传等工作中发挥各自的优势，形成合力，保证了培训项目的顺利开展。

（三）特色鲜明，成效突出

1. 专业引领，资源丰富。当前，番禺区老年教育的课程建设与实施处于起步的阶段，缺乏具有示范性的课程，同时相关的专家和专业人员不足。《带好孙，教好孙——隔代教育好方法》教材由广州大学黄芳副教授和番禺电大原副校长张国杰联合编写，黄芳副教授长期从事家庭教育和老年教育的研究和教学工作，张国杰老师具有丰富的数字化资源建设经验。《带好孙，教好孙——隔代教育好方法》教材理论深入浅出，共有30个小节的内容，每个小节都由一些短小精悍的

故事情境展开，案例取自现实生活，让老年学习者在阅读的过程中发现问题并引发思考，直指问题核心，并给出解决方法，而且配了大量的插图；以教材为基础，选取重点章节，组织摄制4K超高清格式的微视频课程，视频具有较强的故事性，深受老年学员欢迎。同时，"老来学"微信公众号开通，向学习者定期传递相关知识。

2. 注重体验，创新模式。为了提升学员的积极性，创新性地实现了课程建设的全媒体化（纸质读本＋数字化学习资源）和课程推广的立体化（面授讲座＋线上互动）。以黄芳副教授为首的讲师团队采取送教上门的方式，在老年干部大学、家庭综合服务中心、社区教育学校等开展教学工作，让更多的老年人可以就近学习。利用微信平台建立的课程互动交流群，让老年学员除了在课堂上学习外，平时也可以随时随地参与讨论咨询，发表学习心得。针对部分老年学员不熟悉智能手机使用的问题，由终身学习小助手提供线上和线下指导，并进行实时的学习反馈跟踪。在广州市番禺区老年干部大学举行的4场隔代教育课程讲座，吸引了老年学习者320多人，老年学员的反馈良好。许多老年学员成了为社区教育课堂的粉丝，经常留意课程安排，主动参与其他课程的学习。通过参与课程学习，老年学员的学习兴趣进一步得到提升，对隔代教育理论和相关方法有一定的了解，并乐于将所学方法应用于实践，在此过程中与子女和孙辈的关系更为亲密，家庭氛围更加融洽和谐。

3. 形成品牌，影响深远。借助丰富的资源和强大的师资团队，《带好孙，教好孙——隔代教育好方法》影响力逐渐增强，经过两年多的发展，学员众多、持续时间长、学习效果好，成为了番禺区终身教育的一个亮丽品牌，《番禺日报》、番禺电台和《信息时报》等多家媒体先后做了报道宣传。2017年10月，《带好孙，教好孙——隔代教育》教材入选国家新闻出版广电总局和全国老龄工作委员会办公室联合向全国老年人推荐的优秀读物。2018年，"带好孙，教好孙——隔代教育"课程成为广州市老年教育热门课程，其教材被广州图书馆等多家机构收录。"带好孙，教好孙——隔代教育"项目发挥了积极的示范引领作用，带动了番禺区老年教育的新发展。

五、结语

构建终身教育体系，创建学习型社会是社会发展的必然趋势，是在新形势下社会对教育提出的新要求。国务院办公厅明确提出老年教育发展的主要任务：扩大老年教育资源供给；拓宽老年教育发展路径；加强老年教育支持服务；创新老年教育发展机制；促进老年教育可持续发展。这不仅为老年教育事业的发展指明了方向，也为老年教育事业的发展提供了极好的机遇。只有建立"政府主导、部门协同、老年人广泛参与"的社会化老年教育新模式，老年教育积极融入社区，才能更充分地发挥其社会效益，进一步完善我国的终身教育体系。

在本研究的基础上，还需进一步探索如何开发更多兼具实用性和趣味性的课程，以满足更多老年人的学习需求；如何提升老年居民的参与率，使课程资源的使用率进一步提高，创造出人人皆学的良好氛围；如何加强宣传教育，提高社会各界对社区老年教育的重视程度，加大支持力度，优化办学的外部环境，提高推动老年教育进社区的积极性，进一步集聚社会各方合力，共同为老年教育的发展贡献力量。

参考文献：

[1] 国家统计局. 中华人民共和国2016年国民经济和社会发展统计公报[EB/OL]. http://www.stats.gov.cn/tjsj/zxfb/.201702/t20170228_1467424.html.

[2] 国务院办公厅. 国务院办公厅关于印发老年教育发展规划（2016-2020年）的通知[EB/OL]. http://www.gov.cn/zhengce/content/2016-10/19/content_5121344.htm.

[3] 广州市老龄工作委员会办公室. 2015年及2016年广州市老年人口数据摘要[EB/OL]. http://gzll.gzmz.gov.cn/gzsllgzwyhbgs/gzslnrkxz/201702/72b9bd61e2324912b0281100a-90cd3b4.shtml.

[4] 广州日报. 广州75%受访者认为社区养老比去养老院好[EB/OL]. http://news.dayoo.com/guangzhou/201705/04/139995_51202204.htm.

（本文曾于《广州广播电视大学学报》2018年5期发表，收入本书时格式和内容略有调整。）

[作者简介]

马福胜：广州市番禺区广播电视大学校长；刘路莎：广州市番禺区广播电视大学助教；张国杰：广州市广播电视大学讲师；符敏妍：广州市番禺区广播电视大学讲师。

老年教育游学需求的调研报告
——以广州花都区古村落老年教育游学项目为例

奉美凤　余大生

摘　要：老年游学已经成为当前老年教育教学方法的一种新模式。通过老年游学活动，将老年教育和当地历史、人文资源和民俗民风结合起来，持续推动老年教育的特色发展。本研究采用问卷调查的方法，以花都区古村落游学项目为例，对广州市老年游学项目的需求进行了调查和分析，并就古村落游学活动设计征集了学员们的建议。文章结合人口统计学变量在游学参与动机、游学期待、游学兴趣和游学意愿4个维度上的差异分析学员们的意见，对老年游学项目设计和开发工作提出了具有针对性的建议。

关键词：老年游学；学习需求；古村落；老年教育

一、问题的提出

随着"文化养老"概念的提出，大力发展老年教育逐渐成为教育事业和老龄事业的重要工作。第二届世界老年旅游大会的主题为"老年游学　点亮世界"，老年游学教育发展进入了一个崭新的阶段。教育、养老和旅游三者融合的趋势日益明显，"游学养"成为老年教育的热词。目前，无论是在政策层面还是在理论研究层面，老年游学都已成为创新老年教育教学方法的一种新模式，成为发展老年教育的一个新方向。

老年游学是指以"慢游、乐学、静居"为理念，将老年教育的课堂从室内转移到室外，教学形式从知识灌输型转换成休闲体验式，学习模式以主题风景线路搭配历史人文、技能学习、艺术体验交流为主，形成以满足老年人精神文化需求为目的的一种新的老年教育模式，是老年教学的休闲性原则的体现。目前，国内外关于老年游学的研究日益增多。在国内，一些学者对老年游学进行了理论层面的探讨，也有学者从实践的角度进行了研究。在国外，很多学者研究了旅游对于积极老龄化的作用和价值。例如，不少研究发现，高度追求环境刺激（如经常性的旅游活动）的老人能保持较强的认知能力[1]，即更积极的老年人能拥有更好的认知和身体健康。[2]事实上，早在1986年，Kelly等人就发现：定期外出旅游并体验不同文化的年轻退休者对生活的满意度更高。[3]在游学活动中，老年人可以结识志同道合的朋友，因而有助于老年人形成广泛的社会网络和频繁的社会联系。Holtzman等人的研究发现，参与游学的老人将更少出现认知功能的下降。[4]由此可见，老年游学是促进老人积极老龄化的重要手段。

《国务院办公厅关于印发老年教育发展规划（2016—2020年）的通知》指出老年教育要"从区域发展不平衡的实际和多样化的学习需求出发，因地制宜开展老年教育。鼓励结合当地历史、人文资源和民俗民风等特点，推动老年教育特色发展"。近年来，全国各地都在积极探索地方特色文化与老年教育的融合，以当地特色文化为内容的老年课程越来越多。古村落及其历史沿革作为地方特色文化的重要组成部分日益受到文旅和教育部门的重视。广州市花都区历来重视古村落的保护。自2008年炭步镇塱头村被列为第一批广东省古村落起，花都区已有11个省级古村落。经过社会各界多年的努力，花都区古村落的知名度越来越高。越来越多的人开始走进古村落，探寻历史的足迹和文化的脉络。通过老年游学活动，挖掘古村落的文化元素，不仅有利于文化的传承，有利于增强文化的自信，同时还能满足老年人的精神文化需求，提升老年人的幸福感。

纵观以往研究，从研究内容来看，关于古村落的研究大多集中在古村落保护和旅游开发等方面，而关于老年游学的研究则集中在对老年游学的理论探讨方面，探讨古村落与老年游学融合的文章不多。从研究方法来说，这些研究大多采用定性的研究方法，而采用定量的研究方法较少。

为了更好地挖掘古村落的文化优势，不断扩大老年旅游产品的有效供给，设计符合老年人需要的游学产品，我们需要深入了解老年群体的游学需求，尤其是对花都区古村落游学活动的需求。本研究旨在通过调查问卷，分析老年群体的游学需求，并为后期设计游学活动提供参考。

二、研究方法

（一）研究样本

依据本研究的目的，问卷调查以花都区老年开放大学的学员为被试。问卷正式施测采用整群抽样法，即以上课的班级为一个整体进行抽样。通过问卷调查的方式收集数据。

（二）研究工具

本研究以问卷为数据收集工具，每个学员填写一份。调查问卷由3部分组成，即个人基本资料、游学态度调查和古村落游学意见征集。在个人基本资料部分，主要收集人口统计学变量，如性别、年龄、教育程度和婚姻状况。在游学态度调查部分，问卷题目由4个维度组成，分别是游学参与动机、游学期待、游学兴趣和游学意愿。在第三部分主要征集个人对古村落游学活动的地点、时间、费用和内容等方面的意见。其中，游学态度调查部分以量表的形式呈现，共16个项目。各个维度的项目采取混排的形式，均采用5点记分，即1=非常不同意，5=非常同意。

（三）调查过程

调查以向各班老年学员发布调查问卷二维码的方式进行数据收集。正式的调查工作在2020年10月中旬进行，共收集到有效问卷208份。

在有效被试中，被试样本分布如下：在性别方面，男性有15人，占7.2%，女性有193人，占92.8%。在年龄方面，49岁及以下的有37人，占17.8%；50至59岁的有71人，占34.1%；60至69岁的有58人，占27.9%；70岁及以上的有42人，占20.2%。在受教育程度方面，初中及以下的有37人，占17.8%；高中或中专的有94人，占45.2%；大专的有52人，占25%；本科有24人，占11.5%；研究生有1人，占0.5%。在婚姻状况方面，未婚的有4人，占1.9%；已婚的有182人，占87.5%；离异的有10人，占4.8%；丧偶的有12人，占5.8%。

问卷回收后应用SPSS2 2.0统计软件对问卷进行数据处理。首先对问卷第二部分的量表进行信度和效度分析。在信度方面，采用了α系数对问卷的信度进行分析，发现该问卷的一致性信度为 0.897，信度较好。在效度方面，在做探索性因素分析时，得到的 KMO 值为 0.878，大于 0.8，说明效度高。

三、结果分析

（一）人口统计学变量在各维度上的差异性分析

利用统计分析软件 SPSS2 2.0 对人口统计学变量在参与动机、游学意愿、游学期待和游学兴趣 4 个维度进行差异性分析，得到的结果如表 1—表 4 所示。

表 1　性别在参与动机、游学兴趣、游学期待、游学意愿上的差异分析

维度	男（15） M ± SD	女（193） M ± SD	t
参与动机	20.73 ± 2.31	21.3 ± 3.18	0.166
游学兴趣	21 ± 1.85	20.82 ± 2.63	0.176
游学期待	22.6 ± 1.77	22.61 ± 2.31	0.067
游学意愿	4.2 ± 0.56	4.23 ± 0.71	0.149

采用独立样本 t 检验的方法，结果发现性别在各维度上均无显著性差异，即男性学员和女性学员在游学态度方面没有显著差异。

表 2　年龄在参与动机、游学兴趣、游学期待、游学意愿上的差异分析

维度	49 岁及以下（37） M ± SD	50～59 岁（71） M ± SD	60～69 岁（58） M ± SD	70 岁以上（42） M ± SD	F	事后多重检验
参与动机	21.16 ± 2.85	20.8 ± 3.29	21.67 ± 2.87	21.55 ± 3.42	0.972	—
游学兴趣	20.65 ± 3.13	20.97 ± 2.67	20.93 ± 2.38	20.64 ± 2.22	0.232	—
游学期待	22.62 ± 2.36	22.82 ± 2.35	22.53 ± 2.23	22.33 ± 2.15	0.423	—
游学意愿	3.95 ± 0.78	4.28 ± 0.76	4.33 ± 0.69	4.24 ± 0.48	2.569*	1<2, 3

注：* $p<0.05$，** $p<0.01$，*** $p<0.001$；1 = 49 岁及以下，2 = 50～59 岁，3 = 60～69 岁，4 = 70 岁以上。

从年龄来看，在游学意愿上，年龄在 49 岁及以下的学员显著低于 50～59 岁和 60～69 岁两个年龄段的学员（$p<0.05$）。

表3 受教育程度在参与动机、游学兴趣、游学期待、游学意愿上的差异分析

维度	初中及以下(37) M±SD	高中或中专(94) M±SD	大专(52) M±SD	大学本科(24) M±SD	F	事后多重检验
参与动机	20.92±2.74	21.48±3.5	21.15±2.85	21.08±2.83	0.341	—
游学兴趣	20.89±2.35	20.78±2.68	20.94±2.39	20.92±2.99	0.055	—
游学期待	21.95±2.3	23.05±2.17	22.38±2.37	22.38±2.2	2.554*	1<2
游学意愿	4.27±0.73	4.27±0.69	4.31±0.64	3.88±0.74	2.446*	4<1,2,3

注：因具有研究生学历的仅有1名，样本不具有代表性，无法做事后比较，故做删除处理。1=初中及以下，2=高中或中专，3=大专，4=大学本科。

从受教育程度来看，在游学期待上，学历为初中及以下的学员显著低于高中或中专学历的学员（$p<0.05$）；在游学意愿上，学历为大学本科的学员显著低于其他三类学历的学员（$p<0.05$）。

表4 婚姻状况在参与动机、游学兴趣、游学期待、游学意愿上的差异分析

维度	未婚(4) M±SD	已婚(182) M±SD	离异(10) M±SD	丧偶(12) M±SD	F	事后多重检验
参与动机	21.25±2.06	21.29±3.02	20.9±3.11	21.08±4.93	0.062	—
游学兴趣	22.25±1.26	20.85±2.62	21.3±2.16	19.83±2.48	1.113	—
游学期待	23.75±0.96	22.7±2.28	22.1±2.13	21.17±1.99	2.267*	4<1,2
游学意愿	3.5±0.58	4.22±0.7	4.5±0.53	4.33±0.78	2.056*	1<2,3,4

注：1=未婚，2=已婚，3=离异，4=丧偶。

从婚姻状况来看，在游学期待上，丧偶的学员显著低于未婚和已婚的学员（$p<0.05$）；在游学意愿上，未婚的学员显著低于已婚、离异和丧偶的学员（$p<0.05$）。

（二）古村落游学活动意见征集部分的统计结果

古村落游学活动意见征集部分包括8个选择题和1个开放式的填空题。经过对208个被试的回答情况进行统计，得出了以下结果。

第1题：关于古村落游学意愿的回答中，没有人选择"非常不愿意"，有3人选择"不愿意"，有24人选择"一般"，有104人选择"愿意"，有77人选择"非常愿意"。

第 2 题：关于游学时间长短的回答中，有 94 人选择 "1 天以内"，有 99 人选择 "2～7 天"。

第 3 题：根据感兴趣的程度对游学课程内容进行排序，从最感兴趣到最不感兴趣的内容排序依次是古村落发展概况、建筑特色、美食推荐、传统节日活动、历史人物的传说和健康养生。

第 4 题：根据对游学环节问题的关心程度进行排序，大家最关心的问题是时间安排，有 114 人将此项排在第一，其他依次是安全保障（52 人）、内容安排（33 人）、游学导师（8 人）和成果展示（1 人）。

第 5 题：关于能否接受自费游学的问题，191 人表示能接受自费参加游学活动，有 17 人不能接受自费。

第 6 题：在能接受的日均游学费用方面，157 人选择了日均 200 元以内的费用标准，41 人选择了 200～400 元之间的费用标准。

第 7 题：关于游学意愿的影响因素问题，102 人次选择了 "游学目的地的远近"，84 人次选择了 "游学活动设计"，98 人次选择了 "费用问题"。此外，家务和身体状况也是影响游学意愿的因素。

第 8 题：关于家人对老年人参加游学活动的支持，115 人表示家庭 "支持" 他们参加游学活动，50 人表示家庭 "非常支持" 他们参加游学活动。

第 9 题：开放式问题——"您对开展老年游学活动有什么意见或者建议？"各位学员填写的建议主要围绕游学活动的费用、游学前准备工作、目的地和课程安排等内容。例如，有的学员希望能免费参加游学活动；有的学员希望在游学前了解一些前置性的知识；有的学员希望能多开设几个项目，让大家的选择多样化；有的学员希望多开展游学活动，让游学活动常态化、制度化；还有学员强调不要将游学活动办成购物活动。

四、讨论与建议

从人口统计学变量在参与动机、游学兴趣、游学期待、游学意愿上的差异分析来看，不同性别在各维度上的差异均不显著，人口统计学变量在游学兴趣方面的差异均不显著，但是不同年龄段、不同受教育程度和不同婚姻状况的学员在游学期待和游学意愿方面有显著差异。因此，从游学活动的设计和开发工作来看，首先，游学活动的设计要充分考虑年龄、受教育程度和婚姻状况的特点。其次，可以利用游学活动的成果展示激发高学历学员的游学意愿和低学历学员的游学期待,从而提高所有学员的游学参与度。

从意见征集类题目的选择结果来看,87%的被试表示愿意参加古村落游学活动,92.8%的学员希望游学活动在1周以内,且时间安排是大多数人最关心的环节,91.8%的学员能接受自费的游学活动,选择日均标准在200元以内的被试最多。而对于游学的课程安排来说,关于古村落的发展概况是大家最感兴趣的,大部分家庭都支持老年学员参加游学活动,游学目的地的远近则是影响大家选择是否参加游学活动的首要因素。在游学点选取方面,多数学员都强调要选取有地方特色的古村落或者有历史文化内涵的古村落,这一需求与《国务院办公厅关于印发老年教育发展规划(2016—2020年)》提到的"鼓励结合当地历史、人文资源和民俗民风等特点,推动老年教育特色发展"的要求是一致的。部分老年学员在开放式问题里提到游学活动可以让他们"结识朋友,开阔眼界,增强文化自信,提高生活的满意度",也印证了 Kelly 和 Holtzman 等人的研究结果。

通过分析调查结果可以得知,大部分学员对游学活动有一定的认知,充满期待,且参加游学活动的意愿强烈。因此,学校设计老年游学项目的过程中,要根据老年学员的需求设计有针对性的、近距离的、有地方文化特色的游学活动。在游学项目设计时做好游学活动试点方案,综合考虑游学点的位置、时间安排、费用标准、课程内容和安全保障服务等各个方面,从而充分满足老年学员的游学需求,优化老年人的学习体验。

参考文献:

[1] (美)理查德·格里格,菲利普·津巴多. 心理学与生活[M]. 16版. 王垒,王甦,等,译. 北京:人民邮电出版社,2003.
[2] (美)ZIMBARDO P G, JOHNSON R L, MCCANN V. 津巴多普通心理学[M]. 邹智敏,肖莉婷,等,译. 北京:机械工业出版社,2017.
[3] KELLY J R, STEINKAMP M, KELLY J. Later life leisure:How they play in[J]. The Gerontologist,1986(26):531-537.
[4] HOLTZMAN R E, REBOK G W, SACZYNSKI J S, et al. Social network characteristics and cognition in middle-aged and older adults[J]. Journal of Gerontology:Psychological Sciences,2004(59B):278-284.

(本文为国家开放大学(广州)老年开放大学2020老年教育建设专项——

老年教育研究暨"老年教育特色品牌培育"重点项目——"花都区老年教育游学项目开发设计与实施研究——以炭步镇古村落游学项目为例"阶段性成果)

[作者简介]

奉美凤:广州市花都区广播电视大学讲师;余大生:广州市花都区广播电视大学校长。

疫情防控背景下老年大学开展在线教学的实践探索
——以国家开放大学（广州）老年开放大学为例

张国杰　孙朝霞

摘　要：受新冠肺炎疫情的影响，广州老年开放大学针对老年人的身心特点，采取了一系列举措：迅速成立线上教学工作小组、主动推送线上学习资源、有序开展直播与微信群授课、优化线上整体教学环境、创新组织线上学习活动等。这些尝试在一定程度上克服和弥补了当前老年大学普遍存在的问题：组织管理者对信息化教育的不重视、教学方式单一、线上优质资源缺乏、线上教学环境欠优和学员线上学习能力不足等。通过实践，探究出老年教育大规模开展线上教学的可行性、必要性，并为老年教育走向智慧教育摸索出一些可复制、可推广的经验。

关键词：老年教育；疫情防控；老年大学；在线教学

一、疫情防控中老年大学开展在线教学的必要性

为有效减少人员聚集，防止新冠肺炎疫情进一步扩散，2020年1月27日，教育部发出通知，要求各地大中小学校推迟春季开学时间[1]，并于1月29日发出倡议：利用网络平台进行教学活动，做到"停课不停学"。[2]教育部的倡议虽没有针对老年大学，但广大老年学员在疫情期间对居家学习的需求同样迫切。

（一）学习防控知识和技能

老年人比年轻人了解和认识疫情的速度慢、途径较少，加之老年人由于身体机能下降，免疫能力较弱，易受疫情传染，且大多数老年人有基础疾病，存在较

高的感染风险。因此，老年人是本次疫情的重点防控人群，及时了解疫情防控知识是老年人做好防控、保护自我的关键。为此，1月28日，国家卫健委发布了《关于做好老年人新型冠状病毒感染肺炎疫情防控工作的通知》，强调要通过媒体网络以及上门等多种方式，宣传疫情防控知识，指导老年人及其家人科学认识和防控新冠肺炎疫情。老年人通过居家学习疫情防控知识和技能，不仅可以增强自我保护的意识，做好防范措施，减少自身患病的概率，还可以将有关防控知识传授给自己的家人以及亲朋好友，助力疫情防控知识和技能的传播。

（二）保持身心健康

疫情期间，面对居家防疫的倡议，老年人长时间留守在空间狭小的家中，与外界的接触大幅减少，缺乏户外运动，负面情绪容易积累，尤其是独居老人，心理上容易感到孤立无援。老年人平日里的活动主要集中在社区、公园、茶馆或养老机构等公共场所。而在疫情期间相对封闭的居家生活、封闭管理的社区与老年人往常的生活反差较大，很多老年人一时难以适应。老年人在心理上产生更多的孤独、苦闷和心理压力。[3]而老年学员通过参与感兴趣的学习活动，在线学习科学文化知识，一方面可以延续前期学习时效，丰富居家生活，排解心理压力，转移对疫情的恐惧，舒缓焦急心情，培养积极向上情绪；另一方面可以与老师、同学保持沟通、互动，结交新朋友，有助于老年人的身心健康。

二、疫情期间老年大学开展在线教学面临的挑战

老年教育是终身教育的最后一段，也是最薄弱的一段。据中国老年大学协会统计，国内现有7.6万余所老年学校，包括远程教育在内的老龄学员共有1300万余人。[4]疫情之前，老年教育授课主要采用面授辅导与学员自主学习的方式。疫情的发生，打乱了老年大学原有的面授教学计划，要在较短的时间内有效组织线上教学资源，实现"停课不停学"，这对教学机构和师生来说都是严峻的挑战。

（一）观念保守，重视不够

教学管理者对信息技术的应用普遍定位为教学辅助手段，对在线教学缺乏关注与研究，认可度不高。疫情发生以后，部分学校消极应对，没有把开展在线教学作为服务老年学员的重要途径；部分学校对在线教学的效果心存疑虑，担心师生不能适应；有的学校限于自身的条件和经验，对开展在线教学缺乏信心。

(二) 教学方式单一，教学手段传统

在日常教学中，集中面授教学是老年大学的主流教学方式，管理者和师生都非常熟悉"教师+黑板+粉笔"的主要教学手段。对于传统教育形态之外的在线教育形态和O2O（online to offline，线上到线下）混合式教育形态，较少开展理论研究和教学实践。当疫情来临，大部分老年学校缺乏应变能力，难以分享教育信息化发展的新成果，无法及时有效地开展在线教学。

(三) 教学环境信息化程度不高

有效开展在线教学，需要依托由数字化学习资源、工具、平台、空间等构成的信息化教学环境。现实中，由于经费投入不足，教学设施缺乏更新等原因，相当部分老年大学的教学环境信息化程度较低，常见的多媒体教学手段也难以应用。一些老年大学虽建成了校园网，但局限于满足办公和教务管理的需求。

(四) 线上资源不足，缺乏共建共享机制

虽然互联网上可以找到许多数字化学习资源，但无论是国家平台开放的大批免费在线课程资源，还是其他社会办学机构对外开放的线上教育资源，都没有充分考虑老年学习者的需求和适用性。老年大学自身开发、积累起来的网络课程等教学资源数量少、水平参差不齐，并且没有建立起共建共享的机制，直接制约了老年在线教学的开展。

(五) 师资老化，在线教学能力不足

受办学规模、人员编制和薪酬待遇等因素的制约，当前老年大学的任课教师以兼职为主，流动性较大、年龄结构偏大，在线教学能力参差不齐。学校对教师的管理较为松散，缺乏有效的培训，也没有把在线教学能力和效果纳入考核指标。从面对面现场授课到线上授课，有诸多需要学习和适应的地方，教师的信息素养和信息化教学能力不足，制约了在线教学的开展。

(六) 学员在线学习能力亟待提升

随着生活水平的提升，老年大学的学员拥有个人电脑和智能手机的比例逐渐上升，对QQ、微信等社交软件的使用也较为熟悉，但是，对在线学习较为陌生，容易产生畏难心理，如果在操作上遇到困难和不适应而无法得到及时的帮助，就

会丧失信心。当前大部分老年大学的课程设置以"健康、兴趣、文娱"类别的主题为主,信息技术类课程数量不足,教学资源缺乏针对性,教学环境、手段相对落后,教学效果不理想,不利于提升老年学员的在线学习能力。

三、广州老年开放大学开展在线教学的实践

国家开放大学(广州)老年开放大学(以下简称"广州老年开放大学"),为满足在校的6000余名学员在疫情期间的学习需求,依托目前已建立起覆盖全广州市的"市—区—街(镇)—居(村)"四级办学体系,积极响应"停课不停学"的号召,开展了形式多样的线上教学活动,做到了乐学防疫,学员的参与积极性和学习体验满意度较高。

(一)统筹部署,响应迅速

教育部于2020年1月29日发出"停课不停学"的倡议。2月3日广州老年开放大学迅速成立"广州老年开放大学在线教学筹备工作小组",部署老年教育在线直播教学试点工作,于2月6日在广州老年开放大学番禺学院进行首场线上直播课程试点。2月9日,广州老年开放大学发布了《致广州老年开放大学全体师生的一封信》,告知14项重要的防疫知识和措施,引导学员不信谣、不传谣,理性认识、科学防控疫情;2月20日,公布了《"直播课堂"实施方案(广州老年开放大学系统)》;2月25日发布了《关于延迟2020年春季班开课时间的通知》,明确了暂时停止开展线下面授教学并启动线上教学的工作安排,同时要求班主任通过微信群等渠道,与学员们保持沟通,收集学员的在线学习需求。

(二)平台顺畅,资源共享

新冠肺炎疫情期间,网络成为老年学员获取信息与开展学习的主要途径,广州老年开放大学贯彻化"危"为"机"的思路,通过保持已有平台访问的顺畅,针对性地充实共享课程资源,促使老年学员认同网络平台的功能与作用,极大地提升了使用效率。

1. 微信公众号。"广州老年开放大学"微信公众号作为学校信息发布的主要渠道,保持高频次的内容更新,除了发布教学安排等原创内容,还积极转发上级部门的重要信息。推文编排采取大字体、宽行距,符合老年学员的阅读习惯,同时推文发布的时间尽量固定在上午,培养老年学员关注公众号更新,定时阅读推

文的习惯。数据显示，关注该公众号的人数、推文的阅读和转发数量都有明显的增长。例如，2020年5月7日发布的推文《广州老年开放大学5月份直播课程表》，阅读量达3341次。

2. 微信小程序。"广州老年开放大学"微信小程序具备信息发布和课程点播的功能，作为疫情期间新上线运行的平台，通过举办"乐学防疫——我学我精彩"等线上活动，带动小程序的注册人数和使用量的增加。2020年3月，新增注册1917人，访问量130772人次；4月，新增注册5797人，访问量197406人次。

3. "广州终身学习"APP。"广州终身学习"APP现有居家生活、人文艺术、休闲娱乐、自然科学、职场宝典、语言文化、中国文化、健康养生8大类共1445门课程，其中，由国家数字化学习资源中心共享的"新型冠状病毒防控系列微课程"共60讲。丰富的课程资源保证了老年学员可以在家开展自主学习，2020年3月，"广州终身学习"APP课程点击量达155683次；2020年4月，课程点击量达211391次。

(三) 开展直播，彰显特色

广州老年开放大学是一所覆盖、支持广州市11区开展老年办学的单位，因此，扩大覆盖面、满足老年人学习需求、最大限度优化教学环境、保证教学质量是优先考虑的问题。在综合权衡了教学体验、技术难度、使用成本和师资配备等因素后，学校决定选择网络直播作为在线教学的主要方式。

1. 直播课程在线教学实践。选择免费的"希沃云课堂"作为直播平台，根据《广州老年开放大学线上教学（平台直播）实施方案》，综合考虑学员需求和师资能力，每周选取不同主题的精品讲座进行直播。流程主要包括：直播前，提前一周公布直播信息，讲师提前一周提交教案并录制与直播内容一致的微课提交审核。直播中，班主任在开课前30分钟公布直播链接，引导学员进入直播课室，实时监控直播效果，及时回答学员在留言区的问题。直播后，错过直播时间的学员可以收看"知识胶囊"（即讲师提前录制好的微课，如果直播过程中出现故障，可用录播内容实时播放）。2020年3月，共计开展13场精品讲座直播，共有13743人次参与，满意率达98.1%；2020年4月，选择"中医养生"和"快乐瑜伽"两门热门课程各开展4场直播，共有11915人次参与，直播学习的最高场次达1380人，满意率98.4%。

基于直播平台开展在线教学，界面美观、临场感强、互动性好，但在实施过程中要注意优选师资、严格审核内容、选好线上小助手、指导学员进入直播平台、做好直播突发情况应对预案等方面工作,确保在线教学顺利实施。

2. 微信群在线教学实践。根据线下常规班的招生情况和任课教师对于线上教学的适应能力,选定"中医保健""穴位按摩""普通话基础""书画入门""太极养生""瑜伽基础""粤曲""英语音标"8门课程,进行基于微信群的直播教学,每周定时实施。班主任提前建立课程直播微信群,编排并发布线上课程表。教学开始之前,审核教师PPT、教学小视频。教学过程中,教师通过上传文字发布每节课程的教学大纲及教案,用"图文+语音"等形式进行讲解,通过现场小视频进行实操演示。讲授结束后,学员在线提问,与教师和其他学员实现互动交流。

2020年3月,共有1902名学员参与微信群直播学习,通过问卷调查,学员满意率达99.1%。这种方式的优点是操作简便,教师和学员容易适应,尤其适合中老年学员。组织方的教学管理工作主要包括:课程微信群的组建和管理,对教学内容进行审核,实时监控群内的发言信息,对教师的课件及时进行归纳,课后发送给学员。

(四)组织活动,巩固成果

为了大规模持续推进老年在线教育实践实效,巩固在线教学成果,广州老年开放大学组织了两项专题活动。

1. 线上答题比赛。为广泛宣传防疫知识,2020年2月8日至14日,广州老年开放大学开展为期一周的"新型冠状病毒肺炎防控知识线上答题竞赛",学员通过"广州老年开放大学"微信公众号在线答题,成绩立即排序公布。这项活动趣味性十足,比较契合疫情防控的需要,吸引学员纷纷踊跃参赛。

2. 学习风采展示活动。为展现疫情期间广州老年开放大学学员们"停课不停学"的学习风采,鼓励学员用文字、图片(带文字说明)、视频等形式展示在家学习的风采和收获。2020年4月18日至30日,广州老年开放大学举办了"乐学防疫——我学我精彩"活动,通过"广州老年开放大学"微信小程序进行展示和投票。该活动得到学员的积极响应,共收集作品78份,8526人参与投票(一个微信号只能投票一次)。

四、思考与展望

当前,老年大学开展在线教学总体上还处于探索的阶段,从数量到质量,都有巨大的提升空间。老年教育是终身教育体系的重要组成部分，在全国上下积极倡导各类学校开展"互联网+教育"的实践中，老年教育不应置身事外。疫情期间的老年线上教学启示我们，要破解日益增长的学习需求与有限的教育供给之间的矛盾，就必须改变办学思维，创新教学组织模式，立足老年学习者的需求与身心特征，大力发展在线教学。

(一) 确立在线教学新理念，提高老年大学办学质量

2019年9月，教育部等十一部门联合印发的《关于促进在线教育健康发展的指导意见》强调，"坚持改革创新，精准把握和对接教育新需求，完善共建共享、开放灵活的在线教育模式，变革教育服务供给方式，解决教育传统模式难以有效处理的难点问题，拓展教育发展新空间"[5]。因此，老年教育组织管理者要及时更新理念，因势利导，主动适应新形势新要求，加大在线教学资源研发投入力度，培育更多优质资源，构建更多供给、更有活力的老年教育生态体系。2016年10月国务院办公厅发布的《老年教育发展规划（2016—2020年）》提出"推动开放大学和广播电视大学举办'老年开放大学'或'网上老年大学'，并延伸至乡镇（街）、城乡社区，建立老年学习网点"[6]。广播电视大学系统在远程教育领域有着丰富的办学经验，在系统化办学和数字化教学资源储备等方面有着突出的优势，老年开放大学应充分利用这些办学优势，依托当地广播电视大学开办老年开放大学，有效扩大老年教育的供给，构建网络化、数字化、个性化、终身化的教育体系，为实现"人人皆学、处处能学、时时可学"的学习型社会奠定基础，推动我国老年教育高质量发展。

(二) 采用新技术，变革教学方式

老年大学必须清晰认识到，以互联网技术为载体的在线老年教育正成为有力的增长点。可以预见，以5G技术为代表的新技术更有利于缩小师生在线交互的距离感，增强师生情感交互[7]，全面提升老年教育的教学质量和教学水平，让更多的老年人享受到优质的教育资源，更好地满足人民日益增长的美好生活需要。

(三) 多种教育形态协同发展，满足个性化需求

随着时间的推移和教学资源的积累，师生的应用能力将不断提升，在线教育形态、O2O混合式教育形态和传统教育形态在老年教育领域呈现协同发展态势，更好地满足老年学习者的差异化需求，提供个性化服务，让老有所学、老有所

乐、老有所为成为现实。因此，老年大学要抓住机遇，在资金、设备、人才、技术等方面做好保障，促进多种教育形态协同发展，为老年教育提质增效创造条件。

在新冠肺炎疫情的特殊背景下，通过此次大规模的老年教育在线教学实践，展示了老年教育智慧化发展的希望。一是广大老年人乐于接受并能快速适应在线教育，二是教师愿意投入时间和精力运用新技术实施教学。只要管理者运用新的理念，统筹规划设计在线教学的各环节，那么，高质量、大规模发展的老年在线教育未来可期。所以，促进老年教育开放发展、智慧发展、多形态发展，也是积极应对我国人口老龄化、促进社会治理的重要途径。

参考文献：

[1] 教育部. 教育部关于2020春季学期延迟开学的通知[EB/OL]. [2020-01-27] http://www.moe.gov.cn/jyb_ xwfb/gzdt_ gzdt/s5987/202001/t20200127_ 416672. html?from = groupmessage.

[2] 教育部. 教育部：利用网络平台，"停课不停学"[EB/OL]. [2020-01-30] http://www.gov.cn/xinwen/2020-01/30/content_ 5473048. htm.

[3] 韦志中. 疫情下的老年人心理关怀[J]. 社会与公益, 2020 (2)：3-4.

[4] 朱昌俊. 老年大学"一票难求"基础设施建设要加快[N]. 九江日报. 2019-10-15 (002).

[5] 教育部. 教育部等十一部门关于促进在线教育健康发展的指导意见[EB/OL]. [2019-09-30] http://www.moe.gov.cn/srcsite/A03/moe_ 1892/moe_ 630/201909/t20190930_ 401825. html.

[6] 陈乃林. 微治理、微服务、微学习：社区（老年）教育发展的新趋势——来自社区（老年）教育一线的微实践、微故事[J]. 高等继续教育学报, 2019 (1)：1-7.

[7] 王运武. 疫情防控期间提升在线教育质量的对策与建议[J]. 中国医学教育技术. 2020 (3)：119-124.

（本文曾于《高等继续教育学报》2020年第5期发表，收入本书时格式和内容略有调整。）

[作者简介]

张国杰：广州市广播电视大学教师；孙朝霞：广州市广播电视大学终身教育学院副院长。

构建老年大学模块化课程体系的实践探索
——以国家开放大学（广州）老年开放大学为例

孙朝霞　黎健平　张国杰

摘　要：老年大学模块化课程体系建设是老年大学内涵发展的时代所需，也是老年大学高质量发展的重要组成部分。本文从厘清模块化课程体系的相关概念出发，介绍模块化课程体系的理论基础与构建原则，明晰其价值意义，以广州老年开放大学模块化课程体系建设为例，总结出模块化课程建设的实践经验，主要包括：开发实用性、趣味性的专业模块；制订详细、合理的专业规划；精心选择、打磨专业课程；构建丰富的公共选修课程库。

关键词：模块化课程体系；老年大学；老年教育

随着我国人口老龄化的快速加剧，中共中央、国务院、广东省和广州市积极部署，分别出台了《国家积极应对人口老龄化中长期规划》《老年教育发展规划（2016—2020年)》《广东省人民政府办公厅关于大力推动老年教育发展的实施意见》和《广州市推进广州老年教育发展的实施意见（2018—2020年）》一系列政策文件，党的十九届五中全会把积极老龄化上升为国家战略，以老年大学教育为主要方式的文化养老是应对老龄化的主要对策之一。课程作为老年教育发展的基础和支撑，在老年教育发展中有着举足轻重的地位。探索模块化课程体系建设符合老年大学课程"实用、科学、有趣"的发展要求。

2018年，国家开放大学批准依托广州广播电视大学成立"国家开放大学（广州）老年开放大学"。目前，广州老年开放大学形成了全市11个下辖区全面布点，包括22所老年开放大学学院、86所街镇学校、666个居村教学点的"市—区—街（镇）—居（村）"四级办学体系，校本部及各个分院积极开展了老年教育教学实践探索，制定了《广州老年开放大学专业模块课程建设》相关政策文件，并在实践中不断总结创新。

一、模块化课程体系的内涵与价值

（一）模块化课程体系的内涵

《教育大辞典》（1988年）中对"老年大学"的释义是：老年大学是以老年人为对象的一种教育设施，包括老干部大学、退休职工大学等，是中国成人教育中的一种教育形式。老年大学根据老年人身心特点和志趣设置课程，涵盖医疗保健、政治、历史、文艺、书法、绘画、花卉、家政等内容，学员可以灵活选学。

课程体系有宏观、中观、微观三个层面的意思，在本文中主要从宏观及中观层面考虑，是指在一定教育价值理念的指导下，将课程各个构成要素加以排列组合，使各个课程要素在动态过程中统一指向课程体系目标实现的系统。

国际劳工组织在开发MES（module of employable skill）课程模式时对"模块"做了如下解释："模块是指在某一职业领域、工作范围内，将一项工作划分为几个部分，这种划分要符合实际工作的流程和工作规范，要有明确的开头和结尾。这样划分出来的每一部分就是一个模块。"[1]模块化概念引入课程建设，突破了传统学校学科本位的课程构建思路，打破了基础课、专业课、专业基础课等自成体系的局面。所谓模块化指的是"将一个专业内单一的教学活动组合成不同的主题式教学单位（即模块）"[2]。围绕每个模块，设计科学合理的模块教学目标，根据总教学目标，选择合理的模块课程，注重理顺课程之间的授课顺序、授课课时、课程目标、教学内容、学习形式，保证各个教学模块之间层层递进、环环相扣。

老年大学的模块化课程体系是指尊重老年人身心发展特点及学习需求，扎根于实践，满足老年人不同层次的发展需求，以丰富、有趣、多元化的形式促进老年人乐学、好学，遵循"突破、整合、系统"思路，突破学科体系界限，以某个专业为模块进行划分，整合专业内容，保证每个模块构成独立完整的知识体系。每个模块之间既相对独立又互相关联，不同的课程模块整合构成了模块化课程体系。

（二）模块化课程体系的价值

构建老年大学模块化课程体系是实现教育目标的重要载体。纵观广州老年大学办学实践，在发展过程中形成了丰富的课程资源，但这些课程资源基本停留在粗浅的经验开发，缺乏系统整合和内在联系，影响了课程资源的充分利用和老年教育目标的实现，模块化课程体系在一定程度上解决了这些方面的问题。

1. 开展"专业化"的老年学习

在模块化课程体系中，围绕某个专业开发相关联的系列课程，老年大学聘请专业及一线老年教育工作者按照一定的教学逻辑进行模块化处理，综合考虑老年人的身心发展特点及学习特点，挑选最适合老年人学习的专业内容。这种模块化课程体系改变了以往老年学员孤立地选修一门课程的状况，通过精心设计科学合理的专业课体系，层层递进安排教学内容，帮助老年人在某个专业领域比较系统地开展学习，并达到较好的学习效果。

2. 实现课程内容的动态更新

对老年大学课程进行模块化设计，能做到清晰合理地更新课程内容。在课程实施过程中，由于社会与老年学员均处于不断发展的状态之中，需要对课程内容进行更新、增添、删减。模块化设计之后的课程体系，可以在原有模块中进行更新改动而不影响整个专业学习效果，不影响原有模块体系的完整性，能让老年学员与教师更加清楚地看到新增课程内容与原有课程内容之间的关系，实现知识层面量的扩展与质的迭代，及时、高效、灵活地促进老年学员的知识更新与吸收。

3. 满足老年学员多元化、多层次需求

每个专业模块均设计为"专业课+选修课"两大板块。专业课的设计保证老年学员在该领域深入专业学习；选修课程库的建立则不受所选专业限制，不以专业领域外延相关科目选择为建库依据，而是以课程的"动与静""传统与现代""人文与科技"等不同类型进行搭配，以老年人身心和谐健康发展为目的，组成丰富的选修课程库，引导老年学员以兴趣爱好开启学习，激发其获得更多不同领域的知识，满足老年学员多层次的学习需求。

二、模块化课程体系的构建原则

（一）生态性原则

课程是一个由学生、教师、环境、目标、内容等要素构成的系统，这些要素是动态开放的，相互间进行着信息交流，保持着动态的和谐平衡，在教学过程中反映着人与人、人与环境之间的关系。因此，课程本身具有生态性。课程的生态性原则有两个基本含义：一是作为一种思维方式，从课程系统及其外部环境的整体性、平衡性、和谐统一性、联系性、动态性、共生性和开放性等角度思考教育问题；二是作为一种理想、目标和价值取向，希望课程系统及其外部环境趋向或达到"最优""高效"与"和谐发展"的状态。[3][4]在构建老年大学模块化课程体系中，需要统筹考虑学校的师资条件、硬件设备、风俗人文等多种条件，适合老年大学开设的模块化课程体系必须在立足于现实条件的基础上，博采众长，发挥课程的最优效果。

（二）适老性原则

适老性原则是指在模块化课程体系设计与实施过程中，时刻谨记为老年学员服务，课程难度符合老年学员的认知发展特点，课程目标、课程内容、授课形式、辅助教学教具等适合老年人的学习特点与身心发展特征。

（三）协同性原则

在课程实施过程中，每个学校适合开展的专业模块不一样。从实践层面来看，适合某一学校开展的老年课程体系的建设至少涉及课程开发者、实施者、管理者、老年学员4个主体，这4个主体在模块化课程体系设计与实施过程中应保持协同合作、及时沟通交流，发现问题及时调整，才能达到课程效果最优化。

三、广州老年开放大学模块化课程体系的实践探索

（一）开发具有实用性与趣味性的专业模块

广州老年开放大学在课程实施过程中，注重老年人的学习效果，捕捉老年学员兴趣点，从多个独立、单一的课程学习中发现老年学员最想深入学习、广泛涉猎的某些关联课程，围绕这些关联课程，开发兼具实用性和趣味性的专业模块。目前，广州老年开放大学已开设声乐、中老年保健与养生、中国文学经典诵读、智能生活4个专业模块（见图1）。老年大学专业模块的选择与开发均是老年人最喜欢、最需要的内容，从老年学员出发，为老年学员服务，满足老年人适应科技生活、身体保健、发展培养兴趣爱好等需求，促进老有所学、学有所乐、学有所得。围绕一定的专业模块，从必修课和公共选修课两个板块构建专业内容，规定专业课、选修课课程结业学时。下面以广州老年开放大学开设的中老年保健与养生专业模块化课程为例加以具体说明（见图2和表1）。该模块化课程共设6

门专业必修课，分别为中医基础理论、中医诊断、中医常用方剂、中药与食疗、实用中医经络和自我保健按摩，该课程模块结业学时为288学时；另外开设了26门公共选修，分别为茶艺文化、黄帝内经、伤寒论、计算机基础、摄影录像入门、旅游英语、游学、瑜伽、24式太极拳、八段锦、八式功、五禽戏、气功、民族舞蹈、形体舞、和声基础、中外音乐名作欣赏、隔代教育、邻里关系、老年心理健康与自我调节、老年理财与安全、老年婚恋观、生命教育、书法入门、国画入门和从零开始学粤语，该课程模块结业学时为72学时。

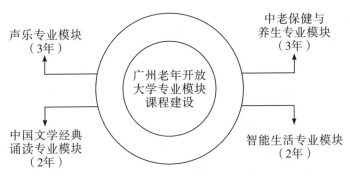

图1 广州老年开放大学专业模块化课程体系建设示意

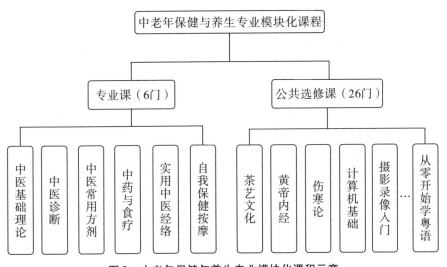

图2 中老年保健与养生专业模块化课程示意

表1　中老年保健与养生专业模块化课程

模块名称	模块结业学时	序号	课程代码	课程名称	课程学时	课程性质	开课学期
专业课	288	1	BY0101	中医基础理论	36	必修	1
		2	BY0102	中医诊断	36	必修	1
		3	BY0103	中医常用方剂	36	必修	1
		4	BY0104	中药与食疗	72	必修	2
		5	BY0105	实用中医经络	72	必修	2
		6	BY0106	自我保健按摩	36	必修	1
				小计	288		
公共选修课	72	1	GX0001	茶艺文化	36	选修	1
		2	GX0002	黄帝内经	36	选修	1
		3	GX0003	伤寒论	36	选修	1
		4	GX0004	计算机基础	36	选修	1
		5	GX0005	摄影录像入门	36	选修	1
		6	GX0006	旅游英语	36	选修	1
		7	GX0007	游学	36	选修	1
		8	GX0008	瑜伽	36	选修	1
		9	GX0009	24式太极拳	36	选修	1
		10	GX00010	八段锦	36	选修	1
		11	GX00011	八式功	36	选修	1
		12	GX00012	五禽戏	36	选修	1
		13	GX00013	气功	36	选修	1
		14	GX00014	民族舞蹈	36	选修	1
		15	GX00015	形体舞	36	选修	1
		16	GX00016	和声基础	36	选修	1
		17	GX00017	中外音乐名作欣赏	36	选修	1
		18	GX00018	隔代教育	36	选修	1
		19	GX00019	邻里关系	36	选修	1
		20	GX00020	老年心理健康与自我调节	36	选修	1
		21	GX00021	老年理财与安全	36	选修	1
		22	GX00022	老年婚恋观	36	选修	1
		23	GX00023	生命教育	36	选修	1
		24	GX00024	书法入门	36	选修	1
		25	GX00025	国画入门	36	选修	1
		26	GX00026	从零开始学粤语	36	选修	1
		27	GX00027	分校自设课程	36	选修	1
				小计	972		
毕业学时	360						

（二）制定详细合理的专业规划

选定开设专业模块后，借鉴高等学校专业大纲，尊重老年人学习特点，从专业规则说明、培养规格、培养对象、培养目标、课程板块设置、课程设置、毕业规则、课程说明等方面制订清晰完整的专业规划。比如，广州老年开放大学开设的智能生活专业模块课程设置5门专业必修课、2门公共选修课，学员在5年内修满7门课程，可以获得广州老年开放大学结业证书；其中，每个学时为40分钟，考虑到老年人的身体情况及接受能力，原则上要求每次上课不超过2个小时（3个学时）；每学期开设课程不得超过3门，每门课每周上课1次，一学期每门课上课不得少于12次；课程考核要求学员的出勤率不低于70%，同时结合任课老师教学计划实行学习成果性考核。该专业的培养对象为具有独立学习能力的中老年人群体。专业培养目标设定为：①学会日常生活中经常使用的政府、交通、医疗等服务的智能操作方式；②学会智能手机的各项基本操作；③学会智能社交软件（微信）的各类操作；④学会智能手机摄影、录像的基本操作及技巧；⑤学会智能手机的网上购物以及理财的基本操作，让广大中老年人群体了解当今社会各类智能生活方式，提高中老年人的生活质量。课程设置包括专业必修课、公共选修课两个模块：专业必修课共设5门：智能手机基础、智能日常生活应用、智能社交、手机摄影与录像、网上购物与理财；公共选修课共设26门（与中老年保健与养生模块一致）。

（三）精心选择和打磨专业课程

根据专业学习需要，开发、打磨专业课程，既考量每一个具体专业课程的教学内容，又注重不同专业课之间的知识逻辑联系。在中老年保健与养生专业模块学习中，共设中医基础理论、中医诊断、中医常用方剂、中药与食疗、实用中医经络、自我保健按摩6门专业必修课。根据本专业模块的课程特性，要求中医基础理论安排在第一个学期开课；因自我保健按摩需学员具备一定的经络穴位知识，故安排在实用中医经络之后开课；中药与食疗与实用中医经络2门课程为72学时，需安排连续上2个学期。智能生活专业模块开设智能手机基础、智能日常生活应用、智能社交、手机摄影与录像、网上购物与理财5门专业课，智能手机基础是学习其他课程的基础，需安排在第一个学期开课；智能日常生活应用与手机摄影与录像2门课程为72学时，需安排连续上两个学期。中国文学经典诵读专业模块共设中国文学史概述、朗读基础与技巧、古典诗词诵读、国学经典诵读、白话新诗与散文诵读、戏剧 6 门专业必修课，中国文学史概述与朗读基础与技巧需安排在第一个学期开课；古典诗词诵读课程为 72 学时，需安排连续上两个学期。声乐专业模块共设音乐基础知识、嗓音保健、声乐演唱（一）、声乐演唱（二）、演唱实践 5 门专业必修课，音乐基础知识需安排在第一个学期开课；演唱实践要求学员具备一定的声乐演唱基础，需安排在声乐演唱（一）、声乐演唱（二）之后开课；音乐基础知识、声乐演唱（一）、声乐演唱（二）、演唱实践 4 门课程各为 72 学时，需安排连续上两个学期。

（四）构建配套的公共选修课程库

开设公共选修课的意义在于满足老年人不同的兴趣爱好，拓宽老年人的眼界，其内容涵盖实用技能、休闲娱乐、家庭生活、保健养生、市民修养等多个领域。广州老年开放大学共开设了 26 门公共选修课，除此之外，还鼓励各分校根据自身优势选择课程内容、教材、师资，于开课前 3 个月报广州老年开放大学备案后自设分校选修课程。

参考文献：

[1]　舒伟. 职业教育现代学徒制"模块化"课程体系研究 [J]. 教育与职业，2018（9）：101 - 105.

[2]　徐理勤，赵东福，顾建民. 从德国汉诺威应用科学大学模块化教学改革看学生能力的培养 [J]. 高教探索，2008（3）：70 - 72.

[3]　滕守尧. 论生态式艺术教育 [J]. 陕西师范大学学报（哲学社会科学版），2003（3）：5 - 16.

[4]　边霞. 试论"生态式教育"的基本思想 [J]. 早期教育，2002（9）：10 - 12.

[作者简介]

孙朝霞：广州市广播电视大学终身教育学院副院长；黎健平：广州市广播电视大学教师；张国杰：广州市广播电视大学讲师。